Comptabilité Anglo-Saxonne

Collection **Techniques de Gestion**

dirigée par Yves Simon, Professeur à l'Université de Paris IX-Dauphine

Comptabilité Anglo-Saxonne

Normes, Mécanismes et Documents Financiers

4e édition

Jacqueline LANGOT

Préface d'Alain BURLAUD

ECONOMICA

49, rue Héricart, 75015 Paris

PRÉFACE

Un nouveau livre de comptabilité est toujours une énigme. Y a-t-il encore quelque chose de neuf à dire ? Pourquoi une technique plusieurs fois centenaires fait-elle encore aujourd'hui couler tant d'encre ? Ces questions, légitimes de la part de « laïcs », bien des comptables se les posent encore. Pourtant, les faits sont là. Il y a dans notre discipline une littérature importante et le mouvement semble s'accélérer.

Au fur et à mesure que nous progressons, nous découvrons de nouveaux horizons pour le praticien, le pédagogue, le chercheur. L'idée même qu'il y ait des chercheurs en comptabilité pouvait paraître inconcevable. Mais petit à petit, tant en France qu'à l'étranger, il a fallu théoriser des pratiques comptables toujours plus complexes, leur donner une cohérence, concevoir ce que l'on appelle aujourd'hui des cadres conceptuels.

La technique comptable, ensemble de procédés définis, transmissibles et finalisés, est aussi une science, ensemble de connaissances acquises, organisées et validées. Technicien, le comptable l'est lorsqu'il est acteur et produit de l'information ; scientifique, il l'est lorsqu'il observe et organise la connaissance qu'il a des pratiques comptables des entreprises. Le comptable a de ce fait de nombreux points communs avec le juriste : notamment, contrairement à ce qui se passe dans les sciences de la nature, la connaissance et l'action sont indissociables et en interaction puisque l'action est l'objet même de la connaissance. Ainsi est née une nouvelle branche du droit, le droit comptable qui a ses théoriciens, ses historiens ou ses comparatistes.

La comptabilité a deux visages. D'un côté, elle est normative et cherche à uniformiser les pratiques ; d'un autre côté, elle est positive au sens d'expérimentale et a pour seule loi les besoins nécessairement variés des utilisateurs.

Aucune de ces deux approches ne peut prétendre à l'exclusivité. L'ouverture des frontières rend la normalisation à la fois plus difficile et plus indispensable. En même temps, la production comptable n'a de sens que si elle satisfait les demandes des différentes catégories d'utilisateurs.

Enfin, qu'on le veuille ou non, le droit comptable anglo-saxon tend à devenir une référence dans le monde entier. Il n'est plus de réflexion possible dans notre discipline sans connaissances dans ce domaine.

Fallait-il un nouvel ouvrage pour rendre compte de tous ces changements ? Sans doute. Mais nous avons ici mieux : un ouvrage qui présente l'ensemble de la comptabilité financière anglo-saxonne avec ses normes, ses mécanismes et ses états de synthèse à la lumière des évolutions conceptuelles les plus récentes. On y trouvera un exposé de toutes les opérations, des plus courantes jusqu'aux plus délicates, avec une référence constante à la théorie comptable. Les termes techniques sont systématiquement traduits en anglais et repris dans un lexique en fin d'ouvrage. L'œuvre est originale et fait découvrir au lecteur francophone un large domaine auquel, seul, il aurait difficilement accès. Bref, ce livre n'est pas un ouvrage de plus mais bel et bien un « plus » !

Alain BURLAUD
Professeur à l'Université Paris
Val-de-Marne

INTRODUCTION

Le concept de comptabilité se définit par référence à son rôle. En 1922, A. Paton [1] lui attribuait la fonction « d'enregistrer les valeurs, de les organiser, de les classer de telle façon que les propriétaires puissent utiliser sans risques le capital disponible ». Plus tard, cette définition sera élargie aux investisseurs [2]. En 1966, A.P. Firmin [3] étend le champ d'application de la comptabilité aux événements futurs. Enfin, en 1970, la mission de la comptabilité s'est affinée. Elle est une information quantitative, financière par nature, sur des entités économiques qui prennent des décisions économiques en faisant des choix rationnels. Le cadre conceptuel américain [4] précise que l'objectif principal de la divulgation de l'information financière est, en ce qui concerne les entreprises commerciales, de fournir de l'information utile à la prise de décision. L'évolution du rôle de la comptabilité annonce des transformations profondes quant à la recherche d'une rationalité : « à ce que les comptes font à ce qu'ils ont l'intention de faire » [5].

1. A.W. Paton, *Accounting theory*, Ronald Press Co, 1922, p. 7.
2. A.W. Paton and A.C. Littleton, *An introduction to corporate accounting standards*, American Accounting Association (AAA), Monograph n° 3 Evanston, Ill., 1940, p. 1.
3. A.P. Firmin, *Discussion Comments in Research in Accounting Measurement*, édité par Robert, K. Jacdicke, Y. Ijiri and O. Nielsen. AAA 1966, p. 167.
4. Le cadre conceptuel, première directive intitulée « Objectifs de la divulgation financière par les entreprises » (*statement of financial accounting concepts*, SFAC n° 1, *objectives of financial reporting by business enterprises*) 1978.
5. A. Belkaoui, *Accounting Theory*, Harcourt Brace, Jovanovich, Inc., New York, 1981, p. 2.

Cette information est construite à l'aide de techniques qui doivent fonctionner dans un cadre théorique précis. La construction d'une théorie comptable soulève les débats. Les techniques utilisées émergent-elles des besoins du moment ou sont-elles rattachées à un cadre théorique ?

Aux États-Unis, les principes et les pratiques acceptés par la profession, *(Generally Accepted Accounting Principles – GAAP)*, en raison de leur logique et de leur utilité, constituent le guide de la profession dans le choix des techniques comptables et dans la préparation des états financiers. En Grande-Bretagne, cette mission est reconnue depuis 1970 aux normes comptables standards *(Statements of Standard Accounting Practice – SSAP)* publiées par le comité des standards comptables *(Accounting Standards Committee – ASC,* devenu depuis 1990 *Accounting Standards Board – ASB)*. En France, c'est le plan comptable, à qui la loi a conféré l'autorité, qui remplit ce rôle. Il existe donc une théorie comptable dont la nature est difficile à cerner.

Le propre d'une théorie scientifique est de fournir des attentes et des prédictions [1] que la survenance de phénomènes confirme ou réfute. La construction de la théorie comptable n'a pas suivi strictement cette ligne de pensée. Très longtemps, on a considéré que la pratique et la vérification comptables étaient synonymes. La comptabilité étant appréhendée comme un art, il était difficile sinon impossible de la formaliser. En conséquence, la théorie essentiellement descriptive justifiait les pratiques comptables utilisées [2]. Depuis plusieurs années, des tentatives de construction de théorie comptable ont été entreprises. Il s'agit des théories normative et positive. Pour ses défenseurs, la théorie normative énonce ce que les pratiques comptables doivent être et non ce qu'elles sont [3]. Diverses approches existent.

M. Moonitz et R.T. Sprousse [4] ont proposé une théorie déductive qui énonce des propositions de base desquelles découlent les conclusions logiques. Appliquée à la comptabilité, la théorie commence par la sélection de postulats de base d'où découlent logiquement des principes. Les techniques arrêtées le sont dans le respect du cadre de référence ainsi défini en fonction des objectifs impartis aux états financiers.

1. T.S. Kuhn, *Anomaly and the emergence of scientific discoveries. The structure of scientific revolution*, Chicago University of Chicago Press, 1962, pp. 52-65.

2. P. Grady, *Inventory of generally accepted accounting principles for business enterprises*, Accounting Research Study (n° 7), New York, AICPA, 1965.

3. M. Moonitz, *The basic postulates of accounting*, New York, AICPA, 1961.

4. R.T. Sprousse and M. Moonitz, *A tentative set of broad accounting principles for business enterprises*, Accounting Research Study (n° 3), New York, AICPA, 1962.

A. Paton et A.C. Littleton [1] et Y. Ijiri [2] s'attachent à construire une théorie inductive. Leur approche les amène à observer les informations financières des entreprises et à en tirer sur la base de relations récurrentes des généralités et des principes de comptabilité, soumis ensuite à des vérifications empiriques. Appliquée à la comptabilité, cette approche n'est pas pleinement satisfaisante car les phénomènes sociaux et financiers qui constituent la base sur laquelle se construit la théorie, n'ont pas dans leur processus évolutif la rigueur des lois de la nature et donc le caractère répétitif.

On a reproché à cette théorie son caractère non scientifique. De là est née la théorie positive [3], évoquée la première fois par Jensen [4], initiée par Watts et Zimmerman [5]. Ce courant de recherche emprunte à la théorie de l'agence et à la théorie économique de la réglementation et tente d'expliquer le comportement des entreprises en matière comptable en retenant l'hypothèse que tous les choix comptables, comme toute autre décision d'entreprise, répondent à la volonté de maximisation d'utilité.

En fait, la construction de la théorie comptable a un caractère éclectique. Elle est la convergence de tentatives individuelles ou d'organisations professionnelles et gouvernementales pour établir des concepts et des principes répondant à des besoins précis.

Il est évident que les diversités sociales, culturelles, économiques et juridiques entre les pays et l'idée que chaque État se fait des besoins des utilisateurs lors de la rédaction des obligations nationales, contribuent à la construction de théories comptables différentes [6].

Dans les pays anglo-saxons, le modèle comptable est conçu pour donner à l'investisseur l'information nécessaire à la prise de décision : il est d'abord un système d'information financière, d'où l'obligation d'annexer à toute donnée chiffrée une information en annexe ou en note dans le

1. A.W. Paton and A.C. Littleton, *op. cit.*

2. Y. Ijiry, *Theory of accounting measurement*, Studies in Accounting Research, 10. Evanston, Ill., AAA 1975.

3. B. Raffournier, *La théorie positive de la comptabilité : une revue de la littérature*, In Économies et Sociétés, Série Sciences de Gestion n° 16, 11, 1990, pp. 137-136.

4. M. Jensen, *Reflexions on the state of accounting research and the regulation of accounting*, Stanford Lectures in accounting 1976, Graduate School of Business, Stanford University.

5. R. Watts et J. Zimmerman, *Positive accounting theory : a ten year perspective,* The accounting review, vol. LXV, 1990, pp. 131-156.

6. G. Mueller, H. Gernon, G.K. Meek, *Accounting international perspective* – Irwin 1997, les modèles comptables ont été classés en quatre types : le modèle britannico-nord américain, le modèle continental, le modèle sud-américain et le modèle d'économie mixte. Actuellement, en raison des environnements et d'une internationalisation des entreprises, deux classes de modèle demeurent : le modèle britannico-américain et le modèle continental. La France, l'Allemagne, l'Espagne, l'Italie et le Japon relèvent du modèle continental.

document financier. Cette exigence de la justification du chiffre trouve son origine dans la crise financière de 1929, le développement des marchés financiers encouragé par le libéralisme et le recours des entreprises pour le financement de leurs besoins de développement essentiellement aux épargnants. Aussi, fallait-il donner confiance aux investisseurs actuels et futurs en leur assurant par une information détaillée de plus grandes garanties sur la performance mais aussi sur les risques des entreprises. La première directive du cadre conceptuel américain [1] y est consacrée.

L'approche est tout à fait différente dans les pays continentaux où l'habitude de voir la comptabilité comme un instrument au service de l'information financière sur la performance économique d'une entreprise n'est pas dans tous les esprits ; une liaison comptabilité-fiscalité est encore présente en France, et des séquelles de cette mentalité demeurent dans nos bilans ; elles ont pour effet d'affecter la crédibilité de l'information financière qu'ils véhiculent. Le dirigisme économique des lendemains de guerre pour la France, l'impact de l'État et des banques, elles-mêmes nationalisées, dans le financement des entreprises, l'influence des pouvoirs politiques dans l'élaboration des textes comptables constituent autant d'obstacles à l'autonomie de la comptabilité et à sa reconnaissance comme système d'information.

De telles divergences dans les déterminants rendent caduques toutes tentatives de comparaison des performances des entreprises dans le temps et dans l'espace. Le besoin d'ériger la comptabilité en système d'information s'impose. Les événements de ses vingt-cinq dernières années ont contribué à cette évolution.

La naissance de l'Europe, la liberté de circulation des hommes et des marchandises, l'élargissement des marchés, les besoins de financement indispensables à la croissance des entreprises sont autant de conditions nouvelles impliquant la recherche d'un langage commun. Les institutions européennes ont entrepris un très gros effort d'harmonisation des normes nationales sur la structure, sur les contenus des comptes annuels et du rapport de gestion, sur les modes d'évaluation et la publicité des documents de certaines sociétés. Cette harmonisation a été rendue possible par l'adoption par la Commission européenne des deuxième [2] et quatrième directives [3] et leur ratification par certains États membres du marché com-

1. Conceptual frame work.

2. Deuxième directive européenne du 13 décembre 1976 tendant à coordonner pour les rendre équivalentes les garanties qui sont exigées dans les États membres des sociétés au sens de l'article 58 deuxième alinéa, en vue de la protection des intérêts tant des associés que des tiers en ce qui concerne la constitution de la société anonyme ainsi que le maintien et les modifications de son capital. *J.O. des communautés européennes*, janvier 1977, n° L 26.

3. Quatrième directive du 25 juillet 1978 concernant les comptes annuels de certaines formes de société. J.O. des communautés européennes, 14 avril 1978, n° L 222.

mun. Elle a eu pour effet de rapprocher pour ce qui nous concerne les droits comptables britannique et français [1]. La publication de la septième directive [2] sur les comptes consolidés, sa ratification par la France en 1985 [3] et par le Royaume-Uni lors de son introduction dans la loi sur les sociétés de 1989 *(Companies Act 1989)* [4] a produit des effets identiques et a favorisé la comparaison des documents consolidés dont l'établissement et la publication sont devenus obligatoires.

Il va de soi que les divergences sur les modes de présentation, sur le contenu des documents et sur les méthodes d'évaluation utilisées pour l'établissement des comptes annuels, tendent à s'atténuer entre les pays signataires de ces directives. Toutefois, l'harmonisation a ses limites. Elle ne s'adresse qu'aux sociétés qui ont en commun le caractère limité de la responsabilité des associés, leur taille ainsi que d'autres caractéristiques qui peuvent être différentes. L'harmonisation des règles n'est pas toujours respectée lorsqu'elle est adoptée, enfin elle ne couvre pas l'ensemble des problèmes. Face à cette situation et à l'internationalisation des marchés financiers, la Commission européenne a réexaminé la politique d'harmonisation des règles comptables. Elle a le choix entre renforcer l'action de rapprochement des règles comptables au sein de la CEE ou remédier progressivement aux faiblesses majeures par une action concertée avec le Comité International de Normalisation Comptable *(International Accounting Standards Committee – IASC)* afin de ne pas accentuer les différences entre les deux systèmes de normes [5]. Il semble que la CEE ait opté, pour ce dernier, lors de la conférence sur l'avenir de l'harmonisation comptable dans les communautés européennes en janvier 1990, écartant ainsi le risque de « voir coexister et entrer en conflit les corps de doctrines anglo-saxonnes et communautaires » [6], [7].

1. Promulgation au Royaume-Uni de deux lois sur les sociétés en 1980 et 1981 (Companies Act 1980 and 1981) ratifiant la deuxième et la quatrième directive européennes et promulgation en France de la loi du 30 avril 1983 et publication du décret du 30 novembre 1983.

2. Adoptée par le Conseil des communautés européennes le 13 juin 1983.

3. Loi du 3 janvier 1985 et décret du 17 février 1986.

4. « Introduction de la septième directive et de la huitième directive européennes au Royaume-Uni avec l'adoption du Companies Act 1989 ». *Bulletin Comptable et Financier*, n° 46, juin 1990, pp. 124-126.

5. « Les enjeux de l'harmonisation des comptes des sociétés à caractère international », *Bulletin Mensuel de la COB*, n° 235, avril 1990, pp. 3-6.

« De l'harmonisation européenne à l'harmonisation internationale, la COB en souligne les enjeux », *Bulletin Comptable et Financier*, n° 47, juin 1990, pp. 91-96.

6. *Bulletin Comptable et Financier*, n° 47, *op. cit.*

7. « Prise de position de la fédération européenne des experts-comptables (FEE) en faveur de l'IASC », *Bulletin Comptable et Financier*, n° 44, décembre 1989, p. 115.

Depuis le début des années 1970, les économies se sont internationalisées. Les groupes se sont multipliés et se sont constitués par des prises de contrôle à travers le monde. Les grandes sociétés multinationales sont nées. Le besoin de systèmes d'information plus homogènes a été ressenti. Dans le monde de la comptabilité, de la finance et notamment des commissions des opérations boursières, un besoin d'harmonisation des concepts sous-jacents à la préparation et à la présentation des états s'est manifesté. Ainsi est né en 1973 l'IASC à l'initiative d'un Anglais [1], avec un objectif celui d'adopter des normes comptables utilisables par tous les pays. Influencé pas le précédent américain, l'IASC a publié un cadre conceptuel pour répondre à ces besoins [2]. Ce cadre a contribué à la préparation de nouvelles normes internationales ainsi qu'à la modification des normes existantes. En le publiant, en 1989, l'IASC a manifesté l'intention de rapprocher les règles de préparation des états financiers, perspective tout à fait possible si chaque État, dans la rédaction de ses textes, axe ses efforts vers l'objectif commun d'harmonisation. Tâche difficile s'il en est ! Le refus de la France d'adopter le projet de norme d'application de la juste valeur (norme IAS 39) élaboré en 2000 par le JWG *(Joint Working Group)* [3] prouve l'ambiguïté d'une harmonisation ! Cela n'est sans doute qu'un exemple.

Cependant, les travaux menés conjointement par l'IASC et par l'OICV (Organisation Internationale des Commissions des Bourses de Valeurs) [4] se veulent pour objectif que les entreprises multinationales publient des états financiers de qualité fournissant, en temps voulu, « une information pertinente et fiable aux investisseurs et aux bailleurs de fonds sur les marchés internationaux ». Petit à petit, des préoccupations purement comptables, les grands normalisateurs s'acheminent vers des préoccupations de

---

1. Henry Benson, auditeur chez Coopers et Lybrand.

2. Il s'applique aux états financiers individuels ou consolidés, ayant un objectif général, de toutes les entreprises du secteur public et du secteur privé. Il traite de l'objectif des états financiers, des hypothèses sous-jacentes à l'établissement des états financiers, des caractéristiques qualitatives de l'information, contenue dans ces états financiers, de la définition et des critères de prise en compte et de l'évaluation des éléments constitutifs des états financiers.

3. En 1997, le G4 + 1 (groupe de normalisateurs, constitué des membres des organismes de normalisation d'Australie, du Canada, de la Nouvelle-Zélande, du Royaume-Uni et des États-Unis) a confié au JWG (rassemblant les neuf plus grands normalisateurs comptables : Allemagne, Australie, Canada, États-Unis, France, Japon, Nouvelle-Zélande, Royaume-Uni et IASC) le mandat de développer une norme d'application de la juste valeur à l'ensemble des instruments financiers (ce qu'on appelle le *full fair value*). « Instruments Financiers, projet du JWG *(joint working group of standard setters)*, présentation du projet et position de la France », *Bulletin Comptable et Financier*, novembre 2000, pp. 33 et s.

4. OICV regroupe les différentes commissions des opérations boursières dans le monde – voir *IASC, Normes comptables internationales*, Éditions Francis Lefebvre, Paris, 1995, pp. 64 et s.

qualité de l'information financière, préoccupation présente, depuis longtemps, dans le modèle comptable des pays anglo-saxons. Ainsi l'IASC, devenu depuis le 1er janvier 2001 l'IASB *(International Accounting Standards Board)*, a ouvertement manifesté son intention d'être l'égal de l'organe de normalisation américain (FASB : *Financial Accounting Standards Board)*, de ne plus limiter son champ d'action à la normalisation comptable et de l'élargir à l'information financière [1]. Il débaptise ses normes. Elles deviennent des normes d'information financière internationale : *IFRS (International Financial Reporting Standards)* [2]. Le pas est franchi ! Les modèles comptables continentaux et anglo-saxons ont des intérêts convergents.

La communauté internationale attache de plus en plus de crédibilité aux normes de l'IASC. L'OICV recommande aux différentes commissions des opérations boursières à travers le monde d'accepter que les sociétés étrangères, cotées sur leur place financière, publient des états financiers en normes IAS [3]. De son côté, en février 2000, l'Europe a émis une proposition de règlement européen, au terme duquel toutes les sociétés cotées établies en Europe devront appliquer les normes IAS dans leurs comptes consolidés au plus tard à partir de 2005, même si l'utilisation de cette norme ne permet pas, à cette date, d'accéder au marché américain [4]. Enfin les États-Unis collaborent avec l'IASC à des fins d'harmonisation de leur publication. La norme IAS 33 et la norme FAS 128 sur le résultat par action est un exemple significatif de cet effort de rapprochement.

L'harmonisation internationale des comptabilités et de l'information financière étant, non seulement en route, mais bien avancée, n'est-il pas incongru de consacrer un ouvrage à la comptabilité anglo-saxonne ?

---

1. Il a notamment l'intention d'inclure dans son programme de travail des sujets relatifs à l'information financière tels que le rapport de gestion et des analyses financières et opérationnelles. *Bulletin Comptable et Financier*, mai 2001, pp. 14 et s.

2. IASB a repris à son actif le corps des normes IAS et d'interprétations SIC existantes (Londres, 18-20 avril 2001).

3. Cette reconnaissance par l'OICV tient au travail accompli par l'IASC à la suite d'un accord conclu entre ces deux organismes (juin 1995). L'IASC s'engageait à finaliser un programme, fixé conjointement et solennellement avec l'OICV. L'OICV, de son côté, s'engageait à examiner le corps complet de normes comptables proposées par l'IASC ; si l'examen s'avérait concluant, l'OICV recommanderait à l'ensemble des autorités boursières d'accepter que les sociétés étrangères cotées sur leur place publient des états financiers établis en normes IAS sans aucun retraitement ni information complémentaire. Le travail de révision (7 normes existantes) et l'achèvement de 7 nouveaux projets se sont terminés au cours de 1999, « L'IASC en bonne voie pour réussir son pari », *RFC*, octobre 1998 pp. 9 et s ; et « Recommandation de l'OICV, Vers une reconnaissance mondiale des normes IAS », *Bulletin Comptable et Financier,* juin 2000, p. 21.

4. « Le passage aux normes IAS », *Bulletin Comptable et financier*, mai 2001, pp. 20 et s.

L'influence internationale des normes anglo-saxonnes et particulièrement américaines est une réalité [1]. En 1997, 40 % de pays dans le monde utilisaient le modèle comptable anglo-américain [2]. Pour les quelques années à venir, les chemins ne se croisent pas encore ; des divergences demeurent entre les droits comptables anglo-saxons et les normes comptables internationales [3] qui justifient un apprentissage minimum de ces modèles autant que la SEC ne reconnaîtra pas le référentiel international pour l'accès des entreprises aux marchés financiers américains [4]. Cet ouvrage se propose d'apporter une modeste contribution à la compréhension des états financiers américains et britanniques. Dans toute la mesure du possible, une référence aux normes de l'IASB accompagne les développements de chacun des aspects traités. Se voulant une vocation utilitaire, il répond, dans l'esprit de l'auteur, à un besoin de formation et d'information au service des étudiants, des professionnels de la comptabilité et des entreprises. Rédiger l'ouvrage impliquait des choix dans un champ de spécificités aussi grand. Pour répondre à l'objectif fixé nous avons porté notre attention sur le système comptable qui présentait le plus de pouvoir et dans le cadre de notre étude celui qui présentait le plus de différences avec le système comptable français. Il s'agit du système comptable américain. Le fil directeur des développements s'intègre à la théorie comptable américaine et les solutions aux applications incluses dans le texte sont celles

1. Leur présence dans toutes les instances de normalisation : G4 + 1 (composé uniquement de représentants des organismes de normalisation anglo-saxons), le JWG (sur les 9 membres 5 sont anglo-saxons), la création de l'IASC d'initiative anglo-saxonne. Quant aux normes ayant influencé les normes internationales, la liste serait longue : citons le cadre conceptuel, la comptabilisation des retraites (premier texte 1985), le tableau de flux de trésorerie (1987), les concepts de juste valeur, d'impairment des actifs corporels, incorporels, du goodwill, le résultat par action existaient dans les comptes de résultat américains avant la publication des normes FAS 128 et IAS 33 etc.

2. Voir note ci-dessus *Accounting international perspective* : modèle britannico-nord américain 40 %, modèle continental 26 %, modèle sud-américain 11 %, modèle d'économie mixte 23 %. Échantillon de 114 pays.

3. Les résultats, à l'état brut, montrent 255 divergences entre le référentiel du FASB et le référentiel de l'IASC, dont plus de 50 % sont insignifiantes. Depuis cette date, les efforts des deux parties ont fortement contribué à réduire leur nombre, sans prétendre à la supériorité d'une instance sur l'autre, étant cependant précisé que les normes internationales ne pourront pas être, de toute évidence, aussi détaillées que les normes américaines. « Comparaisons Directives Européennes, Normes IAS et US GAAP, inventaires des divergences réalisés par la Commission Européenne et le FASB – Résultats, commentaires officiels et conséquences pratiques », *Bulletin Comptable et financier*, avril 1997, pp. 1 et s.

4. La SEC doit faire face, dans un contexte de mondialisation des places financières, à des sujets délicats tels que les conditions d'accès aux marchés américains pour les sociétés étrangères. « US GAAP-infos Brèves », *Bulletin Comptable et Financier*, juin 2000, p. 19.

proposées par le FASB. Il était également important que certaines particularités britanniques ne soient pas occultées. À tout terme technique français sont associés en italique et dans l'ordre les homologues américains et anglais. L'autre choix portait sur le contenu. D'excellents ouvrages traitaient déjà des particularismes des états financiers anglo-saxons à l'exception de la saisie comptable des flux. En conséquence, toutes les opérations appréhendées ont aussi une traduction comptable.

Dans ce contexte, le premier chapitre se veut général. Il traite des sources des droits comptables, des mécanismes de l'enregistrement des opérations d'exploitation et de la présentation des états financiers. Les trois chapitres suivants présentent les composantes des grandes masses du bilan, à savoir les comptes liés aux activités d'exploitation, trésorerie, stocks, créances et dettes à court terme et la détermination du fonds de roulement (chapitre 2), les actifs et passifs durables (chapitre 3). Ce chapitre met l'accent sur l'originalité de certains actifs incorporels (le goodwill, les marques commerciales), les actifs corporels (incorporation des frais financiers dans les immobilisations, les acquisitions en crédit-bail), les actifs financiers (évaluation des titres immobilisés). Le problème de l'évaluation est de nouveau évoqué pour les dettes durables. Enfin, un chapitre sur les capitaux propres s'articule en deux parties, l'une réservée aux capitaux propres non distribuables, l'autre aux capitaux propres distribuables. Des développements particuliers sont consacrés aux aspects juridiques du capital et au résultat par action (chapitre 4). Dans ce cheminement classique, certains points, tels les impôts différés, les plans de pension et le traitement des changements dans l'utilisation des principes comptables et des méthodes d'évaluation, exigeaient une étude particulière compte tenu de leurs difficultés de traitement (chapitre 5).

Chapitre 1

DES SOURCES DU DROIT COMPTABLE AUX DOCUMENTS FINANCIERS

Les mécanismes du système comptable américain ressemblent beaucoup à ceux du système comptable français. Ils reposent sur l'adoption des conventions qui indiquent la méthode de saisie des flux économiques de l'entreprise. Ils sont dominés par la règle d'équilibre.

emplois = ressources
actif du bilan = capitaux propres + dettes

Le principe de la partie double *(double entry)* y satisfait. Le fondement de la comptabilité reste le compte *(account)*. Sa mission est de traduire l'évolution d'un élément ou d'un groupe d'éléments sous forme d'augmentation ou de diminution dont il donne le solde *(balance)* à la date d'arrêté du compte. Les règles de fonctionnement des comptes sont identiques aux règles françaises :

– la partie droite enregistre les crédits ;
– la partie gauche enregistre les débits ;
– les comptes de charges *(expenses)* et d'actif *(assets)* enregistrent les augmentations au débit et les diminutions au crédit ;
– les comptes de produits *(revenues)* et du passif, capitaux propres et dettes *(owner's equity and liabilities)* fonctionnent en sens inverse.

Contrairement au plan comptable français, il n'existe pas de nomenclature des comptes. Il appartient à l'entreprise de fixer, selon ses besoins, la liste des comptes connue sous le nom de *chart of accounts.* La durée de la période comptable est annuelle en vertu du principe de la séparation des exercices. Comme en France, l'année calendaire ne s'impose pas. L'entreprise choisit le moment le plus opportun dans le cycle d'activité pour arrêter les comptes. Aux États-Unis, si la date d'arrêté des comptes est différente de la date de fin d'année civile, l'exercice comptable est appelé exercice fiscal *(fiscal year)*, ce qui n'exclut pas la publication d'états financiers intérimaires *(interim reports)*. En Grande-Bretagne, la première date de clôture est en principe le 31/3. Enfin le cheminement du flux s'effectue selon une procédure déterminée connue sous le nom de cycle comptable *(accounting cycle)*. Il s'agit de la séquence complète de la procédure comptable qui est répétée chaque année dans le même ordre. Dans un système comptable traditionnel, le cycle comprend les étapes suivantes :

– l'enregistrement chronologique des transactions et des événements dans le journal *(journal – book of prime entries)* sous forme d'articles *(journal entries)* ;

– le report chronologique des opérations dans les comptes du grand livre *(posting from the journal to the ledger)* ;

– l'établissement à partir du grand livre d'une balance de vérification *(unadjusted trial balance)*, l'équivalent de la balance avant inventaire français ;

– la préparation d'un cadre de travail *(worksheet)* dont l'utilisation est facultative ;

– l'enregistrement des écritures d'inventaire *(adjusting, correcting and updating recorded data)* suivi de l'établissement d'une seconde balance de vérification *(adjusted trial balance)* ;

– l'établissement des états financiers *(financial statements)* ;

– la réouverture des livres *(reversing entries)* ou opérations de contrepassation.

Toutes ces procédures fonctionnent dans un cadre théorique que nous nous proposons de présenter avant d'appréhender l'étude du cycle comptable (section 1). Nous traiterons ensuite des techniques comptables d'enregistrement appliquées à quelques opérations considérées comme essentielles (section 2) sans insister sur les techniques de report au grand livre qui relèvent de l'organisation comptable. Cette première étape conduit à l'établissement de la balance avant inventaire *(unadjusted trial balance)*. Une autre section sera consacrée aux travaux d'inventaire et à la détermination du résultat (section 3). Enfin, l'aboutissement du cycle comptable est l'établissement des documents financiers (section 4).

1. Le cadre théorique du droit comptable

La distinction entre les procédures comptables anglo-saxonnes et françaises réside dans l'absence d'un plan comptable précis, rigide que les entreprises françaises sont tenues d'appliquer. Elle est le reflet des caractéristiques profondes de chacun de ces pays. Les pays anglo-saxons sont des pays de tradition. La France est un pays de droit. En conséquence, une très grande liberté est accordée au chef d'entreprise pour la présentation des documents sous réserve que les états financiers présentés donnent une image aussi fidèle que possible de la situation économique, juridique et financière de l'entreprise. Il s'agit du respect du célèbre principe d'image fidèle, traduction approchée : « *True and Fair View* » pour les Anglais, auquel le plan comptable français s'est rallié.

Les sources du droit comptable sont étroitement liées aux objectifs assignés à l'information comptable. En France, les objectifs de l'information financière étaient énoncés dans le plan comptable général : « Fournir un ensemble d'informations conformes aux besoins des divers utilisateurs » [1]. Ni la notion de besoins, ni la liste des utilisateurs ne sont définies. Aux États-Unis et en Grande-Bretagne, l'information comptable a un objectif précis : elle sert les intérêts des investisseurs qui doivent être informés et être en mesure de prendre des décisions rationnelles. Elle a une place importante dans la protection des actionnaires et des épargnants [2]. La diversité des destinataires rend difficile l'adhésion à un modèle général et justifie la diversité des sources du droit comptable français [3]. En revanche, la précision des utilisateurs dans les pays anglo-saxons tend à restreindre l'étendue des sources jusqu'à devenir le privilège d'un seul organisme. L'unicité des sources du droit comptable anglo-saxon n'est pas la seule caractéristique. Le contexte économico-politique dans lequel s'élabore la théorie comptable infléchit la délégation du pouvoir de normalisation à un organisme privé ou public. La puissance publique en France est forte et garante de la justice. Elle est la mieux placée pour élaborer des normes. Elle s'est vue confier à travers le Conseil National de la Comptabilité, le pouvoir de légiférer. Ce choix ne fait pas l'unanimité. Le reproche d'incompétence adressé aux fonctionnaires, reproche qui doit être tempéré eu égard à la composition du Conseil National de la Comptabilité, milite en faveur d'un pouvoir de normalisation reconnu aux plus concernés, indépendants du pouvoir politique et en rapport avec les utilisateurs de l'information, c'est-à-dire le secteur privé. Les États-Unis et la Grande Bretagne ont choisi cette voie pour l'élaboration de leur droit comptable. Dans ces deux pays les seuls interlocuteurs du gouvernement sont les organisations indépendantes des pouvoirs publics, pseudo professionnelles à qui revient la responsabilité d'élaborer les principes comptables généralement admis dans le respect des textes destinés à protéger les partenaires de la société. Nous étudierons successivement les sources de ce droit avant de le présenter.

---

1. Ancien PCG, paragraphe VII.
2. A. Tunc, *Le droit anglais des sociétés anonymes,* Paris, Dalloz, 1987, p. 230.
3. A. Naciri, « Une analyse comparative des systèmes de normalisation français et américain », *RFC*, n° 171, septembre 1986, pp. 39-49.

1.1. Les sources du droit comptable

Un rappel des sources du droit comptable français permet de mettre en valeur l'originalité des sources du droit comptable anglo-saxon.

1.1.1. Les sources du droit comptable français

Une des grandes caractéristiques du droit comptable français était la diversité de ses sources jusqu'à ces dernières années et l'absence d'autorité véritable. En effet les sources étaient d'ordre législatif [1], réglementaires, d'ordre doctrinal [2] français et international, et d'ordre jurisprudentiel, le tout étant élaboré en l'absence d'un cadre conceptuel. Une telle mosaïque avait pour effet d'engendrer un manque de cohérence entre les différents textes, de multiplier les options, d'adopter des règles empruntes d'un formalisme juridique (approche patrimoniale du bilan) ou marquées par la fiscalité (subventions, provisions réglementées) non conformes aux principes généralement acceptés et à la pratique internationale.

Ce panorama de faiblesses affectait la clarté et la crédibilité de l'information financière. La grande réforme s'inscrit :

– dans la création, en 1998 [3], du Comité de Réglementation (CRC), qui se voit arroger le monopole de la réglementation comptable instaurant ainsi l'unicité des sources du droit comptable français ;

– et dans la transposition dans le processus d'élaboration des normes des usages et des procédures existant à l'étranger afin de faciliter l'harmonisation de nos normes avec l'harmonisation comptable internationale. Ainsi, le Comité d'Urgence a été créé à l'instar des comités d'urgence

1. Loi du 30 avril 1983, codifiée dans le Code de Commerce, art. 8 à 17 de la loi et décret du 29 novembre modifié codifié dans le Code de Commerce (art. 1 à 27 de la loi). Ce code constitue un cadre unique des règles comptables générales applicables à tous les commerçants, personnes physiques ou morales ; loi sur les sociétés du 24 juillet 1966 et décret du 23 mars 1967.

2. Il s'agit du CNC (Conseil National de la Comptabilité), organisme consultatif placé auprès du ministre chargé de l'économie. Son rôle est consultatif. Il émet, entre autres, des avis et recommandations concernant l'ensemble de l'économie sur toutes les dispositions d'ordre comptable couvrant tous les domaines, y compris les banques et les assurances, sur les réformes élaborées par les organismes internationaux ou étrangers de normalisation ; de l'OEC (Ordre des Experts-Comptables) qui n'a pas mission de définir et de fixer le contenu de la doctrine comptable, il est amené à émettre des avis et à donner des indications sur l'application des règles comptables ; la CNCC (Compagnie des Commissaires aux Comptes) a toujours considéré qu'il n'entre pas dans sa mission de créer le droit ni la doctrine ; la COB (Commission des Opérations de Bourse), créée en 1967, a pour mission de veiller à la protection de l'épargne investie dans les instruments financiers donnant lieu à un appel public à l'épargne, à l'information des investisseurs et au bon fonctionnement des marchés d'instruments financiers ; et de l'IASB entre autres. Voir *Mémento Comptable 2001*, Éditions Francis Lefebvre § 246 et s.

3. Loi du 6 avril 1998 et le décret du 14 octobre 1998.

américain (*EITF – Emerging Issues Task Force)* ou britannique *(UITF – Urgence Issues Task Force).*

L'objectif de la réforme a été :

– de rendre plus cohérente l'élaboration du droit comptable en unifiant le processus d'élaboration des normes comptables. Le CNC devient le pivot de la normalisation. Le CRC intervient pour s'assurer de la cohérence des avis qui lui sont transmis par le CNC, d'officialiser les avis du CNC, en les transformant en règlements devenus obligatoires par homologation ministérielle sous forme d'arrêté ;

– de répondre à un besoin de transparence, de permanence et de lisibilité des comptes ;

– enfin d'accompagner et d'encadrer l'utilisation des règles internationales.

Cette réforme se rapproche du processus d'élaboration des normes comptables anglo-saxonnes, à la différence près du maintien de la dépendance à l'égard des pouvoirs publics [1] et de l'absence de l'exposé sondage *(exposure draft)* pratiqué par les Anglo-Saxons et l'IASC.

1.1.2. Les sources du droit comptable dans les pays anglo-saxons

Les Anglo-Saxons sont des pays de droit non écrit, dit droit coutumier, où la normalisation comptable est confiée à des experts, c'est-à-dire ceux qui sont censés être au cœur du sujet. En conséquence, les références aux lois sont rares et l'élaboration des règles est confiée à des organismes privés, dits de normalisation, indépendants de la profession (depuis 1973 aux États-Unis). Le contrôle des normes est assuré par une autorité différente [2].

L'élaboration se fait au terme d'un processus d'étude, de recherche et de discussion entre personnes compétentes. Appelé « *Due Process* », ce processus consiste en la constitution de groupe d'experts (permanents ou non) chargés de l'élaboration des normes, en la publication de projet ou exposé sondage *(exposure draft)* pour commentaires notamment près des utilisateurs potentiels, avant leur publication. Cette procédure est également retenue par l'IASB pour l'élaboration des normes internationales. L'autorité des normes est imposée par les commissions des opérations boursières (aux États-Unis, la SEC), et au Royaume-Uni, elles ont force

1. Y. Bernheim, « L'harmonisation comptable internationale », *Revue de droit comptable*, décembre 1997, n° 4, pp. 27 et s. et « L'option pour un référentiel international par les entreprises françaises », *Crédit lyonnais international*, novembre 1998. S. Bonnet-Bernard, « La normalisation comptable dans 10 pays », *RFC*, octobre 1997, pp. 15-43. J.C. Scheid, « La normalisation comptable française, la première réforme profonde depuis 1946 », *RFC*, novembre 1996.

2. S. Bonnet-Bernard, déjà cité.

de loi. Quelques développements sont consacrés au processus d'élaboration des normes comptables aux États-Unis et au Royaume-Uni.

1.1.2.1. Aux États-Unis

Le pouvoir de normaliser appartient au Conseil des Standards Comptables *(Financial Accounting Standards Board – FASB)*. Créé en 1973, il constitue avec la commission des opérations boursières *(Securities and Exchange Commission – SEC)*, avec qui il travaille en étroite collaboration, la seule source du droit comptable américain. Son rôle remonte à la création de l'institut américain des experts-comptables *(American Institute of Certified Public Accountants – AICPA)* en 1897. La crise de 1929 et la pression des événements contraignent la profession à jouer un rôle important.

La crise financière soulève l'insuffisance de l'information sur les entreprises faisant appel à l'épargne et sur son caractère trompeur. Les pouvoirs publics réagissent et créent en 1934 par l'acte sur la sécurité fédérale *(Federal Security Act)* la *Securities and Exchange Commission* dont la mission consiste à établir les règles de présentation de l'information comptable et financière à respecter par toutes les entreprises faisant appel au marché financier. Cette initiative constitue la première menace très vite ressentie par la profession de se voir spolier du pouvoir de normalisation de la réglementation comptable. Organisme créé par la loi, la SEC possède le droit d'edicter des règles comptables et de les imposer. Elle exerce parfois son pouvoir de réglementation en élaborant des normes publiées sous forme d'un bulletin « *Accounting Series Release* ». Dans les faits elle s'est appuyée sur l'AICPA et sur la bourse de New York et a délégué à la profession, donc au secteur privé, le souci de normaliser tout ce qui touche à la comptabilité des entreprises privées et à la présentation de l'information financière [1].

En 1939, l'AICPA crée le comité des procédures comptables *(Committee Accounting Procedures – CAP)*. Il a fonctionné pendant 20 ans. Faute de moyens, il a du mal à s'imposer et est remplacé par le conseil des principes comptables *(Accounting Principles Board – APB)* qui publie des opinions (une trentaine) et des recommandations (au nombre de 4) toujours en vigueur. Sa crédibilité a été affectée par sa trop grande dépendance à l'égard de la profession. Ce conseil est remplacé par le *FASB* en 1973. Dès sa création, la SEC (ASR n° 150) et l'AICPA lui confèrent officiellement le pouvoir de normaliser. Ses décisions sont considérées comme faisant autorité. Son originalité réside dans sa composition (les sept membres nommés sont des permanents), dans son indépendance totale à l'égard de

1. P. Walter, *La comptabilité anglo-saxonne*, La Découverte, Repères, n° 201, Paris, 1996.

Stephen A. Zeff, « La normalisation aux États-Unis, une approche publique et privée », *RFC*, n° 265, mars 1995, pp. 61 et s.

la profession et des pouvoirs publics. Le conseil fonctionne sous la tutelle d'un organisme totalement privé, la fondation de la comptabilité financière *(Financial Accounting Fundation)* (schéma 1). La profession et le FASB ne sont pas totalement autonomes, la SEC exerce sur eux un pouvoir de surveillance qui n'altère pas les relations de partenariat existant entre la SEC et le FASB.

La mission du FASB est de publier des normes nouvelles ou d'adapter les normes existantes *(Statement of Financial Accounting Standards – SFAS)* identifiées FASx. Jusqu'à ce jour, il en a publié 142. Parallèlement, il a rédigé un cadre conceptuel *(conceptual framework)* qui constitue la base de référence dans sa tâche de normalisation, lui permettant ainsi d'échapper à toutes les pressions et de répondre à toutes les situations. Quelle est la situation en Grande-Bretagne ?

Schéma 1 – *Structure du FASB*

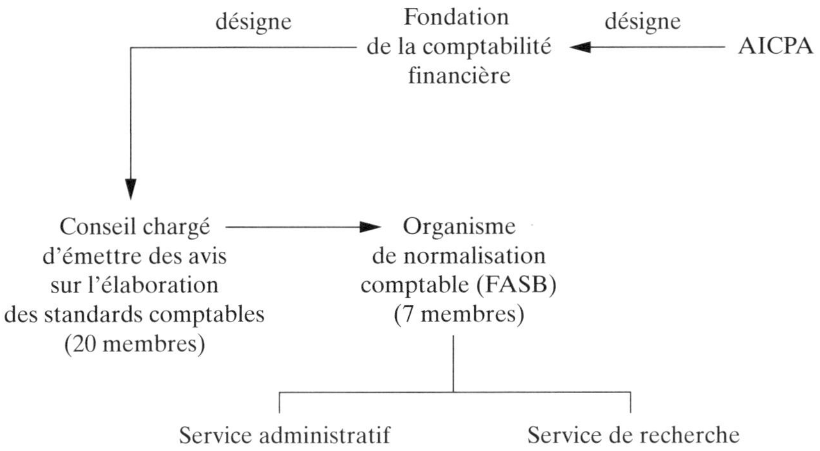

Source : Institut américain des experts-comptables – Rapport sur l'établissement des principes comptables, New York, AICPA, 1972.
[American Institute of Certified Public Accountants (AICPA)] – Report of the Study on Establishment of Accounting Principles, New York, AICPA, 1972.

1.1.2.2. Au Royaume-Uni

Au Royaume-Uni, les sources du droit comptable sont la loi sur les sociétés *(Companies Act)*, le comité des normes comptables *(Accounting Standards Committee – ASC)*, remplacé depuis le 1er août 1990 par le conseil des normes comptables *(Accounting Standards Board – ASB)* et la bourse *(Stock Exchange)*.

Les premières lois sur les sociétés datent de 1844 et 1855 *(Joint Stock Companies Act)*. La loi de 1855 autorise la création de sociétés dans lesquelles la responsabilité des associés est limitée à leurs apports. Les règles concernant la tenue de la comptabilité et le contrôle comptable ont été développées depuis et figurent désormais dans les lois sur les sociétés de 1948, 1967, 1976, 1980 et 1981. Ces deux dernières lois harmonisent la présentation des documents comptables sur la quatrième directive [1]. Il faut la loi de 1989 pour prendre en compte la septième directive.

L'ASB a, comme son prédécesseur, la responsabilité d'émettre les normes comptables. Il apporte le complément aux dispositions de la loi sur les sociétés sur la forme et le contenu des comptes annuels et résout par ses publications un certain nombre de problèmes précis non prévus par la loi. Cet organisme nouvellement créé jouit d'une très grande autonomie par rapport aux organisations professionnelles et se voit doter de la responsabilité complète de l'établissement des normes et de moyens financiers importants.

La force de la loi est reconnue aux normes qu'il publie ; elles sont donc appliquées immédiatement. À notre connaissance l'ASB a publié à ce jour dix-neuf normes désignées sous le nom de FRS *(Financial Reporting Standard)* et a adopté dès sa création les 22 normes publiées par l'ASC, les SSAP *(Statements of Standard Accounting Practices),* leur donnant ainsi un statut légal dans le cadre de la loi sur les sociétés de 1989.

L'ASB est composé de trente permanents dont des experts comptables et des représentants des diverses parties concernées par la normalisation comptable, occupant des postes clés dans l'industrie, le commerce, à la City de Londres et dans d'autres secteurs intéressés par la qualité des comptes. Seul le FRC *(Financial Reporting Council)* sorte de conseil supérieur de la comptabilité, qui finance l'ASB, supervise les procédures d'établissement des normes et le suivi de leur application [2].

Ce droit rédigé par des entités privées, indépendantes, composées de techniciens, supervisé par des personnes concernées, quel est-il ?

1.2. Le droit comptable

Le droit comptable anglo-saxon comme le droit comptable français repose sur des principes auxquels chaque utilisateur doit se soumettre. Ils sont qualifiés de principes généralement admis. Depuis quelques années, et face aux besoins de comparabilité rendus nécessaires avec l'élargissement des marchés financiers, un effort de formalisation d'un cadre de réfé-

1. A. Tunc, *Droit anglais des sociétés anonymes*, Paris, Dalloz, 1957, pp. 12 et s.

2. P. Stilling, Royaume-Uni – Deux années de transformation de la normalisation comptable, article déjà cité. Peter Stilling est représentant de la Grande-Bretagne au « Board de L'IASC ».

En 1990, trois organismes ont été créés : le FRC *(Financial Reporting Council)*, l'ASB *(Accounting Standard Board)* et le FRRP *(Financial Reporting Review Panel)*, responsable du contrôle des comptes publics. En 1991, l'UITF *(Urgent Issues Task Force)* a été chargé de préciser les modalités d'application des normes comptables lorsqu'il apparaît qu'elles peuvent donner lieu à des interprétations différentes. *Bulletin Comptable et Financier*, n° 51, juin 1991, pp. 107 et s.

rence a été entrepris. Il a donné lieu aux États-Unis à la publication du cadre conceptuel *(conceptual framework).*

1.2.1. Les principes généralement admis (Generally Accepted Accounting Principles – GAAP)

Les principes n'ont cette qualité que par rapport aux États-Unis et pour les sociétés qui préparent leurs états financiers selon les principes américains. Leur origine se trouve dans des accords conclus dans les années 1930 entre l'Institut des Experts-Comptables et la bourse de New York [1]. En 1937, la SEC souligne la nécessité de préciser les exigences de la comptabilité. Elle déclare [2] que la pratique comptable doit pouvoir s'appuyer sur des textes faisant autorité [3]. En 1964, la notion de principes généralement acceptés est reconnue lorsque l'AICPA adopte une résolution aux termes de laquelle les auditeurs sont tenus de mentionner dans leur rapport toutes les dérogations aux opinions émises par l'ARB et par l'APB. La SEC adhère à cette exigence. Enfin, la création du FASB entérine l'autorité des principes qui allaient devenir les principes généralement acceptés *(GAAP).* La règle de déontologie n° 203 du code d'éthique professionnelle stipule que : « Les méthodes dérogeant aux principes établis par l'AICPA ne sauraient plus être longtemps considérées comme généralement admises ».

Dès lors les GAAP avaient définitivement assis leur autorité. Naturellement les normes du FASB et les opinions des commissions, qui les ont précédés, exercent avec les membres de l'AICPA et les autorités boursières une influence notable dans leur détermination. Comment les définit-on ? Existe-t-il une hiérarchie dans leur degré d'autorité ?

1.2.1.1. La définition des principes généralement acceptés

Conformément à la tradition anglo-saxonne, ils n'ont pas de définition précise. Au départ, ils constituent des conventions admises par acceptation tacite, conventions qui régissent le traitement de l'information extériorisée. Dans l'absolu, ils n'ont pas de signification. Ils sont évoqués dans leurs implications pour asseoir la crédibilité de l'information financière à l'égard des utilisateurs. Cela suppose la garantie du respect des normes données par le réviseur contractuel totalement indépendant, qui assure ainsi par ses opinions la moralité des affaires. La conformité s'apprécie au niveau du fond et au niveau de la forme. Sur le fond, la conformité s'apprécie en terme de but. La conformité aux principes généralement admis *(present fairly... in conformity with the GAAP),* affirmée par l'auditeur dans

---

1. P. Grady, « Inventory of generally accepted accounting principles », *Bulletin Comptable et Financier*, n° 28, p. 81.
2. Accounting series bases – ASR n° 4.
3. « La hiérarchie des principes comptables », *Bulletin Comptable et Financier*, n° 28, pp. 81 et 82.

son opinion, se veut de soumettre aux utilisateurs non seulement une information respectueuse des règles, mais également une description claire, loyale et objective des opérations. Les principes n'ont pas tous la même importance.

1.2.1.2. La hiérarchie des principes généralement acceptés

Elle s'est établie au cours du temps. En mars 1992, la norme d'audit SAS 69 [1] relative à la certification a précisé la notion de principes généralement admis et a arrêté une nouvelle hiérarchie des textes comptables à la fois pour les entreprises privées et pour les entreprises publiques [2]. Elle a eu pour effet de renforcer l'autorité accordée aux textes de l'AICPA ayant reçu l'aval du FASB.

Cette nouvelle hiérarchie distingue les principes comptables établis et les autres textes comptables.

Les principes comptables établis constituent les principes officiellement établis, il s'agit : des normes et des interprétations du FASB, des opinions de l'APB et des normes ARB de l'AICPA.

Viennent ensuite :

– les bulletins techniques du FASB, s'ils ont reçu l'aval du FASB, les guides d'audit et les guides de comptabilité SOP de l'AICPA *(Statement of Position –)*,

– les consensus de l'EITF *(Emerging Issues Task Force)* [3] et s'ils ont reçu l'aval du FASB, les bulletins pratiques de l'AICPA,

– enfin les interprétations comptables de l'AICPA, textes « questions-réponses » du FASB, pratiques largement reconnues et prévalentes dans des secteurs d'activités particulières.

Les autres textes comptables sont les avis conceptuels du FASB, les normes comptables internationales *(IAS)* ou les manuels de comptabilité.

En pratique la nouvelle hiérarchie n'est d'application obligatoire que pour les textes nouveaux dont la date d'application est postérieure au 15 mars 1992.

1. SAS 69, *(Statement on Auditing Standard)* – « La signification de la formule de certification dans les rapports d'audit *(The meaning of present fairly in conformity with generally accepted accounting principles in the independent auditor's report)* », *Bulletin Comptable et Financier*, n° 54, mars 1992, p. 54.

2. Nous nous limiterons aux textes comptables applicables aux entreprises privées. La publication de ce texte a conduit le FASB à annuler toutes les normes antérieures établissant la hiérarchie à savoir les normes FAS 32, 56, 83, dans la norme FAS 111, *Bulletin Comptable et Financier*, n° 57, décembre 1992, p. 52.

3. Est le comité du FASB chargé de définir les modalités pratiques d'application des normes comptables. Les délibérations sont publiées et lorsque une majorité qualifiée des membres s'accorde sur une solution, cette dernière est réputée adoptée par consensus et son application est obligatoire même aux entreprises non inscrites à la SEC.

Ne pas parler des concepts fondamentaux, qui sous-tendent ces principes, constituerait une omission regrettable [1]. Ces principes émanent de l'expérience de la conduite des affaires et de l'accomplissement de la responsabilité des professionnels dans un système d'économie libérale. D'application large, ils ne peuvent être affectés par les changements constants de l'environnement.

Nous retenons les principes les plus fréquemment cités [2] :

Le principe de la continuité d'exploitation *(going concern assumption)* selon lequel l'entreprise est censée continuer son activité pour une durée de temps indéfinie. Ce principe a une incidence sur l'évaluation des postes au bilan et conduit normalement à la constitution de provisions et d'amortissements. C'est un des quatre principes fondamentaux retenu au Royaume-Uni et le premier par l'IASC.

Le principe de la permanence des méthodes *(consistency principle)* selon lequel les méthodes comptables sont supposées demeurer constantes d'un exercice à l'autre.

Le principe de la séparation des exercices *(accrual basis principle),* il serait le troisième principe britannique et le deuxième principe reconnu par l'IASC. La continuité d'exploitation implique la segmentation de l'activité de l'entreprise en périodes comptables conventionnellement annuelles. Ce découpage arbitraire entraîne quelques décalages entre la réalité économique et la réalité comptable. Pour y pallier deux autres principes doivent être respectés : le principe du rattachement des charges aux produits de la période pour déterminer le résultat *(matching principle)* et le principe d'appréciation des produits *(revenue realization principle)* selon lequel le produit n'est comptabilisé qu'à partir du moment où il est réalisé. La réalisation signifie qu'une transaction mesurable a été accomplie ou est suffisamment finalisée pour garantir l'enregistrement du produit en comptabilité.

Le principe du nominalisme *(monetary principle)* auquel on peut rattacher le principe d'évaluation au coût historique *(cost principle)*. Les faits économiques saisis par la comptabilité figurent au bilan au coût historique.

À ces conventions s'ajoutent des considérations qui doivent présider dans le choix et l'application des méthodes comptables appropriés ainsi que dans la préparation des documents financiers [3]. Il s'agit :

– du principe de prudence *(conservation principle)*. Ce principe proposé par l'IASC respecté au Royaume-Uni commande de choisir l'alternative qui minimise l'évaluation et le résultat de la période considérée ;

---

1. P. Grady, *op. cit.*, p. 23. S'inspirant de différents auteurs, il en recense 10.
2. D. Boussard, « Les principes anglo-saxons », *Revue du Financier*, août-septembre 1989, pp. 13-21. *Bulletin Comptable et Financier, op. cit.*, n° 28, pp. 79-89. A.N. Mosich and E.I. Larsen, *Intermediate accounting*, 6e édition, New York, McGraw-Hill, 1986, pp. 22 et s.
3. IAS 1, La publicité des méthodes comptables (disclosure of accounting policies), Londres, novembre 1974, paragraphe 9, p. 4.

– du principe de l'importance relative *(materiality principle)*. Le comptable doit savoir distinguer ce qui est important de ce qui ne l'est pas eu égard à l'impact de la connaissance du fait sur l'opinion du lecteur ;

– du principe de la prééminence de la réalité sur l'apparence *(substance over form)* [1]. Ce principe offre à l'entreprise la possibilité de faire une entorse à la réglementation admise si la qualité de l'information en dépend [2].

Cette longue liste légitime le souhait exprimé par la profession en direction du FASB pour œuvrer en faveur d'une simplification. Les professionnels britanniques ont manifesté le même souci. L'IASC a entrepris une démarche en ce sens dans son projet ED 3. Ce travail a abouti aux réformes dont nous avons déjà parlé.

Le besoin de simplification trouve un début de solution aux États-Unis dans le cadre conceptuel.

1.2.2. Le cadre conceptuel (conceptual framework)

Le cadre conceptuel fait partie des principes généralement acceptés. Son importance sera grande dans l'élaboration future du droit comptable et justifie ainsi les développements que nous lui consacrons. Le FASB définit le cadre conceptuel « comme un ensemble structuré d'objectifs et de principes fondamentaux interreliés » [3]. Les objectifs représentent les fins que la comptabilité s'assigne et les principes fondamentaux mettent en évidence les concepts et les conventions comptables de base auxquels on doit se référer lors de la mise au point de l'interprétation et de l'application des normes de comptabilité et d'information [4].

Le cadre comporte six directives *(Statement of Financial Accounting Concepts – SFAC)* [5]. La première norme est intitulée « Objectifs de la divulgation financière par les entreprises » *(SFAC n° 1 – Objectives of financial reporting by business enterprises – 1978)*. L'information financière doit fournir des éléments nécessaires à la prise de décision. La seconde est consacrée aux caractéristiques qualitatives de l'information comptable *(SFAC n° 2 – Qualitative characteristics of accounting information – 1980 may)*. Les qualités de l'information sont sa pertinence *(relevance)*, sa fiabilité *(reliability)*, sa comparabilité *(comparability)*, sa cohé-

1. « Réaffirmation du principe de prééminence de la réalité sur l'apparence », *Bulletin Comptable et Financier*, n° 30, mars 1986, p. 109. La norme SAS n° 69 rappelle l'importance de ce principe, *Bulletin Comptable et Financier*, n° 54, mars 1992, p. 54.

2. « La prééminence de la substance sur la forme n'est pas un principe comptable », *Bulletin Comptable et Financier*, n° 31, p. 100.

3. Scope and implications of the conceptual frame work project, FASB, Connecticut, 1976.

4. Scope and implications of the conceptual frame work project, FASB, Connecticut, 1976.

5. A. Naciri, « Le cadre conceptuel américain et ses conséquences sur le modèle comptable général », *RFC*, n° 173, novembre 1986, pp. 44-52.

rence *(consistency)*, son importance relative *(materiality)*. La troisième directive définit les éléments des états financiers des entreprises commerciales *(SFAC n° 3 – Elements of financial statement of business enterprise – 1980 December)*, les actifs, les capitaux propres, les apports des propriétaires, etc. La quatrième et la sixième s'intéressent aux objectifs des états financiers des entreprises non commerciales *(SFAC n° 4 et 6 – Objectives of financial reporting by non business corporation – 1980 December)* et enfin la cinquième pose le problème de la reconnaissance et de la mesure de l'information dans les états financiers *(SFAC n° 5 – Recognition and measurement in financial statement of business enterprises – 1984 December)*. Il s'agit de savoir quelle information doit figurer dans les états financiers, bilan, compte de résultat, tableau de financement et à quel moment elle doit être divulguée.

Pour figurer dans les états, l'élément doit satisfaire à quatre critères qui tiennent à sa définition, à sa mesurabilité (en unités monétaires), à sa pertinence, à sa fiabilité. La norme maintient les attributs suivants, à savoir : l'emploi des coûts historiques pour les immobilisations, les coûts courants pour les inventaires, les valeurs marchandes courantes pour les titres échangés en bourse, l'emploi des valeurs de réalisation nettes pour les comptes à recevoir à court terme, et l'emploi de la valeur actuelle pour les comptes à recevoir à long terme.

Ce cadre a inspiré le cadre conceptuel proposé en 1987 par l'IASC. L'utilité d'un tel cadre a été ressentie par la Grande-Bretagne. Le projet intitulé « Guide normatif pour la préparation des états financiers » *(guidelines for financial reporting standard)* a reçu un accueil peu enthousiaste. En revanche, l'ASC a reconnu au cours du 1989 le cadre conceptuel de l'IASC comme référence pour le développement des normes nationales futures [1]. L'ASB a donné sa version d'un cadre conceptuel dans un exposé sondage. La présentation de l'information financière prévue par ce projet n'est pas identique à celle requise par le cadre conceptuel de l'IASC [2].

Le fondement théorique de la comptabilité défini, nous nous proposons d'aborder les techniques comptables d'enregistrement.

2. Les techniques comptables

Les techniques comptables anglo-saxonnes ressemblent à maints égards aux techniques comptables françaises à l'exception de quelques spécificités que nous nous efforcerons de mettre en valeur à l'aide de trois types de transactions ou d'événements : les ventes, les achats et l'établissement des salaires.

---

1. « Adoption du cadre conceptuel de l'IASC », *Bulletin Comptable et Financier*, janvier 1989, n° 44, p. 126.
2. P. Stilling, Royaume-Uni – Deux années de la transformation de la normalisation comptable, article cité.

2.1. Les ventes (sales transactions)

La vente est enregistrée lors du transfert de propriété du vendeur chez l'acheteur. Le transfert est symboliquement considéré comme effectif lors de l'envoi de la facturation.

Les ventes se font sans ou avec réductions commerciales et/ou financières. Elles donnent lieu à la facturation des frais de transport et sont effectuées au comptant ou à crédit. En Grande-Bretagne, elles sont assujetties à la taxe sur la valeur ajoutée *(Value Added Tax – VAT).*

2.1.1. Sans réductions

L'exemple suivant illustrera les spécificités des méthodes d'inventaire intermittent et d'inventaire permanent.

Exemple 1 – Le 5 avril, la facture de 1 200 000 dollars est adressée au client. Le coût d'achat correspondant des marchandises vendues est de 960 000 dollars.

2.1.1.1. Inventaire intermittent *(periodic inventory method)*

L'envoi ou l'encaissement de la facture est comptabilisé. Le compte clients *(accounts receivable – debtors)* ou le compte caisse *(cash)* est débité par le crédit du compte ventes *(sales).*

April 5		
Cash or accounts receivable – debtors	1,200,000	
Sales		1,200,000
To record the sales of merchandise		

2.1.1.2. Inventaire permanent *(perpetual inventory method)*

L'écriture d'enregistrement de la facture est accompagnée de la sortie de la marchandise du stock au coût d'achat. Le compte coût d'achat des marchandises vendues *(cost of goods sold)* est débité par le crédit du compte stock de marchandises *(merchandise inventory).*

April 5		
Cost of goods sold	960,000	
Merchandise inventory		960,000
To record the cost of goods sold		

2.1.2. Avec réductions

Les réductions sont de deux sortes. Elles sont financières *(cash discounts)* ou commerciales *(trade discounts).* Comme en France, les réductions commerciales ne sont comptabilisées que lorsqu'elles sont accordées hors facture. En général, les réductions commerciales et les retours sur ventes sont comptabilisés au débit d'un même compte, retours et réductions sur ventes *(sales returns and allowances)*. Comme en l'absence de réductions, nous envisagerons la situation selon les deux systèmes d'inventaire.

2.12.1. Les réductions financières sur ventes
(cash-discounts or sales discounts)

Il s'agit de réductions accordées pour un paiement anticipé. L'écart entre la date de la facture et la date limite de paiement pour bénéficier de la réduction s'appelle *discount period*. Les termes de la vente sont normalement rédigés de la façon suivante : « 2/10 », « n/30 » *(two ten, net thirty)* ce qui signifie que le client a deux possibilités, payer dans les 10 jours de la facturation et bénéficier d'un escompte de 2 % ou payer au-delà des 10 jours et avant 30 jours le montant total de la facture. La réduction est enregistrée au débit d'un compte de réductions sur ventes *(sales discounts)*.

Exemple 2 – Reprenons l'exemple 1 et supposons que la mention « 2/10 » et « n/30 » figure sur la facture au 5 avril. Le paiement est effectué par le client le 10/04.

• *Inventaire intermittent (periodic inventory method)*

L'enregistrement et l'encaissement de la facture donnent lieu aux écritures suivantes.

April 5		
Accounts receivable - Debtors	1,200,000	
Sales		1,200,000
To record the sales of merchandise		
April 10		
Cash	1,176,000	
Sales discounts	24,000	
Accounts receivable		1,200,000
To record the collective of receivable invoice less sales discounts		

Le compte sales discounts est un *contra-account* du compte de ventes. Dans le compte de résultat *(income statement)*, il vient en diminution du compte sales.

• *Inventaire permanent (perpetual inventory method)*

Les enregistrements sont identiques. Il faut compléter l'écriture du 5 avril par la sortie des marchandises du stock en magasin.

2.1.2.2. Les retours sur ventes et les réductions commerciales *(sales returns and allowances)*

La facture d'avoir établie lors du retour des marchandises ou de l'octroi de la réduction commerciale est appelée *crédit memorandum.*

> *Exemple 3* – Reprenons l'exemple 1 et supposons que cette vente ait donné lieu à un retour pour 20 000 dollars. Sur le solde une réduction de 5 % est accordée au client. La facture d'avoir est adressée le 12 avril.

- *Inventaire intermittent*

Lors de l'envoi de la facture d'avoir, le compte *sales returns and allowances* est débité par le crédit du compte *accounts receivable.*

April 12		
Sales returns and allowances	79,000	
Accounts receivable		79,000
To record sales returns and allowances		
\$ (1,200,000 – 20,000) 5 % + \$ 2,000		

- *Inventaire permanent*

L'enregistrement de la facture d'avoir est complété de l'enregistrement du retour des marchandises en magasin au coût d'achat. Le compte *merchandise inventory* est débité par le crédit du compte *cost of goods sold.*

April 12		
Merchandise inventory	16,000	
Cost of goods sold		16,000
To record the return in inventory of cost		
of goods sold \$ 20,000 × 80 %		

Le compte *sales returns and allowances* est aussi un *contra-account* du compte de ventes.

2.1.3. Les frais de transport payés par le vendeur (freight out – carriage outwards)

Pour les ventes à l'exportation, les frais de transport sont à la charge du vendeur lorsque le contrat de vente est libellé « FOB, pays de destination » *(FOB destination).* La charge correspondante est comptabilisée dans le compte frais de transport *(freight out – carriage outwards).* Si le contrat est libellé « FOB, pays d'origine » *(FOB shipping point),* la charge sera répercutée sur le client.

> *Exemple 4* – Supposons que les frais de transport payés par le vendeur et à sa charge sont de 35 dollars. Paiement le 4 avril :

April 4		
Freight out	35	
Cash		35
To record the payment of freight or sales		

2.1.4. La taxe à la valeur ajoutée (value added tax – VAT)

La taxe à la valeur ajoutée [1] est entrée en vigueur en Grande-Bretagne le 1er avril 1972 *(Finance Act of 1972)*. Le système d'imposition fut simple à l'origine. Son harmonisation avec la sixième directive européenne en 1983 *(Value Added Tax Act of 1983)* a entraîné peu de modifications.

Pour être assujettie à la taxe, il faut qu'au cours d'une année une entreprise ait livré des fournitures taxables pour 23 600 livres [2]. Le fait générateur s'entend soit à la mise à la disposition du client, soit au moment de l'exécution du service. Cependant, si la facturation ou le paiement précède cet instant, il constitue le fait générateur. Le taux standard est de 17,5 % depuis 1991.

Sur le plan fiscal, toute entreprise assujettie est un collecteur d'impôts sur le consommateur. En conséquence, comme en France, la vente est comptabilisée hors taxe et la taxe facturée au client est comptabilisée au crédit d'un compte de tiers. L'exigibilité chez le vendeur rend la taxe déductible chez l'acheteur dans la mesure où il y est lui-même assujetti. L'achat est alors comptabilisé hors taxe et le droit à déduction apparaît comme une créance au débit d'un compte de tiers. Le montant dû est l'excédent de la taxe facturée au client sur la taxe payée sur les achats. Cette taxe est exigible à la fin de chaque trimestre civil et payable au cours du mois suivant.

2.2. *Les achats* (purchases transactions)

Comme les ventes, les achats donnent lieu ou ne donnent pas lieu à l'octroi d'un escompte pour paiement anticipé ainsi qu'à des retours pour insatisfaction ou à des réductions commerciales.

2.2.1. Sans réductions

L'enregistrement diffère selon que l'inventaire est tenu suivant le système de l'intermittence ou de la permanence. L'exemple suivant servira d'illustration.

---

1. Grande-Bretagne, *Guide juridique fiscal, social et comptable*, Dossiers internationaux Francis Lefebvre, 2e édition, 1988 p. 190 et s.

SSAP 5, *Accounting for value tax*, avril 1974. The Institute of Chartered Accountants in England and Wales.

2. Britain's Tax System – reference services Central Office of information, London, n° 217/89, classification 5 (b), March, July 1989.

Exemple 5 – Le 15 avril, réception d'une facture d'achat de marchandises ; montant de la facture 6 926 dollars dont 6 500 dollars d'achats et 426 dollars de frais de transport.

2.2.1.1. Inventaire intermittent *(periodic inventory method)*

Au moment de la réception de la facture, l'achat est comptabilisé au débit du compte achats *(purchases)* et le transport sur achats au débit d'un compte frais de transport sur achats *(freight in)*. La contrepartie est enregistrée au crédit du compte founisseurs *(accounts payable)*.

April 15		
Purchases	6,500	
Freight in	426	
Accounts payable		6,926
To record purchases		

1.2.1.2. Inventaire permanent *(perpetual inventory method)*

Le montant de la facture est imputé directement au compte de stock de marchandises *(merchandise inventory)*.

April 15		
Merchandise inventory	6,926	
Accounts payable		6,926
To record purchases		

2.2.2. Avec réductions

Les réductions sont financières *(cash discounts)* ou commerciales *(trade discounts)*. Comme pour les ventes, les réductions commerciales ne sont comptabilisées que lorsqu'elles sont accordées hors facture. Nous n'envisagerons que l'hypothèse d'une tenue de l'inventaire selon le système intermittent.

2.2.2.1. Les réductions financières *(cash discounts or purchases discounts)*

La facture à réception peut être enregistrée au prix brut ou au prix net de la réduction.

Reprenons l'exemple 5 et supposons que la facture porte la mention « 2/10 », « n/30 ». L'entreprise règle le 20 avril.

- *L'enregistrement de la facture au prix brut* (gross invoice method)

Lors de l'enregistrement de la facture, le compte achats *(purchases)* et le compte frais de transport sur achats sont débités par le crédit du compte fournisseurs *(accounts payable – creditors)*.

April 15		
Purchases	6,500	
Freight in	426	
Accounts payable – Creditors		6,926
To record the purchases and freight on purchases		

Lors du paiement de la facture, le compte fournisseurs *(accounts payable)* est débité par le crédit du compte de réductions financières *(purchases discounts)* et du compte de trésorerie.

April 20		
Accounts payable	6,926	
Cash		6,796
Purchases discounts		130
To record the payment of accounts payable less discounts $ 6,500 × 2 %		

- *L'enregistrement de la facture au prix net* (net invoice method)

  L'enregistrement et le paiement de la facture sont ainsi comptabilisés :
  - enregistrement de la facture

April 15		
Purchases	6,370	
Freight in	426	
Accounts payable		6,796
To record purchases and freight on purchases		

  - paiement de la facture le 20 avril

April 20		
Accounts payable	6,796	
Cash		6,796
To record the payments		

  - paiement de la facture le 30 avril

April 30		
Accounts payable	6,796	
Purchases discount loss	130	
Cash		6,926
To record the payment of accounts payable and purchases discount loss		

Le compte *purchases discount loss* enregistre la perte due au paiement effectué au-delà de 10 jours.

2.2.2.2. Les retours sur achats et les réductions commerciales *(purchases returns and allowances)*

Les retours sur achats et les réductions commerciales accordées hors facture sont comptabilisés dans le compte retours sur achats et réductions commerciales *(purchases returns and allowances)* qui est un *contra-account* du compte achats *(purchases)*.

Exemple 6 – Supposons que le 16 avril des marchandises pour un montant de 500 dollars soient retournées au fournisseur. Pour le solde une remise de 5 % est obtenue. La facture d'avoir *(crédit memorandum)* parvient le 18 avril :

April 18		
Accounts payable	800	
Purchases returns and allowances		800
To record purchases returns and allowances		
$ (6,500 – 500) × 5 % + $ 500		

Il va de soi que ces solutions peuvent être envisagées en inventaire permanent. Le compte achats *(purchases)* est remplacé par le compte de stock *(inventory)*.

2.3. *Les salaires* (payroll transactions)

Dans les pays anglo-saxons, le versement des salaires est aussi soumis aux réglementations fiscales et sociales. Sans entrer dans des détails complexes, nous évoquerons les grandes lignes de ces réglementations dans les deux pays concernés [1].

Les législations concernent :

– l'impôt sur le revenu : impôt fédéral et impôt des États aux États-Unis ;

– le régime général de sécurité sociale en application de la loi américaine *(Federal Insurance Contribution Act – FICA)* et l'adhésion obligatoire de tout travailleur anglais à la *National Insurance* pour bénéficier de prestations en espèces ;

– le régime d'assurance chômage fixé par les États américains et par la loi fédérale *(Federal Unemployment Tax Act – FUTA)*.

Les impôts, comme les cotisations exigibles au titre des différents régimes, sont prélevés à la source par les employeurs. Ce système a été

1. Voir annexes 1 et 1 bis. Quelques détails sur les législations sociales et fiscales des États-Unis et de la Grande-Bretagne.

imposé au Royaume-Uni à partir du 6 avril 1944 et est qualifié de « PAYE » (*pay as you earn* : payez à mesure que vous gagnez). Enfin les salaires sont versés dans l'industrie chaque semaine.

La comptabilisation des salaires exige l'établissement d'un certain nombre de documents.

2.3.1. Les documents établis aux États-Unis

Les documents établis sont les suivants :

– le journal de paie *(payroll register)* (tableau 1) ;

– le compte du salarié *(employee earnings statement)* ;

– le bulletin de salaire *(earnings statement)* : l'établissement de ce document n'est pas obligatoire ;

– l'équivalent de la déclaration annuelle des salaires en France *(wage and tax statement form-W2)* ; ce document est remis au salarié au plus tard le 31 janvier de chaque année. Il récapitule les salaires versés dans l'année, les retenues à la source (impôt fédéral et impôt d'État), les gains assujettis à la *FICA Tax* et la retenue à la source correspondante. Une copie est adressée à l'organisme de sécurité sociale qui vérifie l'information pour la transmettre ensuite au service des impôts.

2.3.2. Les écritures au journal

Comme en France, la comptabilisation des salaires est effectuée en deux temps. On procède à l'enregistrement du journal de paye d'une part et des charges patronales d'autre part.

2.3.2.1. Enregistrement du journal de paie au journal général *(recording payroll register)*

Cet article enregistre la charge brute des salaires au débit du compte salaires et traitements *(salaries and wages expense)* et les contreparties dues aux organismes fiscaux, sociaux et aux salariés *(Federal and state income taxes payable, FICA taxes payable, salaries and wages payable).*

February 7		
Office salaries expense	0,420	
Constructions wages expense	2,086	
FICA tax payable		176.67
Federal income tax payable		205.00
State income tax payable		75.84
Union dues payable		24.00
Medical insurance payable		142.40
United way contribution payable		36.00
Salaries and wages payable		1,846.09
To record the payroll for the week ended February 7		

2.3.2.2. Enregistrement des charges patronales *(recording payroll taxes)*

L'employeur est assujetti au versement de cotisations aux organismes de sécurité sociale et aux organismes de retraite.

Ces cotisations ne sont comptabilisées qu'une fois par mois. Appliquons aux rémunérations hebdomadaires (tableau 1) les taux de cotisations patronales. Les cotisations sont donc les suivantes :

- *FICA Tax* :
  2 506 × 7,05 % = $ 176,67.
- *State unemployment tax payable* :
  2 506 × 5,4 % = $ 135,32.
- *Federal unemployment tax payable* :
  2 506 × 0,8 % = $ 20,05.

Les cotisations dues constituent une charge enregistrée dans un compte charges sur salaires *(payroll taxes expense)*. La contribution aux organismes de couverture des prestations de chômage est comptabilisée, en attente de versement au crédit des comptes de caisse d'assurance chômage des États et du gouvernement fédéral *(state and federal unemployment taxes payable)*.

February 7		
Payroll taxes expense	332.04	
FICA tax payable		176.67
State unemployment tax payable		135.32
Federal unemployment tax payable		20.05
To record the payroll for the week ended February 7		

Au moment du paiement des cotisations et des salaires, les comptes de dettes sont soldés par un compte de trésorerie.

Ces quelques opérations d'exploitation *(operating transactions)* ne représentent qu'une fraction de l'activité comptable. Elles semblent suffisantes pour aborder sans difficultés majeures les travaux de fin d'année.

Tableau 1 – *Payroll register, February 7*

Employees	Hours	Regular	Overtime	Total	FICA TAX	FEDERAL TAX	STATE TAX	UNION DUES	INSU-RANCE	UNITED WAY	NET EARNING	CUMULATED GROSS
OFFICE SALARIES – –												
SUBTOTAL CONSTRUC-TIONS WAGES WAGES – – –		420,00		420,00	29,61	28,00	13,00		35,60	6,00	307,79	2 740,00
SUBTOTAL		1 800,00	286,00	2 086,00	147,06	177,00	62,84	24,00	106,80	30,00	1 538,30	13 740,00
TOTAL		2 220,00	286,00	2 506,00	176,67	205,00	75,84	24,00	142,40	36,00	1 846,09	16 480,00

3. Les travaux d'inventaire

Les travaux d'inventaire peuvent donner lieu à l'établissement du *worksheet*. C'est une technique de travail destinée à préparer les écritures d'ajustement et à faciliter l'établissement des états financiers (tableau 2).

C'est un document en forme de tableau. Il comporte sous forme de couple de colonnes (débit-crédit) :

– la balance de vérification avant inventaire *(unadjusted trial balance)* ;

– les ajustements *(adjustments)* ;

– la balance après ajustements *(adjusted trial balance)*. Ce n'est pas tout à fait l'équivalent de la balance après inventaire française car le stock qui y figure est le stock initial et le résultat n'est pas dégagé. Cette balance est établie avant les écritures de regroupement conduisant à l'établissement du compte de résultat *(income statement)* et au bilan *(balance sheet)*.

La hiérarchie des travaux d'inventaire est identique à celle respectée en France. Ces travaux comportent les étapes suivantes :

– les écritures d'ajustement *(adjusting entries)* ;

– les écritures de regroupement *(closing entries)* ;

– l'établissement des documents financiers.

Comme en France, à la réouverture des livres, certaines écritures d'ajustement font l'objet de contrepassation *(reversing entries)*.

3.1. Les écritures d'ajustement (adjusting entries)

Elles se justifient en application du principe de séparation des exercices *(accrual basis)* et du principe de rattachement des charges aux produits *(matching principle)*. Elles englobent les écritures de constitution des amortissements et des provisions qui relèvent du principe de prudence.

Ces écritures sont destinées :

– à constater les charges et les produits constatés d'avance *(to apportion prepayments of expenses and revenues)* ;

– à enregistrer les charges à payer et les produits à recevoir *(to apportion accrued expenses and revenues)*.

Les unes et les autres sont destinées, à la fin d'une période comptable, à actualiser les comptes. Elles affectent à la fois un compte de bilan et un compte de résultat et satisfont ainsi à la double préoccupation :

– de mesurer correctement les actifs et les dettes ;

– de mesurer le revenu net en imputant les charges aux produits réalisés.

Ces écritures d'ajustement peuvent être regroupées en cinq catégories :

– le partage des charges payées d'avance *(apportionment of recorded costs)* ;

– le partage des produits encaissés d'avance *(apportionment of recorded revenues)* ;

Tableau 2 – *Johnson Decorating Service, The Worksheet, July 31, 1989*

	Unadjusted trial balance		Adjustments		Adjusted trial balance		Income statement		Balance Sheet	
	D	**C**	**D**	**C**	**D**	**C**	**D**	**C**	**D**	**C**
Cash	2,560				2,560				2,560	
Accounts receivable	240				240				240	
Office supplies inventories	140				140		140	85	85	
Prepaid Insurance	180			90	180	90			90	
Automobile	4,200				4,200				4,200	
Office equipment	1,200				1,200				1,200	
Accounts payable		1,340		213		1,553				1,553
Unearned service fees		80				80				80
Notes payable		3,000				3,000				3,000
Mary Johnson capital		4,000				4,000				4,000
Mary Johnson, drawing	400				400				400	
Service fees revenue		520				520		520		
Advertising expense	20				20		20			
Depreciation expense			120		120		120			
Accumulated depreciation automobile				100		100				100
Accumulated depreciation office equipment				20		20				20
Interest expense			30		30		30			
Interest payable				30		30				30
Utilities expense			213		213		213			
Insurance expense			90		90		90			
Income								8	8	
	8,940	8,940	453	453	9,393	9,393	613	613	8,783	8,783

– la prise en compte des charges à payer *(accrual of unrecorded expenses)* ;
– la prise en compte des produits à recevoir *(accrual of unrecorded revenues)* ;
– l'évaluation des comptes clients *(valuation of accounts receivable)* qui donne lieu, éventuellement, à la constitution d'une provision.

3.1.1. *Le partage des charges payées d'avance* (apportionment of recorded costs)

Trois cas sont à retenir :

3.1.1.1. La constitution des amortissements

Les dépenses d'investissement sont imputées sous forme d'amortissements. La constitution des amortissements est l'exemple typique de l'écriture de répartition du coût *(cost apportionment adjusting entry).*

Cette opération met en jeu deux comptes :
– un compte d'amortissement dans lequel est enregistrée chaque année la dépréciation. C'est un *contra-account* du compte d'immobilisation concerné. La dépréciation y est enregistrée au crédit. Ce compte est appelé compte d'amortissement pour dépréciation *(allowance for depreciation or accumulated depreciation or depreciation to date – provision for depreciation account)* ;
– un compte de charges qui est l'équivalent du compte de dotation *(depreciation expense)* et qui est débité du montant de l'annuité.

Le classement des charges dans le compte de résultat se faisant par fonction et non par nature, très souvent la charge de la dépréciation est imputée à des comptes de coût de production, de commercialisation ou d'administration.

Exemple 7 – Un camion acquis 5 000 dollars le 1er janvier de l'année 1 est amortissable sur 5 ans, selon le système linéaire. L'enregistrement de cette charge, à la clôture de l'exercice au 31 décembre de l'année, donne lieu à l'écriture suivante :

December 31 year 1		
Depreciation expense	1,000	
Allowance for depreciation		1,000
To record truck depreciation for year 1		

ou à celle-ci :

December 31 year 1		
Cost of finished goods	1,000	
Allowance for depreciation		1,000
To record depreciation		

3.1.1.2. Les charges payées d'avance enregistrées au débit d'un compte d'actif

Entrent dans cette catégorie les stocks *(inventories)*, les loyers payés d'avance. Au moment du paiement, les loyers ne sont pas comptabilisés dans un compte de charges mais dans un compte de bilan loyers payés d'avance *(prepaid rent)*. L'écriture d'ajustement consiste à transférer la fraction expirée du coût dans le compte de charges de loyers *(rent expense)*. Prenons les deux exemples suivants :

Exemple 8 – L'entreprise tient ses stocks selon le système de l'inventaire permanent. À la fin de l'exercice, le 31 décembre, compte tenu des résultats de l'inventaire le comptable constate que la consommation de fournitures de bureau a été, pour l'année, de 4 450 dollars. L'imputation dans les charges, de la consommation de l'année, donne lieu au virement du stock *(office supplies inventory)* dans un compte de charges *(office supplies expense)* de la consommation de l'année :

December 31 year 1		
Office supplies expense	4,450	
Office supplies inventory		4,450
To record the office supplies expense of the year		

Exemple 9 – Les loyers des bâtiments administratifs de 6 000 dollars ont été réglés le 1er décembre de l'année 1 pour les 6 mois à venir. Au 31 décembre, le loyer de décembre est imputé en charges par le virement du compte loyers payés d'avance *(prepaid rent)* dans le compte de charges *(rent expense)* du loyer du mois de décembre :

December 31 year 1		
Rent expense	1,000	
Prepaid rent		1,000
To record the rent expense for December		

3.1.1.3. Les charges constatées d'avance enregistrées au débit du compte de charges

La situation est inversée. Les charges payées d'avance sont comptabilisées dans les charges au moment du paiement. À l'arrêté des comptes, la fraction de la charge non consommée est reprise dans les stocks.

Exemple 10 – L'entreprise tient ses stocks selon la méthode de l'inventaire intermittent. Au cours de l'année l'entreprise a acheté des fournitures de bureau pour 5 000 dollars. À l'arrêté des comptes, au 31 décembre, il reste en stock des fournitures pour 550 dollars. Ils sont repris dans le stock *(office supplies inventory)*.

December 31		
Office supplies inventory	550	
Office supplies expense		550
To record the office supplies inventory year ended December 31		

3.1.2. Le partage des produits constatés d'avance (apportionment of recorded revenue)

Deux solutions peuvent se présenter :

3.1.2.1. Le compte de dettes crédité des encaissements

Exemple 11 – Des abonnements de périodiques d'un montant de 480 000 dollars ont été encaissés au début du mois de février de l'année N pour les douze mois à venir. Ils ont été comptabilisés dans un compte de dettes, l'équivalent d'un compte clients, avances sur commandes *(unearned subscriptions)*. À l'arrêté des comptes, le 31 décembre, les abonnements des 11 mois de l'année N sont transférés au compte de produits *(subscriptions revenue)* ; le solde concerne l'exercice suivant :

December 31		
Unearned subscriptions	440,000	
Subscriptions revenue		440,000
To record the revenue of the year		

3.1.2.2. Le compte de produits crédité des encaissements

À l'arrêté des comptes, le 31 décembre, les abonnements relatifs à l'exercice suivant sont transférés dans les dettes :

December 31		
Subscriptions revenue	40,000	
Unearned subscriptions		40,000
To record the excess of subscriptions revenue		

3.1.3. La prise en compte des charges à payer (accrual of unrecorded expenses)

Les charges ne sont enregistrées que lors de la réception de la facture, sauf lorsque l'échéance de la période comptable intervient avant. Dans ce cas, une écriture d'ajustement est nécessaire pour enregistrer les charges de la période et la dette correspondante.

Exemple 12 – Un intérêt de 18 000 dollars sur un effet de 400 000 dollars est payable le 1er mars et le 1er septembre de chaque année à terme échu. À l'arrêté des comptes le 31 décembre, la charge d'intérêts courus sur quatre mois est comptabilisée :

December 31		
Interest expense	12,000	
Interest payable		12,000
To record the interest accrued on a 9 % $ 400,000 note for four months to December 31		

3.1.4. La prise en compte des produits à recevoir (accrual of unrecorded revenues)

Les produits ont été réalisés mais ils n'ont pas encore été comptabilisés faute de document commercial non établi ou non reçu.

Exemple 13 – Les loyers du mois de décembre d'un montant de 625 dollars n'ont pas été comptabilisés. Il y a lieu de comptabiliser le produit *(rent revenue)* réalisé au cours du mois :

December 31 year 1		
Rent receivable	625	
Rent revenue		625
To record rent revenue earned during December		

3.1.5. L'évaluation des comptes clients (valuation of accounts receivable)

La vente à crédit génère des risques. Au nom du principe de prudence, il y a lieu de couvrir ce risque par la constitution d'une provision au terme de la période comptable au cours de laquelle les ventes se produisent. Deux comptes vont jouer :

– un compte de dépréciation, c'est-à-dire un compte de provisions qui est un contra-account du compte de clients *(allowance for doubtful accounts or allowance for uncollectible accounts)* ;

– un *contra-account* du compte de ventes qui est l'équivalent du compte de dotations aux provisions en France *(customer defaults or doubtful accounts expense)*. Contrairement au plan comptable français, ce compte n'est pas un compte de charges, il vient en diminution du compte de ventes dans le compte de résultat [1].

Parfois la charge de provision est directement imputée au coût de la fonction (vente ou administrative).

En Grande-Bretagne, la charge correspondante à la constitution d'une provision pour dépréciation client *(provision for bad debts)* est enregistrée directement dans le compte de résultat *(profit and loss account)* au moment de la détermination du résultat.

1. Aux États-Unis, la charge est un élément d'un coût, la dépréciation probable d'un client n'en est pas une.

Exemple 14 – À l'arrêté des comptes, le risque de non recouvrement qui pèse sur les clients est de 2 500 dollars. Le compte de charges est débité par le crédit du compte de dépréciation.

December 31 year 1		
Doubtful accounts expense	2,500	
Allowance for doubtful accounts		2,500
To record estimated doubtful accounts expense		

L'imputation de la charge peut aussi être comptabilisée de la façon suivante :

December 31 year 1		
Selling expenses	2,500	
Allowance for doubtful accounts		2,500
To record depreciation		

Les écritures d'ajustement sont suivies des écritures de regroupement des charges et des produits dans le compte résultat.

3.2. *Les écritures de regroupement, les écritures de contrepassation* (closing entries and reversing entries)

Comme en France les écritures d'inventaire s'achèvent par le regroupement des charges et des produits dans le compte de résultat avant l'établissement des documents financiers. À la réouverture du compte, certaines écritures d'ajustement donnent lieu à des écritures de contrepassation.

3.2.1. Les écritures de regroupement (closing entries and closing procedure)

Ces écritures ont pour but de virer dans le compte de résultat les soldes des comptes de charges et de produits à l'arrêté des comptes.

Quelques spécificités sont à noter, selon que l'entreprise utilise pour la tenue de ses stocks le système de l'inventaire permanent ou le système de l'inventaire intermittent.

3.2.1.1. La tenue des stocks selon le système de l'inventaire permanent *(perpetual inventory method)*

Dans ce système, à toute écriture de ventes est associée une écriture de sortie des marchandises des stocks au coût d'achat. Le compte coût des marchandises vendues *(cost of goods sold)* est alors ouvert. Il est débité par le crédit du compte de stocks *(inventories)*.

Les écritures de regroupement donnent lieu à l'ouverture du compte résultat *(income summary)* au débit duquel est viré le solde des comptes de charges. Le crédit regroupe le solde des comptes de produits.

Exemple 15 – L'écriture se présente ainsi :

December 31 year 1		
Income summary	9,534	
Cost of goods sold		4,000
Salaries and wages expense		3,500
Interest expense		40
Sundry expense		150
Income taxes expense		1,844
To close expense ledger accounts		
December 31 year 1		
Sales	12,000	
Interest revenue	300	
Income summary		12,300
To close revenue ledger accounts		

3.2.1.2. La tenue des stocks selon le système de l'inventaire intermittent *(periodic inventory method)*

L'entreprise a le choix entre deux solutions :

- À l'arrêté des comptes, solder le stock en magasin en début de période *(inventory January 1)* et reprendre le stock fin *(inventory December 31)*. Les écritures d'ajustement et de regroupement peuvent alors être combinées.

Exemple 16 – Le 1er janvier de l'année 1, le stock en magasin est de 60 000 dollars, les achats réalisés au cours de l'année s'élèvent à 280 000 dollars, les frais de transport et les retours sur achats respectivement à 30 000 et à 2 500 dollars. Les stocks en magasin recensés à l'inventaire le 31 décembre sont de 70 000 dollars.

L'écriture de regroupement se présente ainsi :

December 31 year 1		
Inventory (December 31)	70,000	
Purchases returns and allowances	2,500	
Income Summary	297,500	
Inventory January 1		60,000
Purchases		280,000
Freight in		30,000
To close beginning inventory and net purchases for the period and to record ending inventory		

• Utiliser le compte spécifique « *cost of goods sold* » lorsqu'il s'agit de ventes en l'état et du compte « *cost of finished goods manufactured* » lorsqu'il s'agit de produits fabriqués par l'entreprise.

a) La revente en l'état

La solution de l'exemple 16 est la suivante.

La procédure se déroule en deux temps :

– tout d'abord on détermine le coût des marchandises vendues ;

December 31 year 1		
Inventory (December 31)	70,000	
Purchases returns and allowances	2,500	
Cost of goods sold	297,500	
Inventory January 1		60,000
Purchases		280,000
Freight in		30,000
To close beginning and ending inventories and to record cost of goods sold for the period		

– cette écriture est suivie de l'écriture classique de regroupement des charges et des produits.

b) La vente des produits fabriqués

La procédure se déroule en trois temps : la première démarche consiste à déterminer le coût de production de la période *(cost of finished goods manufactured)* ; la seconde à déterminer le coût de production des produits vendus *(cost of goods sold)*, pour enfin déterminer le résultat.

Le coût de production de la période présente dans sa modalité de calcul une parfaite analogie avec la modalité de calcul française.

Le coût de production *(cost of finished goods manufactured)* est égal à : la consommation de matières premières :

+ stock initial de matières premières *(raw material inventory January 1),*
+ achats de matières premières *(raw material purchases),*
+ frais de transport *(freight in) ;*

diminués *(less)* :

– du stock final des matières premières *(raw material inventory December 31)* ;
– des retours sur achats *(purchases returns and allowances)* ;
– les frais de production directs et indirects *(direct labor costs and other factory)* ;
– les produits en cours *(add)* :
+ produits en cours en début de période *(goods in process inventory January 1)* ;

diminués (less) :

– des produits en cours de la fin de période *(goods in process inventory December 31) ;*

– des autres frais : la main-d'œuvre *(direct labor costs)*, des autres frais de fabrication *(other factory expenses)*, et les amortissements.

Exemple 17 – Cet exemple illustre la procédure de détermination du coût de production.

December 31 year 1		
Raw material inventory (December 31)	12,650	
Goods in process inventory	26,900	
Purchases returns and allowances	5,000	
Cost of finished goods manufactured	439,430	
Raw material inventory (January 1)		15,600
Goods in process inventory (January 1)		20,000
Raw material purchases		130,000
Freight in		4,000
Direct labor cost		195,000
Other factory expenses		101,380
Depreciation of building		3,000
Depreciation of machinery and equipment		15,000
To record cost of finished goods manufactured and ending inventories of raw materials and goods in process		

Le coût de production des produits vendus *(cost of goods sold)* est égal à :

+ stock initial des produits finis *(finished goods inventory January 1)*,
+ coût de production de la période *(cost of finished goods manufactured) ;*

diminués (less) :

– du stock des produits finis de la période *(finished goods inventory December 31)*.

Exemple 18 – Cet exemple reprend le coût de production de la période soit 439 430 dollars ainsi que les stocks de produits finis en début et en fin de période.

December 31 year 1		
Finished goods inventory (December 31)	40,500	
Cost of goods sold	443,930	
Finished goods inventory (January 1)		45,000
Cost of finished goods manufactured		439,430
To record ending finished goods inventory and cost of goods sold		

Le compte « *cost of goods sold* » sera soldé dans l'écriture de regroupement des charges et des produits lors de la détermination du résultat.

Comme en France, certaines écritures d'ajustement sont systématiquement contrepassées à la réouverture des livres.

3.2.2. Les écritures de contrepassation (reversing entries)

Ces écritures sont exactement l'inverse des écritures de régulari-sation et satisfont aussi aux deux principes de séparation des exercices et du rattachement des charges aux produits. Elles sont passées à la réouverture des livres le 1er janvier de l'année suivante.

Exemple 19 – Reprenons l'exemple des charges d'intérêt à payer de 12 000 dollars : le compte charges d'intérêt *(interest expense)* est crédité par le débit du compte de dettes *(interest payable)*. Au moment du paiement des 18 000 dollars d'intérêts, le 1er mars de l'année 2, la charge payée est bien de 18 000 dollars, mais le poids effectif pour l'exercice n'est que de 6 000 dollars.

January 2 year 2		
Interest payable	12,000	
Interest expense		12,000
To reverse interest accrual made on December 31 year 1		
March 1 year 2		
Interest expense	18,000	
Cash		18,000
To record interest expense on 9 % $ 400,000 note		

Les écritures d'ajustement et les écritures de regroupement passées, il devient possible d'établir les documents financiers.

4. Les documents de synthèse

L'établissement de ces documents est indispensable pour procéder à la rédaction du rapport financier. Les principaux documents sont, comme en France, le compte de résultat *(income statement-profit and loss account)* et le bilan *(balance sheet)*. Leur établissement est imposé par la loi en Grande-Bretagne et par la profession aux États-Unis. Le souci d'informer au mieux les actionnaires a conduit à exiger également :

– la publication aux États-Unis d'un état des mouvements de trésorerie *(statement of cash flows)* [1] en remplacement du tableau de financement traditionnel *(statement of changes in financial position)* basé sur les variations du fonds de roulement. Les normes comptables britanniques et inter-

1. FASB statement n° 95, *Statement of cash flows*, 1987 en remplacement de l'APB opinion n° 19, Reporting changes in financial position.

nationales évoluent dans le même sens. Le projet britannique ED 54, visant à remplacer le tableau de financement *(source and application of funds),* présenté par les entreprises, par un tableau des flux de trésorerie *(cash flow statements),* très proche du document équivalent américain, a été repris par la norme FRS 1 [1].

– la publication d'un état traduisant l'évolution des réserves *(statement of retained earnings)* [2] ;

– la publication d'informations complémentaires *(additional disclosures).* C'est l'équivalent des annexes. Il s'agit de notes explicatives *(notes disclosures)* de certaines sommes figurant dans le compte de résultat ou dans le bilan. De nombreux textes en précisent le contenu par rubrique [3, 4] ;

– enfin, et ce depuis 1997, la publication d'un état, qui n'a pas son équivalent en France le « *Comprehensive Income* [5] ». Il exprime les modifications des capitaux propres émanant d'autres événements que les apports et les retraits des apporteurs de capitaux. Il comprend le résultat net et d'autres éléments *(net income as currently defined and other comprehensive income).*

En Grande-Bretagne, le besoin d'une meilleure transparence financière a donné naissance à la norme FRS 3 *(Reporting Financial Performance).* Cette norme fixe les nouvelles règles de présentation du compte de résultat et introduit un nouvel état financier : le Tableau de Tous les Gains et de Toutes les Pertes Comptabilisés *(Statement of Total Recognised Gains and Losses).* Elle remplace la norme SSAP 6, qui traitait des éléments extraordinaires et des corrections d'erreurs passées et amende la norme SSAP 3 sur le résultat par action.

La production de ces documents est exigée des entreprises qui font appel à l'épargne publique.

1. FRS 1, *Cash flow statement,* October 1996.
2. FASB statement n° 16, *Prior period adjustment,* 1977.
3. SSAP 2, *Disclosure of accounting policies,* November 1971.
FRS 18, *Accounting policies,* Décember 2000.
4. APB, opinion n° 22, *Disclosures of accounting policies,* AICPA, New York, 1972. Statement on auditing standards n° 1, AICPA, New York, 1973 ; n° 24, *Review of Interim Financial Information,* AICPA, New York, 1979.
5. FASB statement n° 130, *Reporting comprehensive income,* 1998.

4.1. Le compte de résultat (income statement – profit and loss account)

Le compte de résultat présente des similitudes mais aussi des divergences avec le document français correspondant, à la fois dans la forme et dans le fond.

4.1.1. La forme

Une distinction est faite entre :

– le résultat généré par les activités courantes *(continuing activties)* qui englobe le résultat d'exploitation *(operating income)* et le résultat financier ;

– et le résultat sur activités non courantes *(discontinuing activities)*. Cette distinction est conforme à la norme internationale (IAS 35) [1] qui préconise de distinguer le résultat lié aux activités ordinaires, des éléments inhabituels. Les éléments ordinaires sont les éléments engagés par l'entreprise dans le cadre de son activité d'exploitation. Font partie des éléments inhabituels le résultat sur activités abandonnées *(effects of disposal of a segment of a business)*, le résultat sur éléments exceptionnels *(extraordinary events)* et les changements dans les principes comptables *(accounting change)*.

Sa présentation est condensée, en liste et sous deux formes, la forme simplifiée *(single-step)* et la forme développée *(multiple-step)*.

4.1.1.1. Le compte de résultat simplifié *(single-step)*

Ce compte distingue :

– d'une part, tous les produits et profits courants et toutes les charges et pertes courantes, c'est-à-dire correspondant aux activités dites ordinaires *(ordinary activities or continuing activities)*. Figure dans ces charges la charge fiscale correspondant au résultat courant *(operating income)*. Dans la partie inférieure de certains comptes de résultat, le détail du calcul de l'impôt sur activités courantes est présenté ;

– d'autre part, les éléments extraordinaires *(extraordinary items)* nets de la charge fiscale si c'est un produit ou du crédit d'impôt si c'est une perte *(net of tax effect)* ;

– enfin, le résultat par action *(earning or loss per share)* détaillé selon les différents résultats affichés (tableau 3).

4.1.1.2. Le compte de résultat développé *(multiple step)*

Le compte de résultat développé distingue également les activités courantes des activités non courantes, c'est-à-dire des éléments inhabituels.

---

1. IAS 8, Éléments inhabituels, éléments sur exercices antérieurs et changements de méthodes comptables § 8 et 9, p. 4. IAS 35, Cessation d'activités *(Discontinuing operations)*, 1998.

Tableau 3 – *Caldera Corporation, Income Statement (Single step), December 31, year N + 1 (thousands of dollars)*

	N + 1		N	
Revenues and Gains				
Sales (less returns and allowances of $ 20,000)		670,000		420,000
Rent revenue		1,200		1,200
Interest and dividend revenue		4,800		3,500
Gain on sale of operational assets		6,000		0
Total revenues and gains		**682,000**		**424,700**
Expenses and losses				
Cost of goods sold	264,000		198,000	
Selling expense	153,500		110,300	
General and administrative expense	73,500		60,700	
Depreciation expense	54,000		54,000	
Interest expense	6,000		4,000	
Loss on sale of investments	5,000			
Income tax expense (126,000*0,30)	37,800			
Total expenses and losses		**593,800**		**427,000**
Income before extraordinary items		**88,200**		**(2,300)**
Extraordinary items				
Loss due to earthquake	10,000			
Less income tax (10,000*0,30)	(3,000)	(7,000)		
NET INCOME		**81,200**		**(2,300)**
Earning per share (common stock outstanding 20,000)				
Income or loss before extraordinary item		4,41		(0,115)
Extraordinary item		(0,35)		
Net income or loss per share		**4,06**		**(0,115)**

La particularité se situe au niveau du résultat courant où différents résultats intermédiaires sont mis en évidence. Notamment :

– la marge brute *(gross margin)* qui est la différence entre les ventes nettes de toutes réductions et le coût des marchandises vendues ;

– le résultat d'exploitation *(operating income)* égal à la marge brute diminuée des autres charges d'exploitation ;

– le résultat courant net des impôts *(net income from ordinary activities)* égal au résultat d'exploitation majoré des autres produits nets des autres charges et des produits et charges financières. À ce niveau un résultat avant impôt est dégagé, la provision pour impôt est calculée (tableau 4).

Tableau 4 – *STMPID Corporation, Income Statement (Multiple step), December 31, year N + 1 (thousands of dollars)*

	N + 1	N
SALES	32,650	29,100
Less : Sales returns and allowances	(200)	
Sales discounts		(150)
Customer defaults	(400)	(225)
Net sales	32,050	28 725
COST OF GOODS SOLD	15,180	14 060
Inventories 01/01/N + 1	2,500	1 500
Add : Purchases	16,300	14,900
Freight in	1,200	1,010
	20,000	17,410
Less : Inventories 12/31/N + 1	3,000	2,500
Purchases discounts	620	250
Purchases returns	1,200	600
	4,820	3,350
GROSS MARGIN	16,870	14,665
Less : operating expenses		
– selling, general and administrative expenses	(11,100)	(10,915)
– research and development expenses	(2,400)	(2,300)
OPERATING INCOME	3,370	1,450
– other income	334	400
– interest expense	(600)	(590)
Income before income taxes	3,104	1,260
Provision for income taxes	(1,086)	(441)
NET INCOME ON ORDINARY ACTIVITIES OR FROM CONTINUING ACTIVITIES	2,018	819
DISCONTINUING OPERATIONS		
– loss from operation of discontinued business segment net of income tax effect	(110)	
– gain on disposal of discontinued business segment net of income tax	500	
NET INCOME (before extraordinary items and cumulative effect of changes in accounting principles)	2,408	819
Extraordinary items (loss) net of income tax effect	(95)	(83)
Net income before cumulative effect of accounting changes	2,313	736
Cumulative effect of changes in accounting principles	0	0
NET INCOME	2,313	736
Dividends on preferred shares	(25)	(33)
Income applicable to common shares	2,288	703
Weighted average common shares outstanding (thousands)	1,010	995
Earnings per share on ordinary activities after preferred dividends	$ 1,97	$ 0,79
Earnings per share on discontinuing activities	$ 0,38	
Loss per share on extraordinary items	($ 0,10)	($ 0,09)
Earnings per share	$ 2,26	$ 0,70

Font partie des éléments inhabituels le résultat des activités abandonnées *(effects of disposal of a segment of a business)*, le résultat sur les éléments exceptionnels *(extraordinary events)* et les changements dans les principes comptables *(accounting changes)* [1]. Outre ces trois résultats d'autres événements exceptionnels ne figurent pas dans le compte de résultat, mais affectent directement l'état des réserves *(statement of retained earnings)* (tableau 5).

En Grande-Bretagne, le compte de résultat distingue les éléments des activités dites ordinaires et les éléments sur activités extraordinaires.

Les éléments des activités dites ordinaires sont des éléments engagés ou entrepris par une entreprise dans le cadre de ses activités. Ce sont :

– les éléments des activités courantes maintenues et abandonnées, c'est-à-dire des opérations courantes avant la date de cession ou de cessation d'activité ;

– les éléments des activités exceptionnelles maintenues et abandonnées sur opérations courantes (par exemple restructuration, cession d'activité) et de profit ou perte sur cession d'actifs ou sur cession d'activités. Le spectre des activités ordinaires retenues par la norme anglaise est plus large que celui prévu par l'APB, opinion n° 30, qui exclut les résultats de l'activité cédée, et de la cession de cette activité, des activités ordinaires.

Les éléments sur activités extraordinaires sont inhabituels sur les opérations d'exploitation et font apparaître un degré d'anormalité élevé [2].

Enfin, la dernière particularité est la publication du résultat par action *(earnings per share)*.

Ces particularités dans la forme ont aussi des répercussions dans le fond.

4.1.2. Le fond

Dans le respect du principe de la séparation des exercices *(accrual basis principle)* la détermination du résultat s'opère à partir de l'enregistrement des produits et des charges d'après les documents commerciaux et non à partir de l'enregistrement du dénouement financier de l'opération *(cash basis method)*.

Les caractéristiques suivantes sont à noter :

4.1.2.1. Au niveau du résultat courant

• Le souci majeur, aux États-Unis tout particulièrement, est de ne faire figurer en charges que les éléments intervenant directement dans le coût des produits ou des marchandises vendus, qu'il s'agisse des charges sur

1. APB opinion n° 20, *Accounting changes*, AICPA, New York, 1971, p. 391.

2. « ASB, Nouvelle norme sur la présentation du résultat *(Reporting Financial Performance)* », *Bulletin Comptable et Financier*, n° 58, mars 1993, p. 78.
ASB, publie sa 3e norme (FRS 3), *RFC*, n° 242, février 1993, pp. 24 et 25.

achats, sur ventes ou d'administration. Ainsi, les réductions commerciales, les réductions financières sur ventes ne constituent pas des charges ; comptabilisées dans un *countra-account* du compte de ventes, elles viennent en diminution du compte de ventes. Parfois la charge de provisions pour dépréciation des comptes client est traitée de la même façon.

• Le regroupement des charges d'exploitation s'opère par fonction :
– la fonction achat dont le coût est exprimé par la rubrique coût des marchandises ou des produits vendus *(cost of goods sold).* Parfois la marge sur ce coût apparaît sous la dénomination marge brute *(gross margin – gross profit and loss)* ;
– la fonction vente regroupe les frais de personnel *(sales salaries expenses),* les frais de publicité et de promotion *(advertising and promotion expenses)* et les frais d'amortissement *(depreciation expenses)* ;
– la fonction administrative à laquelle sont imputés certains frais de personnel, certains impôts, certains amortissements et autres charges d'exploitation *(salaries, tax, depreciation of equipment and other).*

En Grande-Bretagne, le classement des charges par nature est admis sous réserve de faire obligatoirement figurer dans le compte de résultat, le résultat d'exploitation (tableau 5).

Font partie de ces charges d'exploitation les frais de recherche et de développement *(research and development expenses)* selon les recommandations de la norme FAS 2 [1].

• Le résultat d'exploitation *(operating income-operating profit),* solde des produits d'exploitation, en l'espèce le chiffre d'affaires *(sales-turn over)* et des charges d'exploitation, apparaît distinctement. Sont ensuite mentionnés les frais financiers *(interest expense)* et les autres produits *(other revenues),* à savoir les produits financiers *(interest revenue)* qui regroupent les intérêts sur prêts, les dividendes, les produits en capital émanant des sociétés non consolidées *(equity earnings from unconsolidated entries)* et des produits divers liés à l'exploitation, mais parfois exceptionnels (le recouvrement inattendu d'une créance passée en pertes).

L'impôt sur le résultat des activités normales *(income taxes)* est alors calculé [2] afin de disposer du résultat net d'exploitation *(net operating income-net income on ordinary activities)* (tableaux 4 et 5).

1. Voir chapitre 3, section 1.
2. Dans l'exemple que nous présentons dans le tableau 4, nous avons retenu un impôt très théorique en faisant abstraction du bénéficiaire (fédéral ou d'État pour les États-Unis) et des différences temporaires *(timing differences).* Cette question sera abordée au chapitre 5.

Tableau 5 – *Cook company, Profit and loss account (millions of pounds)*

	N + 1	**N**
TURNOVER		
Continuing operations	550	500
Acquisitions	50	–
Discontinued operations	600	500
	175	190
	775	690
Cost of sales	(620)	(555)
Gross profit	155	135
Net operating expenses	(104)	(83)
OPERATING PROFIT	51	52
Profit on sale of properties in continuing operations	9	6
Provisions for loss on operations to be discontinued	–	(30)
Loss on disposal of discontinued operations	(17)	–
Less 19n provision	20	–
PROFIT ON ORDINARY ACTIVITIES BEFORE INTEREST	63	28
Interest payable	(18)	(15)
PROFIT ON ORDINARY ACTIVITIES BEFORE TAXATION	45	13
Tax on profit on ordinary activities	(14)	(4)
PROFIT ON ORDINARY ACTIVITIES AFTER TAXATION	31	9
Minority interests	(2)	(2)
Profit before extraordinary items	29	7
Extraordinary items	–	–
PROFIT FOR THE FINANCIAL YEAR	29	7
Dividends	(8)	(1)
RETAINED PROFIT FOR THE FINANCIAL YEAR	21	6
Earnings per share	**39 p**	**10 p**

4.1.2.2. Au niveau des éléments du résultat non courant

Nous notons :

- *Le résultat sur les activités abandonnées* [1]

L'idée générale est contenue dans l'opinion n° 30 de l'APB qui sépare les activités pour lesquelles le principe de continuité ne s'applique plus de celles pour lesquelles il continue de s'appliquer (tableau 4). Pour qu'il y ait activité abandonnée, il doit s'agir d'une activité complète, bien séparée des autres activités *(a segment of business).* Le résultat retenu doit distinguer la fraction du résultat provenant de cette activité entre la date du plan d'arrêt et la date effective de l'arrêt *(loss or gain from operations of discontinued business segment)* et la fraction du résultat provenant de la vente de l'activité *(gain or loss on disposal of discontinued business segment).* Ce résultat est présenté net d'impôt. Des informations complémentaires sur l'identité du segment arrêté, la description des actifs et des passifs du segment inclus dans le bilan arrêté, les explications des calculs effectués pour déterminer les résultats d'exploitation et de cession de ce segment sont données en annexe. La norme IAS 35 [2] adopte une position semblable en précisant qu'il y a lieu d'identifier entre autres le résultat d'exploitation après impôt de l'activité cédée et le résultat de la cession de façon séparée dans le compte de résultat.

- *Le résultat sur les éléments extraordinaires*

La notion d'éléments extraordinaires est nettement précisée. Il s'agit d'éléments exceptionnels ne provenant pas des activités ordinaires *(extraordinary items)* par opposition aux éléments exceptionnels liés aux activités ordinaires ; ces derniers font partie du résultat courant (tableaux 4 et

---

1. Un projet de norme est à l'étude tendant à développer un seul modèle comptable pour les actifs destinés à être cédés et certaines obligations liées à la cession d'activités. Pour le moment, il est toujours bien précisé que les produits générés par les actifs destinés à être cédés doivent être comptabilisés en résultat de la période pendant laquelle ils sont réalisés. *Bulletin Comptable et Financier*, août-septembre 2000, p. 11.

2. IAS 35, La norme définit deux événements importants : celui à partir duquel la présentation d'une information initiale sur une cessation prévue doit être fournie (ex. le plan a été annoncé) ; celui à partir duquel il est nécessaire de présenter dans les états financiers les éléments relatifs à la cessation de manière séparée par rapport aux éléments liés aux activités qui se poursuivent (ex. la vente). Lorsque le premier événement se produit, l'information est à fournir en annexe (description de l'opération, secteur concerné, date d'annonce du plan, date à laquelle la cessation devrait être effective, valeur comptable des actifs concernés, résultat d'exploitation avant impôt de l'activité et impôt correspondant) ; lorsque le second événement survient, il y a lieu d'identifier entre autres le résultat d'exploitation après impôt de l'activité cédée et le résultat de la cessation de l'activité cédée, de façon séparée dans le compte de résultat. *Bulletin Comptable et Financier*, mai-juin 1998, p. 9 et janvier 1999 p. 29.

5). La norme américaine APB opinion n° 30 définit l'élément extraordinaire comme étant inhabituel par nature *(unvisual in nature)*, c'est-à-dire tout à fait anormal par rapport aux activités normales de l'entreprise, et rare *(unfrequent in occurrence)*, c'est-à-dire ne présentant qu'une faible probabilité de se reproduire [1]. Tout élément qui ne satisfait qu'à l'un de ces critères doit être inscrit dans les opérations courantes. La norme FRS 3 s'attache au caractère inhabituel. Elle définit de façon très restrictive les éléments extraordinaires. Cette distinction entre activités ordinaires et activités non ordinaires est fermement affirmée sur le plan international dans la norme IAS 8 [2]. La distinction résultat courant, résultat extraordinaire, revêt une importance capitale pour les utilisateurs des comptes qui fondent leurs analyses sur le résultat des activités ordinaires (tableaux 5 et 5 bis). Seul le solde de l'incidence en perte ou en gain exceptionnel net d'impôt figure dans le compte de résultat (tableau 5).

- *Le résultat des changements dans les principes comptables appliqués*

Deux exemples illustrent ces changements : l'utilisation de l'amortissement linéaire en remplacement de l'amortissement dégressif et la valorisation des stocks selon la méthode du dernier entré, premier sorti en remplacement de la méthode du premier entré, premier sorti. L'adoption de ces nouvelles méthodes exige le retraitement des actifs et affecte les réserves. Selon l'APB opinion n° 20 [3], ces conséquences sont valorisées net d'impôt au compte de résultat immédiatement après les éléments extraordinaires pour une somme égale à la différence entre les réserves existant au début de l'année du changement et les réserves qui auraient été inscrites à cette même date si le nouveau principe comptable avait été appliqué.

En Grande-Bretagne, les changements de principes comptables font l'objet d'un ajustement de la situation nette d'ouverture pour leur montant cumulé.

4.1.3. La publication du résultat par action ordinaire

Selon la nature du résultat, le résultat par action publié est un résultat par action ordinaire après l'octroi aux actions privilégiées du dividende fixe auquel elles ont systématiquement droit (tableau 4). La publication de cette information répond au souci primordial de donner aux investisseurs

1. Voir annexe 5. Une liste d'éléments exceptionnels et d'éléments extraordinaires.

2. D'où la distinction suivante résultant de ces textes : Éléments provenant des activités ordinaires : exploitation normale et éléments exceptionnels « *exceptional items* » (anormaux dans leur montant ou leur incidence ou survenant rarement) ; éléments ne provenant pas des activités ordinaires « *extraordinary items* » caractérisés par leur nature inhabituelle, leur non-fréquence, échappant au contrôle de l'entreprise et dont on ne tiendra pas compte dans l'évaluation de l'entreprise, *Mémento Comptable 2001*, Francis Lefebvre, n° 2755, p. 822.

3. APB opinion n° 20, *Accounting for changes*, AICPA, New York, 1971, p. 391.

les moyens de prendre la meilleure décision. En conséquence, le résultat par action est ventilé selon son origine. En Grande-Bretagne, la norme FRS 3 précise que le résultat par action est calculé par référence au résultat net des éléments extraordinaires et après la comptabilisation des distributions sur actions à dividende prioritaire, information importante pour apprécier la performance de l'entreprise. Son calcul est effectué selon des normes précises qui varient avec la complexité de la structure du capital de la société. Dans une structure de capital simple constituée essentiellement d'actions ordinaires, le résultat par action est obtenu par le quotient du résultat net d'impôt par la moyenne pondérée des actions ordinaires en circulation *(weighted average common stocks outstanding).* La structure est parfois plus complexe. Des règles spécifiques régissent le calcul. Le but poursuivi est de montrer le pouvoir de gain par action ordinaire pour permettre aux investisseurs de relativiser le prix du marché par rapport au résultat par action. C'est le rôle du *price earning ratio* [1].

4.2. L'état des réserves (statement of retained earnings)

Ce document américain enregistre les variations des réserves d'un exercice à l'autre. Il reprend :

– le solde des réserves en début de période *(retained earnings, beginning of the year).* Ce solde est ensuite corrigé des ajustements relatifs à des opérations sur exercices antérieurs. Ces ajustements sont les pertes et profits sur exercices antérieurs *(prior period adjustments)* qui n'apparaissent jamais dans le compte de résultat. La norme FASB n° 16 [2] définit de façon rigoureuse les deux cas reconnus de pertes et profits sur exercices antérieurs. Il s'agit d'une correction d'erreur et de l'enregistrement d'un gain d'impôt provenant du report des pertes réalisées par une filiale avant son acquisition [3]. Ces valeurs sont reprises nettes d'impôt. Lorsque la perte ou le profit sur exercices antérieurs correspond à la correction d'une erreur, toute comparaison dans le temps entre les états financiers doit être précédée du redressement des états financiers précédents, de l'erreur constatée ultérieurement ;

– s'y ajoute le résultat de l'exercice *(net income)* diminué des dividendes distribués *(dividends declared)* (tableau 6).

---

1. Voir chapitre 4, « Les capitaux propres ».
2. FASB statement n° 16, *Prior period adjustment*, FASB, Stamford, 1977, p. 5.
3. Ce qui signifie que les simples corrections d'estimation des produits et charges des exercices antérieurs sont incluses dans les charges et les produits d'exploitation de l'exercice en cours. La position anglaise est la même (FSR n° 3 paragraphe n° 61-63).

Exemple 20 – Reprenons le cas de la société Caldera (tableau 3) et considérons les données suivantes en milliers de dollars :

Retained earnings, beginning of the year	60,800
Correction of error – gross	500
Income tax	(200)
Dividends declared and payable	
– on preferred stocks	(5,000)
– on common stocks	(5,000)

La correction résulte de l'omission de la prise en compte dans le résultat de l'année N d'un élément comptabilisé en immobilisation alors qu'il s'agissait d'une charge. Cette information est donnée en note dans le *Statement of retained earnings.*

Ces éléments nous permettent de dresser le tableau des réserves au 31 décembre de l'année N + 1.

Tableau 6 – *Caldera corporation, Statement of retained earnings, December 31, year N + 1 (thousands of dollars)*

Retained earnings, beginning of the year as originally reported	60,800
– add : Prior adjustments (correction for error) net of income tax effect of $ 200,00	300
Retained earnings, beginning of the year	61,100
– add : Net income	81,200
SUBTOTAL	142,300
Less : cash dividends on preferred stocks	(5,000)
cash dividends on common stocks	(5,000)
Retained earnings end of year	132,300

4.3. Le tableau des pertes et des gains comptables (statement of total recognised gains and loss)

Ce tableau, typiquement britannique, regroupe les gains et les pertes qui peuvent être directement constatés par les réserves plutôt que par le résultat. Il informe sur les augmentations et les diminutions des capitaux propres autres que celles émanant des augmentations ou des réductions de capital et de la distribution des dividendes (tableau 7). Figurent dans cet état :

– le résultat net avant les déductions des dividendes, *(profit for the financial year)* ;

– les mouvements dans l'évaluation des actifs concernant la réserve de réévaluation, *(unrealised surplus on revaluation of properties)* ;

Tableau 7 – *Cook company, Statement of total recognised gains and losses (millions of pounds)*

	N + 1	N
PROFIT FOR THE FINANCIAL YEAR	29	7
Unrealised surplus on revaluation of properties	4	6
Unrealised (loss)/gain on trade investment	(3)	7
	30	20
Currency translation differences on foreign currency net investments	(2)	5
Total recognised gains and losses relating to the year	28	25
Prior year adjustment (as explained in note x)	(10)	
TOTAL GAINS AND LOSSES RECOGNISED SINCE LAST ANNUAL REPORT	18	

– l'impact des variations de taux de change sur l'investissement net dans les filiales étrangères [1], *(currency translation differences on foreign currency net investments).*

L'amortissement du Goodwill, imputé directement sur les réserves, tel qu'il est prévu dans la norme SSAP 22, n'est pas considéré comme une perte à constater dans cet état.

4.4. The comprehensive income

Le but est de donner une mesure des changements dans les capitaux propres autres que ceux émanant des apporteurs de capitaux (apports et distributions de dividendes) ; ces informations sont mises à la disposition des utilisateurs des documents financiers et en facilitent la comparaison. Cette obligation est aussi requise par l'IASC [2]. Ce document comprend :

– le résultat calculé dans le compte de résultat (il n'a pas changé) *(net income)*,

– et les autres éléments *(other comprehensive income)*. Ces autres éléments sont : les gains et les pertes potentiels sur des titres de placements *(unrealized holding gains and losses on investments in securities classified as available for sale (SAS)* [3]*)* ; les ajustements potentiels sur des coûts de pensions *(unrealized pension cost adjustments)* [4] ; les ajustements sur opérations de change *(foreign currency translation adjustments)*.

1. FRS 3, *Reporting financial performance*, ASB limited, 1992, *Bulletin Comptable et Financier*, mars 1993, p. 78.
2. IAS 1 révisée.
3. Voir chapitre 2, « Les placements à court terme ».
4. Voir chapitre 5.

La présentation de ce document peut être plus au moins détaillée ; nous optons pour une présentation synthétique, appliquée à STMPID Corporation (tableau 8).

Tableau 8 – *STMPID Corporation, Statement of Comprehensive Income. December 31, year N + 1 (thousands of dollars)*

	N + 1		**N**	
Net Income		$ 2,313		$ 736
Other Comprehensive Income, net of tax		400		100
Net unrealized holding gain on SAS	$ 900		$ 300	
Unrealized pension cost adjustment	(500)		(200)	
Comprehensive Income		$ 2,713		$ 876

Le compte cumulé *accumulated other comprehensive income* figure au bilan dans les capitaux propres.

4.5. Le bilan (balance sheet)

La directive n° 3 *(statement of financial accounting concept)* [1] publiée par le FASB définit les éléments du bilan :

– les actifs *(assets)* constituent des bénéfices économiques futurs résultant de transactions ou d'événements passés ;

– les dettes *(liabilities)* sont des sacrifices futurs probables sur des bénéfices émanant d'obligations actuelles ;

– les capitaux propres *(equity)* expriment le solde entre les actifs et les dettes.

EQUITY = ASSETS – LIABILITIES

Les capitaux propres sont désignés aux États-Unis par l'expression *owners'equity* s'il s'agit d'une entreprise individuelle, *stockholders' equity* s'il s'agit d'une société, en Grande-Bretagne par l'expression *capital and reserves.*

Comme en France, les valeurs au bilan figurent au coût historique et non en valeur actuelle. Un certain formalisme dans la présentation est admis, mais il existe des différences selon le type d'activité.

Les rubriques du bilan ne présentent pas de spécificités qui les distinguent des rubriques du bilan français. Parfois, aux États-Unis, l'ordre des rubriques est inversé. La forme du bilan varie. Les rubriques sont regroupées soit sous forme de tableau (bilan américain, tableaux 9 et 9 bis), soit sous forme de liste (bilan anglais, tableau 10). Dans tous les cas, un bilan contient les informations de l'année et les valeurs correspondantes de l'année précédente.

1. Voir chapitre 1, « Le cadre conceptuel ».

Tableau 9 – *Westmon company balance sheet, December 31, year N + 1 (dollars)*

		N + 1	N
I - CURRENT ASSETS			
Cash		164,100	128,000
Short term investments		200,000	180,000
Insurance claim receivable		250,000	210,000
Accounts receivable	1,016,000		
less : allowances for doubtful accounts	(36,000)	980,000	875,000
Inventories		1,141,000	1,014,000
Prepaid expenses		5,000	1,000
TOTAL I		2,740,100	2,408,000
II - FIXED ASSETS			
INVESTMENTS		115,000	103,000
TANGIBLE ASSETS			
Land		800,000	800,000
Buildings	4,951,800		
Less : accumulated depreciation of building	(1,104,000)	3,847,800	3,549,100
Leased equipment	1,400,000		
Less : accumulated depreciation	(220,000)	1,180,000	1,007,000
INTANGIBLE ASSETS			
Goodwill		62,400	62,400
Patents		68,500	68,500
Other non current assets		100,000	86,000
TOTAL II		6,173,700	5,676,000
TOTAL		**8,913,800**	**8,084,000**

Nous étudierons successivement les masses bilantielles suivantes :
- les actifs *(assets)*,
- les dettes *(liabilities)*,
- les capitaux propres *(stockholders'equity)*.

Quelques mots seront consacrés au fonds de roulement *(working capital)* considéré comme un élément important d'information.

4.5.1. Les actifs (assets)

Ils se composent de l'actif circulant et des actifs immobilisés.

Tableau 9 bis – *Westmon company balance sheet, December 31, year N + 1 (dollars)*

	N + 1	**N**
I - CURRENT LIABILITIES		
Accounts payable	743,400	800,000
Notes payable	1,030,000	728,000
Income taxes payable	92,600	75,300
Dividends payable	170,500	150,000
Liability under capital lease	120,000	142,000
TOTAL I	2,156,500	1,895,300
II - LONG TERM DEBTS		
Liability under capital lease	930,000	1,072,000
TOTAL II	930,000	1,072,000
III - STOCKHOLDERS' EQUITY		
Preferred stock 7 % $ 100 per authorized 10,000 shares	650,000	650,000
Common stock $ 50 per authorized 50,000 shares	2,500,000	2,500,000
Additional paid-in-capital	1,295,000	1,295,000
Retained earnings	1,376,300	670,300
Accumulated other comprehensive income	6,000	1,400
TOTAL III	5,827,300	5,116,700
TOTAL	**8,913,800**	**8,084,000**

4.5.1.1. L'actif circulant *(current assets)*

Il est lié à l'activité de l'exploitation : cinq types de rubriques y sont inclus :

• les disponibilités *(cash)* : c'est-à-dire toutes les liquidités disponibles en banque et en caisse ;

• les placements financiers *(short term investments-investments)* : l'équivalent des valeurs mobilières de placement des bilans français ;

• les clients et effets à recevoir *(accounts and notes receivable – trade debtors)* : à savoir les créances nées du cycle d'exploitation ;

• les stocks *(inventories – stocks)*, sous cette rubrique s'inscrivent :
– les stocks de matières premières *(raw material),*
– les stocks d'en cours *(work in process)* ;

• les stocks *(inventories – stocks)*, sous cette rubrique s'inscrivent :
– les stocks de matières premières *(raw material)*,
– les stocks d'en cours *(work in process)*,

– les stocks de produits finis *(finished goods)*,
– les stocks de marchandises *(merchandises)* ;
• les charges payées d'avance *(short term prepayments)*.

4.5.1.2. Les actifs immobilisés *(fixed assets)*

Ils regroupent :

– les immobilisations financières *(investments)*, à savoir les participations, les prêts à long terme ainsi que les immobilisations corporelles acquises dans un but spéculatif ;

– les immobilisations corporelles *(tangibles assets or property, plant and equipment at cost)*, c'est-à-dire les actifs immobilisés destinés à l'activité productrice de l'entreprise : les terrains *(lands)*, les ressources naturelles épuisables *(natural resources)*, les constructions *(buildings)*, l'équipement *(equipment or plant)*, les actifs acquis en crédit-bail *(leased assets)*, les immobilisations en cours *(plant assets under construction)* ;

– les immobilisations incorporelles *(intangible assets)*, soit les brevets *(patents)*, les marques *(trade marks)*, la survaleur *(goodwill)*. Ces éléments figurent dans l'actif sous réserve du versement d'une contrepartie. Les autres actifs immobilisés *(other non current assets)* y sont inclus. Les charges différées *(deferred charges)*, les frais d'émission d'emprunt *(cost incured in the issuance of long term debt)*.

4.5.2. Les dettes (liabilities)

Elles sont ventilées en dettes à court terme (current liabilities) et en dettes à long terme (long term debts).

4.5.2.1. Les dettes à court terme *(current liabilities – creditors)*

Elles relèvent du cycle d'exploitation et comprennent :

– les fournisseurs et les effets à payer *(accounts and notes payable – trade creditors)* ;

– les charges à payer sur salaires et sur impôts *(wages, commissions, income tax payable)* ;

– les dividendes à payer *(dividends payable)* ;

– les avances reçues des clients *(deferred revenue-progress payments)* ;

– les autres dettes à court terme *(other debts)* : les effets à payer à caractère financier et la fraction des emprunts à long terme échéant à moins d'un an *(notes payable to bank and current maturity portions of long term debts-amounts falling due within one year)*, les dettes à moins d'un an relatives aux biens acquis en crédit-bail *(liabilities under capital lease-borrowings)*.

4.5.2.2. Les dettes à long terme *(long term debts – creditors)*

Elles sont regroupées sous deux rubriques :

– les emprunts à long terme *(notes or bonds borrowings)* selon qu'il s'agit d'un emprunt indivis ou d'un emprunt obligataire ;

Tableau 10 – *Citer company, balance sheet, December 31, N + 1 (thousands of pounds)*

	N + 1	**N**
FIXED ASSETS		
Intangible assets	7,6	4,5
Tangible assets	286,8	211,0
Investments	202,6	175,2
	497,0	390,7
CURRENT ASSETS		
Stocks	200,2	154,7
Debtors	310,7	232,4
Investments	45,6	8,4
Cash at bank and in hand	43,9	107,8
	600,4	503,3
CREDITORS : Amounts falling due within one year		
– Borrowings	(211,4)	(98,0)
– Other	(233,2)	(154,7)
Net current assets/liabilities	155,8	250,6
Total assets less current liabilities	652,8	641,3
CREDITORS : Amounts falling due after one year		
– Borrowings	(118,6)	(112,1)
– Other	(11,0)	(11,6)
Provisions for liabilities and charges	(19,0)	(15,7)
CAPITAL AND RESERVES	504,2	501,9
– called up share capital	183,2	92,2
– share premium account	0,1	167,5
– revaluation reserves		
– other reserves	146,9	129,7
– profit and loss account	174,0	112,5
	504,2	501,9

– les autres dettes à long terme *(other non current liabilities)* qui recouvrent la contrepartie du bien acquis en crédit-bail *(liabilities under capital lease)*, les fonds dus à long terme sur des plans de pension, les produits constatés d'avance, les impôts différés *(deferred taxes).*

4.5.3. Les provisions pour risques et charges
(provisions for liabilities and charges)

Cette rubrique ne figure que dans les bilans britanniques et englobe les provisions pour retraites et les provisions pour impôts.

4.5.4. Les capitaux propres (stockholders'equity or owners'equity – capital and reserves)

Comme en France, leur présentation est plus ou moins détaillée selon le statut juridique de l'entreprise. Pour les sociétés, les capitaux regroupent les éléments suivants :

4.5.4.1. Le capital social *(stated capital – legal capital)*

Il est composé d'actions privilégiées et d'actions ordinaires *(preferred and common stocks)*. Aux États-Unis, pour chaque type d'action sont indiqués : la valeur nominale du titre *(par value)*, le nombre de titres dont l'émission est autorisée *(authorized)* et le nombre de titres émis et en circulation *(issued and outstanding)*. Dans la comptabilité britannique, on distingue : le capital émis *(allocated share capital)*, le capital appelé *(called-up share capital)* et le capital libéré *(paid – up share capital)*. Seul figure au bilan le capital libéré *(paid-up capital)*.

4.5.4.2. Les primes d'émission *(additional paid-in-capital – share premium account)*

Ce compte enregistre des variations positives et négatives. Dans l'hypothèse où l'action est émise à une valeur inférieure à la valeur nominale [1], la différence négative entre la valeur d'émission et la valeur nominale est enregistrée dans un *contra-account* du compte *stockholders'equity : discount on common stock*. Une situation identique est constatée dans le rachat d'actions.

4.5.4.3. Les réserves *(retained earnings-other reserves)*

Les réserves *(retained earnings – other reserves)* sont constituées par la fraction non distribuée des résultats annuels. Aux États-Unis, avant répartition, les résultats font aussi partie des *retained earnings*. Un tableau d'évolution de ces réserves est établi chaque année. La loi britannique autorise la réévaluation des bilans ; la plus-value dégagée est comptabilisée dans une réserve de réévaluation *(revaluation reserve)* [2].

4.5.4.4. *Accumulated other comprehensive income*

L'existence de cette rubrique n'exclut pas la présence de l'état des réserves *(retained earnings)* précédemment mentionné et dont le contenu

1. Situation admise par certains États américains.
2. Le Companies Act 1985, section 262 et la norme SSAP 19 autorisent une réévaluation périodique des actifs immobilisés.

reste égal à lui-même. Comme son nom l'indique, il cumule les comptes *other comprehensive income* dont nous avons déjà justifié la présence.

La présentation en liste des bilans anglais permet un double calcul des capitaux propres :

• par soustraction :

– total des actifs moins l'endettement à long et à court terme, moins les provisions pour dettes et charges *(total assets less creditors amount falling due after one year and within one year, less provisions for liabilities and charges)* ;

• par addition :

– le capital, les primes d'émission, plus la réserve de réévaluation, les autres réserves et le résultat *(called up share capital add share premium account, add revaluation reserve, add other reserves and profit and loss account).*

4.5.5. Le fonds de roulement
(working capital – net current assets less liabilities)

Dans les pays anglo-saxons, une place importante lui est accordée. Il est mesuré par la différence :

Working capital = Current assets – Current liabilities

En Grande-Bretagne, son montant est systématiquement mis en évidence dans le bilan (tableau 10) *(net current assets/liabilities).*

C'est un critère fiable de solvabilité sous réserve d'être déterminé en accord avec les principes généralement admis.

4.6. Le tableau de variation des flux de trésorerie (statement of cash flows – cash flow statement)

Un mouvement, né sur le continent américain, tend à substituer au traditionnel tableau de financement *(statement of changes in financial position – source and application of funds)* un tableau des variations de trésorerie. Cette substitution est l'aboutissement d'une évolution suscitée par les utilisateurs des documents financiers. En 1986, aux États-Unis, une enquête, menée par l'ordre des experts-comptables près de 600 entreprises, a permis de constater que plus de 60 % des sociétés concernées avaient choisi un tableau de financement centré sur la variation de la trésorerie *(cash concept)* plutôt que sur le fonds de roulement *(working capital concept)* [1]. Aussi, en 1987, le FASB publie la norme n° 95 [2] et rend obli-

---

1. F. Lefebvre, « Comparaison entre le tableau de variation de la trésorerie aux États-Unis (FAS 95) et le tableau des flux de la centrale des bilans de la Banque de France », *Bulletin Comptable et Financier*, n° 40, septembre 1988, pp. 92 et s.

2. FASB, statement n° 95, *Statement of cash flows*, 1987. FASB, statement n° 104, *Statement of cash flows*, 1989 – Amendement de la norme FAS 95.

gatoire la publication du tableau de variations de trésorerie en remplacement du tableau de financement pour toutes les entreprises, y compris les établissements financiers dont la date de clôture d'exercice est postérieure au 15 juillet 1988. En Grande-Bretagne, la norme FRS 1 [1] a remplacé le tableau de financement par le tableau de variations de trésorerie. Son établissement est obligatoire sauf pour la plupart des petites entreprises et les filiales à 100 % d'une maison mère, établies dans un pays de la CEE à condition que la maison mère présente, elle-même, un tableau de financement consolidé. Les normes FAS 95 et FRS 1 définissent de façon précise la notion de trésorerie à laquelle elles font référence. L'état des flux exprime les mouvements de trésorerie et d'équivalents trésorerie *(cash and cash equivalents).* Il s'agit : des mouvements en caisse et sur compte courant *(cash on hand)*, des dépôts *(deposits)*, et des placements à court terme rapidement réalisables *(short-term investments),* c'est-à-dire, dont l'échéance initiale est à moins de trois mois.

La mutation internationale est justifiée par les mêmes besoins, les mêmes arguments, à savoir améliorer la qualité de l'information et aboutit à la présentation de documents financiers de structures très voisines (IAS 7 révisée) [2]. En France, deux publications allaient dans ce sens. L'une (1987) émanait de la Banque de France, l'autre de l'OEC qui dans la recommandation 1. 22 préconisait l'établissement de ce type de document. Actuellement l'OEC [3] propose ce type de tableau qui s'inspire de celui présenté par la norme IAS 7 révisée et la norme FAS 95. Son utilisation est devenue obligatoire pour l'établissement des comptes consolidés.

4.6.1. L'intérêt de l'élaboration du tableau des variations de trésorerie

La substitution du tableau des variations de trésorerie au tableau de financement se justifie par le besoin de pallier les faiblesses du second qui se voit reprocher de ne pas apporter beaucoup plus aux enseignements tirés de la comparaison de deux bilans et d'occulter la trésorerie liée aux activités d'exploitation. Pour les utilisateurs des documents financiers, la notion de trésorerie est plus à même de traduire la situation financière de l'entreprise en privilégiant le concept de liquidité. En ce sens, le tableau de variation de trésorerie apporte un plus aux informations contenues dans le compte de résultat et dans le bilan et satisfait mieux aux attributs de l'information comptable, à savoir la pertinence, la fiabilité, la neutralité et la comparabilité. Il souligne ainsi l'importance pour une entreprise d'être à la fois rentable et capable de générer de la trésorerie pour assurer sa pérennité. Il informe sur la qualité du profit et particulièrement sur la facilité avec laquelle il se transforme en liquidité. Les gestionnaires y trouvent

1. FRS 1, Tableau de variation des flux de trésorerie *(Cash flow statements)*, July 1990.
2. « IAS 7 révisée », *Bulletin Comptable et Financier,* n° 62, mars 1994, p. 65.
3. Avis PC n° 30 remplaçant la recommandation 1.22.

l'origine des flux par activité, les éléments sur la capacité de l'entreprise à secréter de la trésorerie, à la dépenser, élément indispensable à l'appréciation de la solvabilité et à l'élaboration des prévisions. Les analystes disposent d'informations plus explicites mettant en lumière les problèmes financiers menaçants, la capacité de l'entreprise à s'adapter, les besoins de financement ou les disponibilités affectables. Le champ d'utilisation de ce tableau est susceptible de s'étendre. Nouvel instrument de gestion et d'analyse, il peut, compte tenu des informations qu'il contient, contribuer à l'évaluation de la firme conformément à la théorie financière.

Le contenu et la structure du tableau proposé par les différentes instances anglo-saxonnes présentent une très grande similitude.

4.6.2. Le contenu et la structure du tableau des variations de trésorerie

Les normes ne publient pas de cadre type. Elles joignent en annexe des exemples qui se caractérisent par l'homogénéité du contenu et de la structure.

4.6.2.1. Le contenu

Le tableau contient deux types d'information.

La première correspond au solde de trésorerie nette à la fin de l'exercice tel qu'il apparaît au bilan. Ce solde comprend les encaissements et les décaissements de la période, toutes activités confondues, et le solde net de trésorerie du début de période.

Tableau de trésorerie

Encaissements de l'exercice – Décaissements
Variation de trésorerie de l'exercice + solde net de trésorerie au début de l'exercice
Solde net de trésorerie à la fin de l'exercice

– Eléments ne se traduisant pas par des flux de trésorerie

– Acquisition par contrat crédit-bail – Augmentation de capital pour conversion d'une dette – Opération de fusion-acquisition

La seconde information est annexée au tableau et concerne les transactions n'ayant aucun effet sur la trésorerie, mais significatives des activités d'investissement et de financement. Il s'agit notamment des conversions de dettes en capital, des acquisitions d'actifs immobilisés par contrat de crédit-bail. Ces opérations n'ont pas d'effets immédiats sur la trésorerie de la période, mais peuvent avoir un effet sur les flux de trésorerie futurs de l'entreprise [1].

1. FASB, statement n° 95, paragraphe 70.

4.6.2.2. La structure

Toutes les structures de tableau se caractérisent par une même philosophie qui consiste à classer les flux selon la nature de l'activité à laquelle ils se rattachent. Les flux sont classés en variations liées aux opérations d'exploitation, aux opérations d'investissement et aux opérations de financement, ce qui schématiquement conduit à l'établissement du tableau suivant (FAS 95 et E 36).

Variation de trésorerie sur opérations d'exploitation de l'exercice Variation de trésorerie sur opérations d'investissement de l'exercice Variation de trésorerie sur opérations de financement de l'exercice
Variation nette de trésorerie de l'exercice + solde net de trésorerie au début de l'exercice
Solde net de trésorerie à la fin de l'exercice

La norme britannique FRS 1 classe les flux en cinq catégories. Les deux catégories supplémentaires concernent d'une part, les impôts et d'autre part, le rendement des investissements et le service des dettes financières.

Nous étudierons successivement ces trois types de flux.

- *Les variations liées à l'activité d'exploitation*

Le calcul de la trésorerie d'exploitation selon la norme américaine et le projet britannique s'effectue selon deux méthodes : la méthode directe et la méthode indirecte. La méthode directe (tableau 11 et 11bis) présente la variation de trésorerie sous forme d'un solde des encaissements *(inflows)* et des décaissements *(outflows)* relatifs aux opérations d'exploitation de la période retenue. Il s'agit :

– des encaissements sous forme d'espèces ou d'effets de commerce versés ou remis par les clients, y compris les redevances pour opérations de crédit-bail et pour licences *(cash received from customers)* ;

– des encaissements de dividendes et d'intérêts *(dividends and interests received) (FAS 95)* ;

– et des autres encaissements *(other operating cash receipts)* ;

– des décaissements pour règlement des fournisseurs *(cash paiements to suppliers)* ;

– des décaissements pour versement des salaires et autres *(cash paid to and on behalf of employees)* ;

– du paiement des intérêts *(interests paid*) ;

– du paiement des impôts *(income taxes paid – FAS 95).*

L'utilisation de cette méthode est recommandée par le FASB. À défaut d'informations suffisantes, le tableau peut être dressé selon la méthode indirecte. Dans ce cas, le calcul de la trésorerie d'exploitation a pour point

Tableau 11 – *Company M, Consolidated statement of cash flows, December 31 N + 1, Net cash flow provided operating activities (Cash and cash equivalents) (dollars)*

Direct method	**N + 1**	**N**
Cash flows from operating activities :		
Cash received from customers	13,850	
Cash paid to suppliers and employees	(12,000)	
Dividend received from affiliate	20	
Interest received	55	
Interest paid (net of amount capitalized)	(220)	
Income taxes paid	(325)	
Insurance proceeds received	15	
Net cash provided by operating activities	1,365	

Indirect method	**N + 1**	**N**
Net income		760
Adjustments to reconcile net income to net cash provided by operating activities :		
Depreciation and amortization	445	
Provision for losses on accounts receivable	200	
Gain on sale of land	(80)	
Undistributed earnings of affiliate	(25)	
Change in assets and liabilities net of effects from purchase of Company S :		
Increase in accounts receivable	(215)	
Decrease in inventory	205	
Increase in prepaid expenses	(25)	
Decrease in accounts payable and accrued expenses		
Increase in interest and income taxes payable	(250)	
Increase in deferred taxes	50	
Increase in other liabilities	150	
Total adjustments	50	605
Net cash provided by operating activities		1,365

de départ le résultat net auquel sont apportés deux ajustements, ceux tendant à neutraliser toutes les opérations produits et charges qui n'ont aucun effet sur la trésorerie ou dont les effets sont différés et ceux liés aux variations de fonds de roulement.

La norme FRS 1 n'utilise la méthode indirecte que dans la note assortie au tableau de variations de trésorerie. Dans cette méthode la norme FAS 95 se réfère au résultat net de l'exercice *(net income)* ; la norme FRS 1 reprend le résultat d'exploitation *(operating profit)*. L'une et l'autre y ajoutent les dotations aux amortissements *(depreciation expense – depre-*

Tableau 11 bis – *M LTD, 31 march N + 1, Cash flow operating activities (Cash and cash equivalents) (thousands of pounds), Direct method*

Direct method	N + 1	N
Operating Activities :	287	
Cash received from customers	(190)	
Cash payments to suppliers	(85)	
Cash paid to and on behalf of employees		
Payments to Customs and Excise on operating activites	(15)	
Charitable donations	(5)	
Cash flow from operating activities	(8)	

ciation charges) et les dotations aux provisions pour dépréciation des comptes clients *(provisions for losses on accounts receivable)*. Viennent ensuite les variations des besoins en fonds de roulement d'exploitation et hors exploitation, en moins pour les augmentations, en plus pour les diminutions calculées sur les valeurs nettes :

– les augmentations ou les diminutions des comptes clients *[(increase) decrease in net receivable – in debtors]* ;

– les augmentations ou les diminutions des stocks *[(increase) decrease in inventories – in stocks]* ;

– les augmentations ou les diminutions des autres actifs circulants *[(increase) decrease in other current assets]* ;

– les augmentations ou les diminutions des comptes fournisseurs *[increase (decrease) in accounts payable – in creditors]* ;

– les augmentations ou les diminutions des dettes à l'égard du personnel *[increase (decrease) in payroll]* ;

– les augmentations ou les diminutions des dettes à court terme *[increase (decrease) in other current liabilities]* ;

– l'impôt sur le résultat à payer, les impôts différés et les variations des autres dettes *[income tax payable and increase (decrease) in deferred income taxes and investment tax credit and other liabilities – corporation tax paid and effect of other deferrals and accruals of operating activities cash flows]*.

La norme FAS 95 neutralise les produits à recevoir, les frais financiers à payer ainsi que les plus et moins values sur cession des éléments d'actifs *(gain or loss on sales of fixed assets)* (tableau 10).

- Les variations liées à l'activité d'investissement (tableaux 12 et 12 bis)

  Les encaissements émanent :

– des remboursements de prêts et des cessions de titres de créances autres que les équivalents de trésorerie *(receipts or proceeds from collections or sales of loans made by the enterprise and other entities debt instruments that were purchased by the enterprise)*,

Tableau 12 – *M Company, Consolidated statement of cash flows, December 31 N + 1, Net cash flow from investing and financing activities (dollars)*

	N + 1	N
Cash flows from investing activities		
Proceeds from sale of facility	600	
Payment received on note for sale of plant	150	
Capital expenditures	(1,000)	
Payment for purchase of Company S, net of cash acquired	(925)	
Net cash used in investing activities	(1,175)	
Cash flows from financing activities		
Net borrowing underline of credit agreement	300	
Principal payments under capital lease obligation	(125)	
Proceeds from issuance of long-term debt	400	
Proceeds from issuance of common stock	500	
Dividends paid	(200)	
Net cash provided by financing activities	875	
Effect of exchange rate changes on cash		

Tableau 12 bis – *M LTD, 31 march N + 1, Cash flows from investing and financing activities (thousands of pounds)*

	N + 1	N
Investing activities :		
Purchase of shares in ABC Ltd (trade investment)	(15)	
Purchase of fixed assets	(72)	
Sale of patent	5	
Sale of plant and machinery	15	
Received from Customs and Excise on investing activities	8	
Cash flow from investing activities	(59)	
Financing activities :		
Increase in short-term borrowings	40	
Mortgage of property	25	
Cash flow from financing activities	65	

– des cessions de titres *(receipts from sales of equity instruments)*,

– des cessions d'immobilisations *(receipts from sales of property, plant and equipement and other productive assets)*.

Les décaissements découlent :

– des prêts accordés par l'entreprise et des acquisitions de titres de créance *(disbursements for loans made by the enterprises and payments to acquire debt instruments of other entities),*

– des versements effectués lors des acquisitions de participations ou des opérations de fusion-acquisition *(payments to acquire equity instruments of other companies),*

– des versements pour acquisition d'immobilisations effectués au moment de l'achat ou aussitôt avant ou après, y compris les intérêts capitalisés *(payments at the time of purchase or soon before or after purchase to accrual property, plant and equipment and other productive assets – capital expenditures, purchase of fixed assets).*

- Les variations liées aux activités de financement (tableaux 12 et 12 bis)
  Elles regroupent tous les encaissements et les décaissements liés :
  – aux émissions d'actions *(proceeds from issuing equity instruments),*
  – aux émissions d'emprunts obligations, hypothécaires ou autres emprunts à court ou à long terme *(proceeds from issuing bonds mortgages and from other short or long term borrowing),*
  – aux paiements des dividendes *(payments of dividends), (FAS 95),*
  – aux rachats des actions privilégiées *(redemption preferred stocks),*
  – aux remboursements d'emprunts *(retirements of amounts borrowed),*
  – aux autres activités de financement *(other financing activities).*

Le tableau de flux de trésorerie britannique classe dans deux rubriques séparées :

– les retours sur investissements et le coût du financement *(net cash inflows from returns on investments and servicing of finance),*

– les intérêts reçus *(interest received)*, les intérêts payés *(interest paid)*, les dividendes reçus et payés *(dividends received and paid)*, d'une part et les impôts sur les sociétés payés et acomptes versés *(corporation tax paid and advance corporation tax)*, d'autre part (tableau 13).

Tableau 13 – *MLTD, 31 march N + 1, Cash flow from returns on investments and servicing of finance and taxation (thousands of pounds)*

	N + 1
Returns on investments and servicing of finance	
– interest received	15
– interest paid	(10)
– dividends received	10
– dividends paid	(5)
Cash flow from returns on investments and servicing of finance	10
Taxation	
Corporation tax paid	(8)

Enfin un traitement particulier est réservé aux transactions effectuées en monnaies étrangères *(foreign currency)*. Il est admis que le taux de change utilisé est celui du jour de l'encaissement ou du décaissement. Tout effet des changements de taux des monnaies étrangères sur le solde de trésorerie est mentionné dans le tableau dans une rubrique particulière intitulée impact des écarts de change *(effect of exchange rate changes on cash)*.

Les tableaux de variation de trésorerie américain et britannique sont présentés dans leur ensemble (tableaux 14 et 15).

Tableau 14 – *Company M, Consolidated statement of cash flows, December 31 N + 1 (dollars)*

Cash flows from operating activities :		
Cash received from customers	13,850	
Cash paid to suppliers and employees	(12,030)	
Dividend received from affiliate	20	
Interest received	55	
Interest paid (net of amount capitalized)	(220)	
Income taxes paid	(325)	
Insurance proceeds received	15	
Net cash provided by operating activities		1,365
Cash flows from investing activities		
Proceeds from sale of land	600	
Payment received on note for sale of plant	150	
Capital expenditures	(1,000)	
Payment for purchase of Company S, net of cash acquired	(925)	
Net cash used in investing activities		(1,175)
Cash flows from financing activities		
Net borrowings underline of credit agreement	300	
Principal payments under capital lease obligation	(125)	
Proceeds from issuance of long-term debt	400	
Proceeds from issuance of common stock	500	
Dividends paid	(200)	
Net cash provided by financing activities		875
Net increase in cash and cash equivalents		1,065
Cash and cash equivalents at beginning of year		600
Cash and cash equivalents at end of year		1,665

Tableau 15 – *MLTD, Cash flow statements, 31 March N + 1 (thousands pounds)*

Operating activities :	
Cash received from customers	287
Cash payments to suppliers (note a)	(190)
Cash paid to and on behalf of employees	(85)
Payments to Customs and Excise on operating activites	(15)
Charitable donations	(5)
Cash flow from operating activities	(8)
Returns on investments and servicing of finance	
– interest received	15
– interest paid	(10)
– dividends received	10
– dividends paid	(5)
Cash flow from returns on investments and servicing of finance	10
Taxation	
Corporation tax paid	(8)
Investing activities :	
Purchase of shares in ABC Ltd (trade investment)	(15)
Purchase of fixed assets	(72)
Sale of patent	5
Sale of plant and machinery	15
Received from Customs and Excise on investing activities	8
Cash flow from investing activities	(59)
Financing activities :	
Increase in short-term borrowings	40
Mortgage of property	25
Cash flow from financing activities	65
Net decrease in cash and cash equivalents	0
Cash and cash equivalents at 01/01/N + 1	26
Cash and cash equivalents at 31/12/N + 1 (note b)	26

Tableau 15 bis – *Note to the cash flow statement*

1 – Reconciliation of operating profit to net cash outflow from operating activities (thousands of pounds), N + 1			
– Operating profit			92
– Depreciation charges			12
– Increase in debtors			(15)
– Increase in creditors			5
– Effect of other deferrals and accruals of operating			(90)
activity cash flows			(12)
Net cash outflow from operating activities			(8)
2 – Analysis of changes in cash and cash equivalents during the year			
– Balance at 1 April N			26
– Net cash out flow			0
Balance at 31 March N + 1			26
3 – Analysis of the balances of cash and cash equivalents as shown in the balance sheet	**N + 1**	**N**	**Change in year**
Cash at bank and in hand	531	681	(150)
Short term investments	23 936	23 700	236
Bank overdrafts	(15)	(75)	(60)
	24 452	24 336	24

4.7. *Les annexes* (additional disclosures)

Afin que les actionnaires soient mieux informés, les organismes professionnels américains et le législateur britannique ont exigé que l'information fournie par le bilan et le compte de résultat fasse l'objet de compléments communiqués dans une annexe ou dans des rapports spéciaux. Ces informations sont destinées à expliciter les chiffres figurant au bilan et au compte de résultat et à divulguer des informations contenues dans les comptes dont le caractère synthétique ne permet pas d'en connaître l'existence. Selon le pays, la divulgation de l'information en annexe aux comptes ou dans des rapports spécifiques est imposée soit par les autorités boursières soit par la loi.

Aux États-Unis, la publication des annexes a été suscitée par la SEC qui s'est réservé la maîtrise de la publication des informations financières. Ainsi, l'entreprise doit au moment de son entrée sur le marché financier, lui communiquer un document *(register statement)* qui regroupe les états financiers et les informations détaillées sur la gestion de la société, sur les produits, sur ses marchés et les dépenses engagées pour la recherche. Elle doit périodiquement lui transmettre un rapport annuel (FORM 10 K) 90 jours après la clôture de l'exercice. Ce document contient des informations qui ne sont pas obligatoirement publiées dans le rapport annuel des actionnaires, sans omettre les informations contenues dans le dit rapport ; un rapport trimestriel (FORM 10 Q) 45 jours après la fin de chacun des trois premiers trimestres ; un rapport (FORM 8 K) établi 15 jours après la survenance de certains événements comme une acquisition ou une cession importante d'un actif ou le changement d'un auditeur indépendant.

La publication de ces documents destinés essentiellement à la SEC ne dispense pas les sociétés de publier au profit des actionnaires, le rapport annuel : *Annual reports to shareholders.* La rédaction de ce rapport est facilitée par l'existence des annexes *(disclosures)* établies dans le respect d'un principe « *Disclosure principle* ». Selon ce principe, les états financiers doivent inclure toute l'information nécessaire aux utilisateurs. Si l'omission de certains éléments est de nature à tromper le jugement de l'utilisateur, l'information doit être mentionnée en annexe. Elle ne vient en rien corriger une erreur commise dans les documents mais elle complète une information incluse dans les documents financiers.

La loi sur les sociétés de 1985, en Grande-Bretagne, a fortement renforcé les obligations d'information des sociétés, notamment en exigeant qu'un certain nombre de données apparaissent dans les comptes ou dans une déclaration annexée aux comptes [1]. Depuis 1948, les directeurs sont tenus de joindre au bilan, lorsqu'ils le présentent aux actionnaires, un rapport sur la situation de la société. Son contenu s'est trouvé accru par la loi de 1967 qui s'est appuyée sur le rapport de la commission Jenkins [2].

De l'ensemble de ces dispositions, il apparaît que deux types d'informations, parmi d'autres, publiées en annexe, présentent une importance particulière :

4.7.1. *Le résumé des politiques comptables significatives* (summary of significant accounting policies)

Il s'agit de résumer les politiques comptables adoptées. L'opinion 22 [3] met l'accent sur le caractère essentiel de ce type d'information pour l'utilisateur et considère qu'elle fait partie intégrante des états financiers. Cette information inclut les principes de base de la consolidation, la ou les méthodes utilisées pour le calcul des amortissements, la valorisation des stocks, les méthodes d'enregistrement des produits, notamment des ventes à tempérament, les contrats de franchise, de crédit-bail, les changements dans les principes comptables appliqués aux cours des périodes les plus récentes.

1. Article 157 de la loi sur les sociétés.
2. Les articles 15 et 24 sont consacrés au détail des informations à fournir.
3. APB opinion n° 22, *Disclosures of accounting policies*, AICPA, New York, 1972, p. 434.

4.7.2. Les événements postérieurs à l'arrêté des comptes (subsequent events)

Il s'agit des événements survenus après la clôture des comptes, mais avant la publication des états financiers [1]. Ils peuvent justifier soit un ajustement des états, soit la mention d'une note. Un ajustement des états financiers s'impose sous réserve que les conditions de réalisation de l'événement existent à la clôture de l'exercice et que l'événement affecte la signification des états. La déclaration en faillite d'un client important, immédiatement après la clôture de l'exercice, constitue l'un de ces événements. L'événement sera mentionné en note lorsque les conditions de réalisation n'existent pas à la clôture des comptes. La disparition d'un client important du fait de catastrophes naturelles répond à ces conditions.

Les *subsequent events* ne sont pas les seules informations complémentaires requises. S'y ajoutent les éléments suivants :

– les informations sur les impôts différés *(deferred taxes)* ;

– les engagements hors bilan et en couverture contre le risque *(Commitments and contingencies)* ;

– les informations sur les points forts de l'activité de l'entreprise *(disclosure on specific headlines)* ;

– l'ajustement des coûts historiques à leur valeur actuelle, compte tenu de l'inflation *(supplementary information on changing prices)* [2] ;

– les états financiers intérimaires *(interim financial reporting)* [3], [4] ;

– la répartition de l'activité par produit, par secteur entre les ventes à l'exportation et les ventes sur le territoire *(segment reporting)* ;

---

1. *Statement on Auditing Standards* n° 1, AICPA, New York, 1973, pp. 123-124.

2. FASB statement n° 33, *Financial reporting and changing prices*, FASB, Stamford, 1979.

3. Aux États-Unis, la préparation de ces états est obligatoire pour toutes les sociétés dont les actions sont inscrites à la SEC sur l'une des deux bourses : New York Stock Exchange ou American Stock Exchange, ou au hors-cote. Cette obligation concerne aussi les sociétés britanniques cotées ou inscrites soit au marché principal soit au marché parallèle.

Les textes de référence américains sont :

– les règles de la SEC qui fixent les conditions de forme des états financiers trimestriels : article 10 des règles SX « Les états financiers intérimaires » *(Interim Financial Statements)* ;

– l'APB 28, « Les états financiers intérimaires » *(Interim Financial Reporting)*, AICPA, New York, 1973 donne les règles comptables et d'informations applicables à la préparation de ces états. Le texte fait l'objet de nombreux amendements depuis la création du FASB. Il reste encore le texte de référence.

4. « Statement on Auditing Standards n° 24 », *Review of interim financial information*, AICPA, New York, 1979, p. 8.

– les états prévisionnels *(prospective financial statement and forecast)* [1] ;
– la conversion des devises étrangères, le traitement du *goodwill*, l'effectif moyen, la rémunération annuelle des dirigeants [2], les liens qui unissent les sociétés ;
– le montant du résultat par action...

L'étude des documents financiers telle que nous venons de l'aborder serait d'une faible utilité à défaut des informations complémentaires sur les différentes composantes du bilan tout particulièrement. Les quatre chapitres suivants répondent au souhait d'apporter des justificatifs aux situations constatées à l'arrêté du bilan. Une priorité a été donnée à l'étude du fonds de roulement.

1. En 1975, l'Accounting Standards Division de l'AICPA a émis « Statement of Position 75-4 » comme guide pour les experts-comptables dans la préparation des questions financières. L'AICPA suggère que les prévisions portent sur les ventes, les profits bruts, les charges d'impôt, le résultat, les gains et les pertes sur les cessions d'un segment d'activité, les éléments hors exploitation, le résultat par action. *Statement of Position 75-50 « Présentation and Disclosure of Financial Forecasts »*, AICPA, New York, 1975.
2. Lois sur les sociétés, 1967 (Company Act of 1967).

Chapitre 2

LE FONDS DE ROULEMENT *(WORKING CAPITAL)*

Le fonds de roulement, défini comme l'excès de l'actif circulant *(current assets)* sur les dettes à court terme *(current liabilities and contingencies)*, constitue pour les Anglo-Saxons un critère important d'appréciation de la solvabilité *(solverage)* de l'entreprise, de son aptitude à financer les transactions courantes et à payer ses dettes. D'usage fréquent dans les milieux financiers, le ratio de fonds de roulement est souvent inclus dans les contrats passés entre l'entreprise et ses créanciers. Sans le définir, les contrats mentionnent que le fonds de roulement ou ses composantes seront déterminés en accord avec les principes généralement admis. Il inclut les éléments d'actif dits à court terme ou actifs circulants et les dettes à court terme.

La distinction court terme, long terme repose sur plusieurs critères. Les uns retiennent le critère de liquidité. Les éléments sont à court terme s'ils sont réalisés ou liquidés dans un proche avenir. Les autres se réfèrent à un critère économique. Sont à court terme les éléments consommés ou utilisés au cours du cycle normal d'exploitation de l'entreprise [1]. Ces divergences de vue ont conduit de nombreux États à adopter la règle générale suivante : sont inclus dans l'actif à court terme tous les éléments susceptibles d'être réalisés en un an ou au cours du cycle normal d'exploitation de l'entreprise s'il dure plus d'un an. Sont à court terme les éléments de passif

1. IAS 13, La présentation de l'actif à court terme et du passif à court terme *(Presentation of current assets and current liabilities)*, Londres, juin 1979, paragraphe 4.

payables à la demande du créditeur dont l'échéance a lieu dans l'année. À ces critères de distinction peuvent parfois s'en ajouter d'autres, ce qui amène tout naturellement à l'inclusion ou à l'exclusion de certains éléments.

En tant qu'éléments d'actifs, les actifs circulants sont des avantages économiques futurs qui contribueront à la sécrétion de flux positifs de trésorerie dans le court terme. En revanche, les éléments de passif exigibles sont des obligations incombant à l'entreprise. À court terme, elles entraînent des flux négatifs de trésorerie comportant un avantage économique. La distinction a son utilité pour l'analyse financière et l'appréciation de la solvabilité de l'entreprise, mais elle a aussi ses limites. Il est bien admis que l'excédent de l'actif circulant sur les dettes à court terme est jugé favorable. Il est aussi reconnu que cela n'est pas suffisant pour que la situation financière soit saine et qu'un excédent des dettes à court terme sur les actifs à court terme n'est pas, dans l'absolu, un signe de difficultés certaines.

Les Anglo-Saxons restent très sensibles à la mise en évidence du fonds de roulement. Nous nous proposons en conséquence d'en présenter ses composantes, c'est-à-dire la trésorerie *(cash)* (section 1), les créances *(receivables)* (section 2), les stocks *(inventories)* (section 3) et les dettes à court terme *(liabilities and contingencies)* (section 4).

1. La trésorerie *(Cash and short term investments)*

La trésorerie regroupe des actifs : les disponibilités *(cash)* et les placements à court terme en valeurs mobilières *(short term investments).*

1.1. Les disponibilités (cash)

Les disponibilités constituent un actif important que les responsables d'entreprise doivent gérer au même titre que les autres actifs en instaurant des procédures de contrôle interne pour éviter les erreurs et les détournements.

Le critère de disponibilité implique que l'actif soit un moyen d'échange libre de toute restriction contractuelle qui empêcherait l'entreprise de l'utiliser pour payer ses créanciers *(creditors).*

Ces disponibilités comprennent la monnaie courante *(currency)*, les pièces *(coins)*, les chèques *(personnal checks),* les traites *(bank drafts)*, les facturettes *(sales drafts)* émises par les commerçants sur présentation, par les clients, des cartes de paiement *(credit cards)* ainsi que les dépôts en banque.

En sont exclus les timbres poste *(postage stamps)* qui constituent des charges payées d'avance et les chèques postdatés *(postdated checks)* qui sont des créances, les sommes déposées chez un administrateur *(deposits with a trustee)*, les fonds d'amortissement d'emprunt *(bond sinking funds)*, enfin les dépôts d'épargne qui ne peuvent pas être retirés sans une autorisation du banquier.

Les fonds sont déposés soit en banque, soit en caisse. Cette encaisse *(petty cash fund)* est destinée au paiement des menues dépenses. Elle est régulièrement reconstituée, pour un montant assez constant, par prélèvement sur les fonds en banque. Le règlement de chaque opération donne lieu à l'émission d'une pièce de caisse *(voucher or receipt)*.

À l'arrêté des comptes, comme pour les autres actifs, des ajustements sont nécessaires. Des différences sont constatées entre le compte banque dans les livres de la société et le compte de l'entreprise à la banque justifiant l'enregistrement d'opérations de rapprochement *(reconciliation of bank balance – bank reconciliation statement)*.

Parfois le solde en banque est créditeur. Le découvert est compensable au niveau du bilan de l'entreprise si l'entreprise dispose de plusieurs comptes dans la même banque et que les soldes sont positifs. La compensation est impossible dès lors qu'il s'agit de comptes détenus dans d'autres banques.

Enfin, les fonds, dont l'entreprise dispose en banque, qui résultent du blocage de fonds obtenus par emprunt et qui ne sont pas disponibles pour la gestion courante de la trésorerie, doivent être mentionnés en annexe à la demande de la commission des opérations boursières américaine (SEC).

Les valeurs mobilières de placement constituent le second élément de la trésorerie.

1.2. Les placements à court terme en valeurs mobilières (short term investments) [1]

La classification des titres par les normes américaines ne correspond pas à la nôtre ni à celle de la Grande-Bretagne. La norme FAS 115, consacrée à la comptabilisation des titres représentatifs d'une dette, d'actions, acquis avec un objectif de placement, exclut de son champ tous les titres de participation et ceux mis en équivalence. Elle est obligatoirement appli-

1. Un mouvement international de rénovation affecte la comptabilisation des titres. Les réformes touchent soit les titres émis, soit les titres acquis, soit les deux. Les États-Unis ont été les précurseurs. Ils ont publié 3 normes concernant les titres détenus :

– la norme 105, sur l'information à fournir sur les instruments financiers présentant des risques hors bilan *(Disclosures of information about financial instruments with off-balance sheet risk and financial instruments with concentration of credit risk)* en 1990 ;

– la norme 107, sur l'indication dans l'annexe de la juste valeur *(fair value)* de tous les instruments financiers actifs ou passifs pour lesquels une estimation est possible *(disclosures about fair value of financial instruments)* en 1992 ;

– et la norme 115, sur la comptabilisation des titres, obligations, actions, et titres assimilés acquis avec un objectif de placement *(Accounting for certain investments in debt and equity securities)*.

cable à toutes les entreprises, (à l'exception des sociétés de bourse et des sociétés d'investissement) et pour tous les exercices ouverts à compter du 15 décembre 1993. Les titres sont classés selon deux critères cumulatifs, la durée de détention et les conditions d'utilisation concrétisant l'intention de l'acquéreur. Elle distingue :

– les titres d'investissement *(held to maturity securities),* représentatifs d'une dette acquise, pour être conservés jusqu'à l'échéance et que l'entreprise a la capacité de conserver jusqu'à l'échéance, que l'échéance soit à long terme, à moyen ou à court terme ;

– les titres de transaction *(trading securities – TS),* acquis pour être revendus à brève échéance (moins de six mois) ;

– enfin les autres titres de placement *(securities available for sales – SAS)*, c'est-à-dire, qui ne correspondent pas aux deux catégories précédentes.

Les valeurs mobilières de placement entrent dans les trois catégories : dans les titres d'investissement parce qu'elles sont à court terme, de transaction pour les titres de trésorerie et dans les autres titres pour le reste.

(Suite de la note 1 page 87) En 1991, l'IASC a publié un projet E 40 qui avait pour objectif de définir un cadre général pour la comptabilisation de l'ensemble des instruments financiers, classiques (prêts, emprunts, créances ou dettes) ou nouveaux (contrats à long terme, swaps ou options). Il s'applique à toutes les opérations effectuées par les entreprises à l'exception, depuis 1993, de celles effectuées par les compagnies d'assurance ainsi que toutes les formes de prestations accordées au salarié après son départ en retraite. Ce texte couvre tous les instruments financiers à la fois les actifs et les passifs financiers, les classe en fonction de l'intention de l'utilisation de l'entreprise (en investissement et financement, couverture et activités opérationnelles) et en fixe les règles d'évaluation, « ED 40 – Les instruments financiers *(Financial instruments)* », *Bulletin Comptable et Financier,* n° 53, décembre 1991, pp. 58 et s.). Ce texte a fait l'objet d'aménagements publiés dans le projet E 48 qui modifie également certains aspects de la norme IAS 25 sur les placements. Une partie de cet exposé sondage a donné lieu à la publication de la norme IAS 32, intitulée « Règles de présentation et informations à fournir relatives aux instruments financiers » *(Presentation and disclosure of financial instruments).* Cette norme délimite son champ d'application, définit le concept d'instrument financier, fixe les règles de présentation au bilan et au compte de résultat et précise les informations à fournir en annexe de façon à permettre aux personnes concernées de mieux apprécier le risque de l'entreprise (risque de taux, de crédit, juste valeur de l'instrument, méthodes de comptabilisation adoptées.) – Les règles concernant la comptabilisation et l'évaluation des instruments financiers sont contenues dans la norme IAS 39, applicable depuis le 1er janvier 2001 – *voir Bulletin Comptable et Financier* juin 1995 et décembre 2000 p. 35 et IASC, *Normes comptables internationales*, Éditions Francis Lefebvre, mai 1995 ».

Enfin, la Grande-Bretagne dispose de deux textes, un exposé sondage E 55, consacré à la comptabilisation des titres acquis *(Accounting investments)*, préparé par l'ASC et la norme FRS 4, consacrée aux instruments financiers donnant accès au capital *(Capital instruments)*, publiée en 1993 et faisant suite au projet FRED 3 qui ne s'applique qu'aux titres émis et non aux titres détenus.

Retenons ici des titres de transaction acquis pour placer de la trésorerie disponible et pour maximiser les actifs.

Les placements à court terme sont effectués sous forme de :

– certificats de dépôt *(certificates of deposits)* qui sont des effets émis par les banques pour des périodes de temps variables. Ils sont donc représentatifs d'une créance ou d'un dépôt à terme, en monnaie nationale ou en devises, constitué auprès d'un établissement de crédit ;

– papier commercial *(commercial paper)*, terme utilisé pour des effets à court terme non garantis, émis par des sociétés à un prix inférieur à leur valeur nominale, à des investisseurs, en général d'autres sociétés ;

– bons du Trésor américain *(US treasury bills)* qui sont émis à un prix inférieur à la valeur nominale par l'administration du Trésor américain à une échéance de 13, 26 ou 52 semaines.

En Grande-Bretagne, les titres sont classés, comme en France, selon le critère de la durée de détention. L'ED 55 distingue :

– les investissements financiers à court terme *(current asset investments)* classés au bilan parmi les actifs circulants ;

– les investissements financiers à long terme *(fixed assets investments)* repris au bilan dans les actifs immobilisés [1].

Les investissements financiers à court terme sont ventilés en deux catégories les valeurs mobilières transformables rapidement en liquidité *(readily marketable investments)* [2] et les autres placements.

Leur comptabilisation soulève les problèmes communs à tous les actifs, à savoir la valorisation lors de leur entrée dans l'actif, lors de leur sortie et à l'arrêté des comptes.

1.2.1. La valorisation lors de leur entrée dans l'actif et lors de leur sortie

Nous étudierons successivement la valorisation des valeurs mobilières de placement et ensuite la valorisation du papier commercial.

1.2.1.1. La valorisation des valeurs mobilières de placement

Aux États-Unis, les titres entrent au coût d'acquisition *(acquisition price)* majoré des frais accessoires *(incident cost to the acquisition)*, les commissions *(brockerage commissions)* par exemple. Les titres acquis entre deux échéances d'intérêts sont commercialisés au prix du marché majoré des intérêts courus *(accrued interest)* depuis la dernière échéance jusqu'à la date de l'opération. Cet intérêt constitue un actif séparé, comptabilisé comme tel, afin de faire clairement apparaître le produit du placement.

---

1. Voir les actifs immobilisés.
2. L'ED les définit de la façon suivante : placement pour lequel un marché actif existe, qui soit à la fois ouvert et accessible et pour lequel une valeur de marché est fixée ouvertement (paragraphes 1, 10 et 57).

Au moment de la cession, la différence entre la valeur comptable nette et le prix de cession est analysée en un gain ou une perte.

Exemple 1 – La société Cooke a acheté le 1er octobre de l'année N, 200 obligations de 500 dollars émises au taux de 10 % par la société aérospatiale Ractor. L'échéance de ces titres est au 1er juillet de l'année N + 4. Au moment de l'achat, les titres sont cotés 102 %, plus l'intérêt couru pendant 3 mois, soit 2 500 dollars. Les commissions s'élèvent à 1 500 dollars.

Acquisition cost of bonds	
– market price of bonds ($ 500 × 200 × 1,02)	$ 102,000
– add : brokerage commission	1,500
Total cost of bonds	$ 103,500
– add : accrued interest of three months on $ 100,000 at 10 % a year	$ 2,500
Total cash paid	$ 106,000

Cette acquisition est enregistrée au journal au débit des comptes de titres de placement *(short term investments)* et intérêts courus *(interest receivable)* par le crédit du compte de trésorerie.

October 1 year N		
Short term Investments	103,500	
Interest receivable	2,500	
Cash		106,000
To record acquisition of 200 RACTOR company bonds at 102 plus accrued interest $ 2,500 and brokerage commission $ 1,500		

Le 15 décembre de la même année, la société Cooke revend les valeurs à 106,1/4 % majoré des intérêts pour 5 mois et demi ; les frais de commission s'élèvent à 1 600 dollars. Les sommes encaissées sont les suivantes :

– market price of bonds ($ 500 × 200 × 106,1/4)	$ 106,250.00
– less : brokerage commission	(1,600.00)
Net proceeds on sale of bonds	$ 104,650.00
– add : accrued interest for five months and half at 10 % a year on $ 100,000	$ 4,583.33
	$ 109,233.33

Cette somme est enregistrée au débit du compte caisse par le crédit des comptes de titres de placement pour leur valeur nominale, des intérêts courus pour la valeur d'entrée et de produits échus *(interest revenue)*. L'ajustement se fait ici par l'enregistrement d'un gain de 1 150 dollars. Le gain ou la perte dépend de l'évolution des taux d'intérêt. Il y a gain si les taux d'intérêt sur le marché baissent et perte dans le cas inverse.

December 15 year N		
Cash	109,233.33	
Short term investments		103,500.00
Interest receivable		2,500.00
Interest revenue		2,083.33
Gain on sale of short term investments		1,150.00
To record sale of RACTOR bonds on 106,1/4 %, less brokerage commission $ 1,600 plus accrued interest of $ 4,583.33		

Contrairement aux placements à long terme, la prime payée à l'achat ne s'amortit pas. Les intérêts ne s'accumulent pas parce que le risque des fluctuations du cours tient aux fluctuations des taux d'intérêt et peu au rapprochement de l'échéance de l'emprunt.

1.2.1.2. La valorisation du papier commercial et des bons du Trésor

Ces papiers ne sont pas porteurs d'intérêts. Le revenu constaté sur ces investissements est la réduction *(discount)* accordée au souscripteur lors de l'émission.

Exemple 2 – Supposons que l'entreprise Cooke, dont l'exercice fiscal s'achève le 31 décembre, achète le 1er novembre de l'année N du papier commercial à 4 mois, émis par la société Barclays. La valeur nominale *(face amount)* des papiers émis est de 200 000 dollars. Son prix d'émission, compte tenu d'un taux d'intérêt annuel de 18 %, est de 188 000 dollars et le taux d'intérêt effectif mensuel est égal à :

$$\sqrt[4]{\frac{200{,}000}{188{,}000}} - 1 = 1{,}5589\ \%.$$

L'enregistrement de cette transaction et du produit qu'elle contient dans les livres de la société Cooke s'effectue de la façon suivante :

November 1 year N		
Short term investments	188,000	
Cash		188,000
To record acquisition of $ 200,000 face amount of fourth		

À chaque fin de mois, le produit est calculé sur la valeur nette du papier au début du mois et constaté en comptabilité.

December 1 year N		
Short term investments	2,930	
Interest revenue		2,930
To record accrued interest for one month on short term investments (commercial paper) $ 188,000 × 1,5589 %		

December 31 year N		
Short term investments	2,976	
Interest revenue		2,976
To record accrued interest for one month on short term investments		
($ 188,000 + $ 2,930) × 1,5589 %		
January 31 year N + 1		
Short term investments	3,022	
Interest revenue		3,022
To record accrued interest for one month on short term investments		
($ 188,000 + $ 2,930 + $ 2,976) × 1,5589 %		
February 28 year N + 1		
Short term investments	3,070	
Interest revenue		3,070
To record accrued interest for one month on short term investments		
($ 188,000 + $ 2,930 + $ 2,976 + $ 3,022) × 1,5589 %		

À l'échéance, au 28 février de l'année N + 1, le papier est arrivé à échéance. Le compte *short term investments* est soldé et la société Cooke récupère ses liquidités.

February 28 year N + 1		
Cash	200,000	
Short term investments		200,000
To record maturity of four months commercial paper of Barclays company		

Ici, la méthode de calcul des intérêts mensuels est la méthode des intérêts composés. Il est possible d'utiliser une méthode de calcul linéaire. Dans le cas présent, les intérêts mensuels comptabilisés en produit se seraient élevés à 3 000 dollars.

Les cas choisis sont simples, ils concernent un lot unique de titres de même nature achetés à une même date et remboursés à une autre même date. La solution serait plus difficile dans l'hypothèse d'une cession de titres acquis à des dates différentes. Les principes comptables appliqués sont d'évaluer les sorties des titres soit selon la méthode d'identification spécifique, soit selon la méthode du premier entré, premier sorti, soit selon la méthode du coût moyen pondéré. Ce dernier système de valorisation n'est pas admis par l'administration fiscale américaine.

1.2.2. La valorisation à l'arrêté des comptes

Deux thèses s'affrontent. L'une s'appuie sur les principes généraux de valorisation des éléments d'actif et applique la règle de valorisation au plus bas des deux prix du coût d'acquisition et de la valeur du marché. L'autre s'inscrit en faux des principes précédents et s'attache à la liquidité qui caractérise les valeurs mobilières de placement et justifie leur valorisation au prix du marché.

1.2.2.1. La valorisation à la valeur la plus faible du coût d'acquisition et de la valeur du marché *(valuation at cost or at lower of cost or market)*

Aux États-Unis, cette règle était régie par la norme 12 du FASB [1] dont le champ d'application était précisé quant aux entreprises et aux titres et en Grande-Bretagne par la loi sur les sociétés [2]. Elle s'appliquait aussi bien aux valeurs de placements à court terme qu'à long terme et concernait la plus grande majorité des entreprises, à l'exception de celles qui valorisaient leur portefeuille de valeurs mobilières selon la méthode de l'équivalence, des entreprises à but non lucratif, des compagnies d'assurance et des sociétés gérant les plans de retraite, des sociétés financières et des courtiers. Les actions ordinaires, les actions privilégiées, les droits de souscription et les droits d'option, tous représentatifs d'un titre ou du droit d'acquérir un titre de propriété et négociable sur un marché étaient régis par la norme. Ces valeurs étaient dites « *current marketable equity securities* ».

Actuellement la méthode de valorisation au plus faible du coût d'acquisition ou du prix du marché s'applique encore en Grande-Bretagne pour les autres types de placement uniquement et est remplacée, comme aux États-Unis, par une évaluation des titres à leur juste valeur *(fair value* [3]*)* pour les titres facilement transformables en liquidité.

1.2.2.2. La valorisation à la juste valeur *(fair value)*

Cette thèse est reconnue par les Anglo-saxons. Aux États-Unis, elle est reconnue dans la norme FAS 115 [4] pour les titres de transaction (TS) et les autres titres de placement (SAS), en Grande-Bretagne dans l'exposé son-

---

1. FASB, statement n° 12, *Accounting for certain marketable securities*, 1975.
2. Loi sur les sociétés (Companies Act of 1985), schedule 4,31.
3. La juste valeur désigne le prix auquel un actif pourrait être échangé ou un passif réglé, entre des parties averties n'ayant aucun lien de dépendance et agissant en toute liberté. La valeur de référence de la juste valeur peut être la valeur de marché (cours en bourse), la valeur de marché d'un autre instrument financier, la valeur actualisée des cash-flows futurs, *IASC, Normes internationales*, Éditions Francis Lefebvre, mai 1995, § 4525, 4526 p. 450.
4. FASB statement n° 115, *Accounting for certain investments in debt and equity securities*, 1993. La norme FASB, statement n° 119, *Disclosure about derivative financial instruments and fair value financial instruments* (en remplacement des normes 105 et 107) traite de l'information à faire figurer en annexe sur les produits dérivés et sur la juste valeur des instruments financiers en général.

dage ED35 pour les titres de placement rapidement réalisables en liquidité. L'IASC adopte la même solution dans les normes IAS 32 et IAS 39 ; à l'arrêté des comptes, tous les actifs financiers, sauf certaines exceptions, doivent être réévalués à la juste valeur et notamment les actifs financiers détenus à des fins de transaction. L'application de cette règle est une entorse au principe du nominalisme, principe de base des systèmes comptables anglo-saxons et français. Elle se justifie parce que les placements à court terme, étant réalisables *(salable)* sans délai, sont des substituts aux disponibilités. En conséquence, il est approprié de les évaluer à leur valeur vénale *(fair value)*, c'est-à-dire à leur valeur de marché, « l'entreprise n'est pas concernée par le coût de ces éléments, elle l'est par les disponibilités qu'elle peut obtenir en les cédant » [1].

Le respect de cette règle met en jeu la comptabilisation des plus et moins values constatées à l'arrêté des comptes. Aux États-Unis pour les titres de transaction (TS) uniquement et en Grande-Bretagne pour les titres de trésorerie les plus ou moins-values sont reprises directement au compte de résultat « dans un compte de profit ou de perte non réalisé *(unrealized holding gain (loss))* ». L'IASC opte pour une solution voisine [2]. Pour les autres titres de placement, les pertes et les gains sont imputés au compte de réserves outre atlantique ; la plus value ou la moins value constatée à l'arrêté des comptes est saisie dans un compte portant le même intitulé que précédemment *(unrealized holding profit (loss))*, il apparaît, au passif du bilan, dans une rubrique des capitaux propres « *Accumulated incomprehensive income* », en plus si c'est une plus-value, en moins dans le cas contraire.

Exemple 2 bis – La société Jenna a acquis au cours de l'année N des autres titres de trois sociétés. Ces titres entrent dans la catégorie des investissements à court terme, enregistrés dans le compte de valeurs mobilières de placement *(short-term investments)*. À l'arrêté des comptes au 31 décembre de la même année, la société établit un tableau comparatif des coûts d'acquisition d'un

1. IAS 25. La comptabilisation des placements *(Accounting for investments)*, paragraphes 17 et 46.

ED 55, *op. cit.* – Le prix du marché présente plusieurs valeurs : ce peut être – le prix de vente qu'un investisseur *(a market maker)* espère obtenir de la vente *(bid price)* ou le prix d'achat qu'un investisseur s'attend à payer *(offer price)* ou ce prix moyen du *bid and offer price* jusqu'au moment de l'établissement du bilan.

2. L'entreprise doit choisir une des deux méthodes suivantes et l'appliquer de manière cohérente et permanente à l'ensemble des actifs et passifs financiers réévalués à la juste valeur : soit comptabiliser l'intégralité de l'ajustement en résultat net de l'exercice, soit comptabiliser uniquement les variations de la juste valeur des actifs et des passifs détenus à des fins de transaction en résultat net de l'exercice. Les variations de la juste valeur des actifs et des passifs non détenus à des fins de transaction sont comptabilisées en capitaux propres – « IAS 39, Instruments financiers : comptabilisation et évaluation », *Bulletin Comptable et Financier,* décembre 2000, p. 35.

montant de 153 000 dollars et de la valeur de marché de ces mêmes titres 161 100 dollars. La plus-value de 8 100 dollars est saisie au débit d'un compte d'ajustement des valeurs mobilières de placement *(short term investment, fair value adjustement)* et au crédit du compte de profit non réalisé *(unrealized holding gain).*

December 31 year N		
Short-term investment, fair value adjustment	8 100	
Unrealized holding gain (loss)		8 100
To reflect fair values of short-term investments in securities available for sale		

Comme il s'agit de « *Short-term investments in securities available for sale* », le compte crédité figurera au passif dans les capitaux propres et le compte d'ajustement sera viré au compte d'actif de *Short-term investments* selon la présentation suivante :

ASSETS	
Current assets	
– Cash and cash equivalent	xxx xxx
– Short-term investments	161 100
– Accounts receivable	xxx xxx
STOCKHOLDER'S EQUITY	
Contributed capital	
– Common stock	xxx xxx
– Retained earnings	xxx xxx
– Accumulated incomprehensive income *(unrealized holding gain on securities held for sale)*	8,100

Toutefois si la perte est définitive, l'ajustement de valeur est comptabilisé par le résultat en minorant le coût des titres [1]. Enfin, des informations complémentaires doivent être fournies en annexe, tels que les gains non réalisés résultant de l'excès du prix du marché sur le coût d'acquisition ou des pertes non réalisées venant de l'excès du coût d'acquisition sur la valeur du marché. Doivent aussi être mentionnés le détail des gains réalisés et des pertes subies comptabilisés, ainsi que la base de calcul des coûts utilisés pour la détermination des gains ou des pertes.

En conclusion, les actifs disponibles, tels que nous venons de les décrire, se présentent au bilan américain dans l'ordre décroissant des degrés de

1. En France, aucune position officielle n'a été arrêtée sinon par la COB (bulletins 209, 212 et 243) qui a fait des propositions quant à l'évaluation des comptes des VMP des titres cotés sur des marchés organisés et sur l'évaluation des nouveaux instruments financiers à la valeur de marché.

liquidité. Les disponibilités représentent l'actif le plus liquide, ce qui explique qu'il figure en premier dans l'actif circulant. Elles sont suivies des actifs dont la liquidité est possible sans délai, c'est-à-dire des placements à court terme évalués soit au plus bas du coût d'acquisition ou de la valeur de marché, soit à la valeur de marché. Des notes mentionnées en annexe expliquent le contenu des différentes rubriques.

– Cash	\$ 9,000,000	\$ 15,300,000
– Short term investments in corporate and US government obligations, at cost, which approximate market value	\$ 1,200,000	\$ 8,000,000
– Marketable equity securities at cost (note 1) less : allowance to reduce marketable equity securities to market value		\$ 7,800,000
Note 1 : the gross unrealized loss on December 31 year N + 1 was \$ 2,800,000 and the gross unrealized gain 31 year N was \$ 1,600,000		

Viennent ensuite les créances dont les délais d'encaissement sont imposés par des conventions et qui sont parfois soumises à l'aléa de non recouvrement.

2. Les créances *(Receivables – trade debtors)*

Le bilan comprend une variété de droits sur les tiers. Ce sont les créances *(receivables)*. Elles émanent de transactions ou d'événements passés et constituent des potentialités de flux positifs de trésorerie.

Celles figurant dans l'actif circulant sont regroupées en deux catégories :

– les créances directement liées à l'activité d'exploitation, c'est-à-dire à la vente de biens et de services, sont comptabilisées dans des comptes commerciaux *(trade accounts)* non porteurs d'intérêts, les comptes clients *(trade accounts receivable)* ou les comptes de créances nées de ventes à tempérament *(installment receivables)*. Ce sont les plus volumineuses ;

– les créances non liées au cycle d'exploitation et dont les origines sont diverses. Elles regroupent les avances à des filiales *(current amount receivable from affiliated company)*, les souscriptions à des augmentations de capital ou des émissions d'emprunt *(subscription obtained from investors for capital stock or bonds)* non encore libérées, les créances sur l'état *(claims for income tax refunds)* et les créances diverses.

Ces rubriques soulèvent le problème de leur évaluation au moment de leur entrée dans l'actif et au moment de l'arrêté des comptes.

2.1. *L'évaluation des créances commerciales au moment de leur entrée dans l'actif* (valuation of receivables – trade debtors)

Nous étudierons successivement l'évaluation des créances clients, des créances nées des ventes à tempérament et des effets à recevoir.

2.1.1. *L'évaluation des créances clients* (valuation of trade accounts receivable)

Nous ne reviendrons pas très longtemps sur ce point déjà développé [1]. Rappelons simplement qu'elles naissent au moment de l'envoi de la facturation au client *(customer)* et que la rapidité de leur établissement et le suivi de leur recouvrement sont des impératifs de survie et de développement de l'entreprise. Elles peuvent faire l'objet de cession avec ou sans garantie *(with or without recourse).*

2.1.2. *L'évaluation des créances nées des ventes à tempérament* (valuation of installment accounts receivable)

Le contrat de vente à tempérament sous forme de souscription de billets à ordre payables à des dates éloignées, au-delà d'un an, est largement utilisé dans le commerce de détail. Les entreprises ont le choix de prévoir leur propre financement de ce service ou de faire appel à des sociétés financières. Ces créances comprennent le produit de la vente, les intérêts du crédit accordé et les charges financières. Les créances figurent au bilan nettes des intérêts et des charges financières.

Exemple 3 – L'entreprise Grant vend à tempérament des articles le 1er juin de l'année N. Le prix de vente est de 800 000 dollars. Le règlement s'effectuera par l'encaissement d'échéances mensuelles sur une période de 12 mois. Intérêts et charges compris, l'entreprise facture au client 890 000 dollars. Lors de l'envoi de la facture, le compte client, vente à tempérament *(installment accounts receivable)* est débité de 890 000 dollars, les comptes de ventes *(sales)* d'une part, et d'intérêts non acquis *(unearned interest and finance charges)* d'autre part, sont respectivement crédités de 800 000 et 90 000 dollars.

June 1 year N		
Installment accounts receivable	890,000	
Sales		800,000
Unearned interest and finance charges		90,000
To record installment sales		

Les produits sont considérés acquis comme tels lors des encaissements périodiques.

1. Chapitre 1, section 2, paragraphe 1 : *Sales transactions.*

Au bilan, le solde de la créance nette des intérêts se présente de la façon suivante :

Installment accounts receivable	$ 890,000
less : unearned interest and finance charges	(90,000)
	$ 800,000

2.1.3. *L'évaluation des effets à recevoir* (notes receivable – promissory notes)

L'effet à recevoir est un engagement du client, le débiteur *(maker)*, de payer le bénéficiaire *(payee)* à une date nettement précisée. Ces effets sont négociables *(negociable)*.

Comme les engagements résultant des ventes à tempérament, ces effets sont enregistrés à leur valeur nominale, mais figurent au bilan à leur valeur actuelle au moment de la transaction, lorsque leur échéance *(maturity)* est à plus d'un an et à leur valeur nominale *(face amount)* dans le cas contraire.

Exemple 4 – Une vente de 40 000 dollars a été effectuée le 10 octobre de l'année N, l'entreprise Grant a tiré sur son client un effet de commerce échéant dans un an et de valeur nominale 46 000 dollars compte tenu d'un taux d'intérêt de 15 %. La comptabilisation de la vente est la suivante :

October 1 year N		
Notes receivable	46,000	
Sales		40,000
Discount on notes receivable		6,000
To record sale exchange for 15 % promissory note		

L'intérêt comptabilisé dans le compte intérêts sur effets *(discount on notes receivable)* est amortissable et ne devient un produit qu'au moment de l'encaissement. À l'arrêté des comptes il vient au bilan en diminution du compte effets à recevoir *(notes receivable)*.

À l'arrêté des comptes au 31 décembre de l'année N, les intérêts courus sont repris en produits financiers.

December 31 year N		
Discount on notes receivable	1,500	
Interest revenue		1,500
To record interest revenue $ 6,000 × 3/12		

Au bilan les comptes se présentent ainsi :

Notes receivable	$ 46,000
less : discount on notes receivable	$ (4,500)
Carrying amount of notes receivable	$ 41,500

Au moment de l'encaissement le 30 septembre de l'année N + 1, le solde de l'intérêt sur l'effet sera viré au compte de produits financiers.

September 30 year N + 1		
Cash	46,000	
Discount on notes receivable	4,500	
Notes receivable		46,000
Interest revenue		4,500
To record receipt of notes receivable payment and interest revenue		

Les effets sont négociables sans ou avec garantie du bénéficiaire :

– sans garantie *(without recourse)* : la négociation s'assimile à une vente. Dans ce cas la banque ne dispose d'aucun recours contre le bénéficiaire si le débiteur n'honore pas son engagement de payer [1] ;

– avec garantie *(with recourse)* : la négociation est une opération d'escompte, ce qui signifie que le bénéficiaire de l'effet doit rembourser le banquier si le débiteur fait défaut.

Les sommes encaissées *(proceeds)* par le bénéficiaire lors de la négociation sont, comme en France, nettes de l'escompte calculé sur la valeur nominale de l'effet.

Exemple 5 – L'effet précédent est escompté à 15 % près de la banque le 1er novembre de l'année. L'escompte retenu par la banque est de 6 325 dollars (\$ 46,000 × 15 % × 11/12). La somme remise au bénéficiaire est de 39 675 dollars (\$ 46,000 – \$ 6,325) que l'entreprise comptabilise ainsi :

November 1 year N		
Cash	39,675	
Discount on notes receivable	6,000	
Deferred interest expense	0,325	
Notes receivable		46,000
To record discounted notes receivable		

– le compte *deferred interest expense* constate l'écart entre le coût de la négociation et le produit financier facturé au client. Ce compte peut être crédité dès lors que l'entreprise négocie l'effet près de la banque à un taux inférieur au taux d'intérêt ou qu'elle le négocie près de l'échéance.

Comme tout élément de l'actif, à l'arrêté des comptes, les créances clients sont inventoriées.

1. Cette procédure est semblable à la cession des créances, Loi Dailly n° 81-1 - 2/1/81 article 1.1 aux termes de laquelle la cession de créance transfère au cessionnaire la propriété de la créance cédée (dispositions impératives selon L n° 84-86 du 24/1/1984 article 62).

2.2. L'évaluation à l'arrêté des comptes

Pour éviter toute surévaluation des actifs et des produits à l'arrêté des comptes, l'entreprise analyse au moment de l'inventaire la probabilité de recouvrement de ses créances *(probability of collection)* afin de mettre en évidence les clients douteux, d'évaluer le risque encouru de non recouvrement et de le couvrir par la constitution d'une provision. Cette provision est enregistrée en comptabilité au crédit des comptes provisions pour dépréciation des clients *(allowance for doubtfull accounts or allowance for uncollectible accounts – provision for bad debts account)*. Dans le bilan, ce compte est inscrit à l'actif en déduction du compte client. Le compte de charges correspondant, l'équivalent du compte de dotations aux provisions pour dépréciation des éléments d'actifs circulants français *(doubtfull accounts expense – profit and loss account)* vient logiquement en diminution du compte de ventes. Dans la pratique, on s'aperçoit que ce compte figure de plus en plus dans les charges d'exploitation. En Grande-Bretagne, cette destination lui est réservée ; en effet, la charge correspondant à la constitution de la provision est directement imputée au compte de résultat et sans passer par l'intermédiaire d'un compte de dotations.

Aux États-Unis, l'estimation de la provision est faite selon deux approches : une approche compte de résultat et une approche bilan.

2.2.1. L'approche compte de résultat

L'évaluation du risque de non-recouvrement est une évaluation globale. La référence est le taux moyen des ventes non recouvrées dans les années passées, c'est-à-dire, la moyenne des rapports annuels :

$$\frac{\text{Ventes à crédit non recouvrées dans l'année}}{\text{Ventes à crédit de la même année}}$$

Ce rapport exclut les ventes au comptant. L'analyse peut être affinée en procédant à une étude par classe de clients. C'est une méthode simple et très utilisée pour l'établissement des documents intérimaires.

2.2.2. L'approche bilan

L'évaluation du risque est établie à partir des comptes clients. Un classement des comptes clients par antériorité des soldes est dressé. À chaque classe est affecté un degré de risque. Le risque croît avec l'antériorité du solde. Sont successivement mentionnés les clients dont les créances ne sont pas échues et pour lesquelles le risque de non-recouvrement est faible, ensuite les clients dont les créances sont échues par ordre croissant de leur retard, à savoir les créances pour lesquelles il s'est écoulé moins de 30 jours, de 30 à 60 jours, de 61 à 120 jours, de 121 à 180 jours et plus de 181 jours depuis leur échéance (tableau 16). L'estimation du risque retenu exprimé en pourcentage est le plus souvent le fruit des expériences passées. L'évaluation de la provision pour dépréciation devient alors possible.

L'enregistrement comptable se traduit soit par une augmentation, soit par une diminution de la provision existante, c'est-à-dire par la constitution d'une dotation complémentaire ou par une reprise. Cette analyse donne lieu à l'établissement d'une balance par antériorité des soldes *(aging balance)*.

Exemple 6 – Le 31 décembre de l'année N, avant toute écriture d'ajustement, le solde du compte de provision pour dépréciation des comptes clients de la société Gordon s'élève à 36 800 dollars. Les ventes se font normalement à crédit à 30 jours. Le comptable a établi la balance client par antériorité des soldes (tableau 16).

Tableau 16 – *Gordon company, Aging of trade accounts receivable, December 31, year N*

Classification by due dates [a]	**Balance in each category** [b] **$**	**Estimated uncollectible** [c] **(%)**	**Estimated doubtful accounts** [d] **$**
Current accounts out-standing			
30 days or less	390,000	3	11,700
31 to 60 days old	185,200	5	9,260
61 to 120 days old	50,000	10	5,000
121 days to 6 months old	31,000	20	6,200
Over 6 months old	26,800	30	8,040
	683,000		40,200

a. Classification par dates de retard.
b. Solde dans chaque catégorie.
c. Risque de non recouvrement estimé en pourcentage.
d. Risque de non recouvrement estimé en valeur.

Le solde du compte de provisions pour dépréciation clients existant au 31 décembre de l'année N est insuffisant pour couvrir le risque. Une dotation complémentaire de 3 400 dollars ($ 40,200 – $ 36,800) doit être constituée.

December 31 year N		
Doubtful accounts expense	3,400	
Allowance for uncollectible accounts		3,400
To adjust allowance to require a balance of $ 40,200		

Une créance client peut devenir irrécouvrable. La créance est annulée *(written off)* en débitant le compte de provisions *(allowance for uncollectible accounts)* et en créditant le compte clients *(accounts receivable)*. Cette écriture n'a aucun effet sur la valeur nette des créances, ni sur le résultat.

Reprenons l'exemple 6. Après l'écriture d'ajustement de la provision, le solde net des créances clients s'élève à 642 800 dollars ($ 683,000 – $ 40,200). Supposons qu'un des clients de la dernière classe sur lequel l'entreprise détient une créance de 6 800 dollars devienne insolvable au 15 janvier de l'année N + 1. L'annulation de la créance est enregistrée de la façon suivante :

January 15 year N + 1		
Allowance for uncollectible accounts	6,800	
Trade accounts receivable		6,800
To write off a trade receivable		

En imaginant qu'aucune autre modification n'ait affecté le compte client, le solde net des créances commerciales est toujours de 642 800 dollars, jusqu'à ce que la perte excède le montant de la provision. Inversement, si ce même client s'exécute tardivement le 25 octobre de l'année N + 1, au moment où il honore sa dette, l'écriture d'annulation de la créance est contrepassée.

October 25 year N + 1		
Trade accounts receivable	6,800	
Allowance for uncollectible accounts		6,800
To write off a trade receivable		
d°		
Cash	6,800	
Trade accounts receivable		6,800
To record the collection		

Les différentes créances étudiées se présentent ainsi au bilan :

RECEIVABLES (CURRENT ASSETS)	
– Trade notes receivable (net of unearned discounts of $ 5,000)	$ 105,000
– Trade accounts receivable (net of allowances for doubtful accounts, returns and discounts of $ 47,000)	$ 220,000
– Installment receivables (net of unearned interest and finance charges of $ 2,700,000 and allowances for doubtful accounts of $ 52,000)	$ 1,900,000
– Other receivables	$ 55,000
Total current receivables	$ 2,280,000

Les emplois courants d'exploitation sont également représentés par les stocks.

3. Les stocks *(Inventories–stocks)*

La tenue des stocks, le suivi de leurs fluctuations et leur évaluation relèvent de préoccupations majeures de l'entreprise. Suivant la nature de l'activité, les stocks sont classés selon leur place dans le processus d'exploitation. L'ordre chronologique de ce classement est le suivant :
- le stock de matières premières *(raw materials inventory),*
- le stock des produits en cours *(goods in process inventory),*
- le stock des produits finis *(finished goods inventory),*
- enfin le stock de marchandises *(merchandises inventory).*

L'entreprise a le choix, soit tenir ses stocks selon le système de l'inventaire permanent *(perpetual inventory system),* soit les tenir selon le système de l'inventaire intermittent *(periodic inventory system).*

La comptabilité des stocks [1] a deux fonctions :
- la détermination des quantités en stock *(taking of inventory).*

À l'arrêté des comptes, un inventaire physique des stocks en magasin est effectué quelle que soit la méthode de tenue de l'inventaire. Ce stock se substitue au stock comptable c'est-à-dire au solde du compte de stock établi dans la permanence de l'inventaire. Ce stock extra-comptable est repris pour la détermination du résultat et pour l'établissement du bilan. Les stocks achetés par les clients et les stocks destinés à être revendus selon les termes d'un contrat de consignation en sont exclus.
- l'évaluation des stocks *(valuation of inventories)*

Le choix de la méthode d'évaluation est important. Comment l'entreprise va-t-elle évaluer les flux de stocks : les entrées, les sorties ? Quelle signification attacher à la valeur du stock au bilan ? Afin que chacun puisse interpréter ces données, l'évaluation doit être effectuée selon des procédures connues et l'emploi de l'une plutôt que de l'autre doit être expressément indiqué dans l'annexe. Le choix fait par l'entreprise doit répondre aux objectifs primordiaux de satisfaire au mieux les constantes de l'entreprise, d'éviter toute surévaluation du résultat et de donner à travers les documents financiers une image aussi fidèle que possible de la situation financière de la firme.

Nous étudierons successivement l'évaluation des flux de stocks et l'évaluation des existants en stocks à l'arrêté des comptes. Un paragraphe particulier sera consacré à un problème spécifique, celui de la comptabilisation des travaux en cours.

---

1. SSAP 9, Stocks et contrats à long terme *(Stocks and long term contracts)* (revisée en septembre 1988).

IAS 2, Évaluation et présentation des stocks dans le contexte du système du coût historique *(Valuation and presentation of inventories in the context of the historical cost system)*, Londres, juillet 1975.

3.1. *L'évaluation et le transfert des flux* (valuation of cost flow assumptions)

Le principe qui sous-tend les méthodes d'évaluation est celui du coût historique, principe que nous retrouvons dans les méthodes d'évaluation des entrées et dans les méthodes d'évaluation des sorties.

3.1.1. Les méthodes d'évaluation des entrées (inflows)

Une distinction est faite entre l'évaluation des stocks achetés et l'évaluation des stocks produits.

3.1.1.1. L'évaluation des stocks achetés *(purchased inventories)*

Elle ne pose pas de gros problèmes. Les matières, les autres approvisionnements et les marchandises entrent au coût d'achat *(cost of purchase)*. Celui-ci comprend le prix d'achat indiqué sur la facture *(net invoice cost),* les frais de transport *(freight cost)*, les frais de manutention *(handling cost)* et les frais de stockage *(storage cost).*

3.1.1.2. L'évaluation des produits en cours de fabrication *(goods in process)* – des produits finis *(finished goods)*

Ils entrent au coût de production qui comprend, comme en France, les charges directes (les matières premières et les charges de main-d'œuvre directe – *material and direct labor*) et les charges indirectes *(factory overhead)*. Dans une entreprise industrielle, le système d'établissement des coûts est un élément important de la comptabilité financière. Selon la nature du produit fabriqué, deux systèmes de coût peuvent être utilisés : un système de coût à la commande *(job order system)*, ou un système de coût de production continue *(process cost system).*

Le système de coût à la commande est utilisé lorsqu'il s'agit de déterminer le coût de fabrication d'une commande. Des fiches de coût de commande *(job order cost sheets)* sont utilisées pour regrouper les différents éléments de coût. Le coût des commandes achevées est une partie des stocks de produits finis jusqu'à ce qu'elles soient vendues.

Le système de coûts en continu est appliqué à la production d'un grand nombre d'éléments similaires. La procédure d'établissement est identique au système français quant à l'imputation des charges.

Le processus de production est divisé en centres de coût *(cost centers)* dans lesquels les charges directes et indirectes sont regroupées.

Le système de ces centres est lié au partage des responsabilités. Le coût des produits finis est alors égal à la somme des coûts, exception faite de ceux incorporés dans les produits en cours et de ceux affectables aux sous-produits *(by products).* Ces derniers sont parfois évalués à la valeur probable de cession. Beaucoup d'entreprises évaluent leur stock au coût standard. L'utilité de la méthode est subordonnée à ce que le coût soit correctement estimé.

Si l'évaluation des entrées, des stocks ne soulèvent pas de difficultés majeures, en revanche, l'évaluation des sorties des stocks peut se faire à des prix différents.

3.1.2. Les méthodes d'évaluation des sorties de stocks (outflows)

Le choix de la méthode d'évaluation importe peu. Le but est qu'elle permette le rattachement des coûts aux produits et que le choix se porte sur la méthode qui reflète le plus clairement le résultat périodique. Les méthodes les plus fréquemment utilisées sont :

– les méthodes d'évaluation par lots : la méthode du premier entré, premier sorti *(first in, first out method – fifo)*, la méthode du dernier entré, premier sorti *(last in, first out method – lifo),*
– la méthode du coût moyen pondéré *(weighted average method),*
– la méthode d'identification spécifique *(specific identification method).*

Les faveurs vont à la méthode d'évaluation par lots [1].

3.1.2.1. La méthode du premier entré, premier sorti *(fifo)*

Cette hypothèse est assez conforme à la réalité. En effet, la valeur appliquée au stock est assez proche des prix couramment pratiqués et des prix auxquels il faudrait acquérir un stock de remplacement.

Exemple 7 – Suivons les flux de la marchandise acquise par la société Reed (tableau 17)

Tableau 17 – *Reed company, purchases and sales (item x) during January* (fifo method) *(en dollars)*

		PURCHASES			**SALES**		
		Units	**Price**	**Total**	**Units**	**Price**	**Total**
Jan. 1	Inventory on hand	1,000	8.00	8,000			
Jan. 5	Purchases	10,000	8.50	85,000			
Jan. 10	Sales				1,000	8.00	8,000
					4,000	8.50	34,000
Jan. 15	Purchases	7,000	8.25	57,750			
Jan. 22	Sales				6,000	8.50	51,000
					2,000	8.25	16,500
Jan. 30	–				2,000	8.25	16,500
Jan. 31	Purchases	5,000	8.60	43,000			
				193,750			126,000

1. Une enquête effectuée par l'AICPA en 1984 a révélé que, sur 600 entreprises, 366 sociétés utilisaient la méthode fifo, 408 la méthode lifo, 235 la méthode du coût moyen pondéré, In *Accounting Trends and Techniques,* 38th edition, AICPA, New York, 1984, p. 123.

En supposant que l'inventaire physique soit équivalent à l'inventaire comptable au 31 janvier de l'année N, le stock s'élève à 8 000 unités valorisées de la façon suivante :

January 15 (next to – last purchase)	3,000 to $ 8.25 = $ 24,750
January 31 (last purchase)	5,000 to $ 8.60 = $ 43,000
	$ 67,750

Quel que soit le système de tenue de l'inventaire utilisé *(inventaire permanent ou inventaire intermittent),* la valeur du stock est de 67 750 dollars.

3.1.2.2. La méthode du dernier entré-premier sorti *(lifo)*

Selon cette méthode, les achats effectués en dernier sont présumés sortir les premiers. Les stocks figurant au bilan sont évalués au prix le plus ancien.

Exemple 8 – Reprenons les mêmes données que dans l'exemple précédent (tableau 18).

Tableau 18 – *Reed company, purchases and sales (item x) during January* (Lifo method) *(en dollars)*

		PURCHASES			SALES		
		Units	**Price**	**Total**	**Units**	**Price**	**Total**
Jan. 1	Inventory on hand	1,000	8.00	8,000			
Jan. 5	Purchases	10,000	8.50	85,000			
Jan. 10	Sales				5,000	8.50	42,500
Jan. 15	Purchases	7,000	8.25	57,750			
Jan. 22	Sales				7,000	8.25	57,750
					1,000	8.50	8,500
Jan. 30	Sales				2,000	8.50	17,000
Jan. 31	Purchases	5,000	8.60	43,000			
				193,750			125,750

L'évaluation des stocks varie selon la méthode de tenue de l'inventaire utilisée.

a) Evaluation du stock de fin de période, méthode de l'inventaire permanent (tableau 19).

Le coût des marchandises vendues est alors de 125 750 dollars ($ 193,750 – $ 68,000).

Tableau 19 – *Reed company, Inventory of item x*
(Lifo method – perpetual inventory system) *(en dollars)*

		Units	Price	Total
Jan. 1	Beginning Inventory	1,000	8.00	8,000
Jan. 5	First purchases	2,000	8.50	17,000
Jan. 31	Purchases	5,000	8.60	43,000
				68,000

b) Evaluation du stock de fin de période, méthode de l'inventaire intermittent. Dans ce cas, les sorties sont valorisées en fin de période au prix récemment facturé. En conséquence, les stocks en magasin à l'arrêté des comptes sont présumés être les plus anciens, valorisés comme tels (tableau 20).

Tableau 20 – *Reed company, Inventory of item x : lifo method*
(Periodic inventory system) *(en dollars)*

		Units	Price	Total
Jan. 1	Beginning Inventory	1,000	8.00	8,000
Jan. 5	First purchases	7,000	8.50	59,500
				67,500

Le coût des marchandises vendues est donc de 126 250 dollars ($ 193,750 – $ 67,500).

Cette méthode est d'utilisation lourde lorsque l'entreprise a plusieurs types de produits composés de plusieurs éléments. On lui préfère la méthode du coût moyen pondéré, notamment lorsque la tenue de l'inventaire est intermittente.

c) Evaluation au coût moyen pondéré des entrées *(unit-lifo method)*. Dans le cas présent, les sorties sont évaluées au coût moyen pondéré de 8,445 dollars [1] et le stock est valorisé de la façon suivante (tableau 21) :

Tableau 21 – *Reed company, Inventory of item x : unit lifo method*

		Units	Price	Total
Jan. 1	Beginning Inventory	1,000	8,000	8,000
Jan. 5	Layer added in January	7,000	8,445	59,115
	TOTAL			67,115

1. $ 185,750/22,000.

Ce coût moyen des entrées ne doit pas être confondu avec le coût moyen pondéré de la période.

3.1.2.3. La méthode du coût moyen pondéré

Cette méthode ne présente aucune originalité par rapport à la méthode que nous pratiquons en France. Le coût moyen pondéré calculé en prenant en compte les stocks de début de période et les achats de la période sert pour valoriser les sorties destinées à la vente et le stock de fin de période. Il enregistre toujours un décalage avec le prix du marché. Soit qu'il sous-estime la valeur des stocks de fin de période en période d'inflation, soit qu'il la surestime en période de déflation. La procédure présente quelques nuances selon la méthode de l'inventaire choisie. En inventaire permanent (tableau 22), le coût moyen pondéré est déterminé après chaque entrée afin de pouvoir valoriser les sorties. Le coût moyen déterminé après chaque entrée est variable *(working weighted average)*. En inventaire intermittent (tableau 23), le coût moyen pondéré est déterminé pour une période pendant laquelle toutes les sorties se feront au même prix. Il en résulte des différences dans l'évaluation des stocks de fin de période.

Tableau 22 – *Reed company (Perpetual inventory method), Inventory and cost of goods sold (item x), Weighted average method (en dollars)*

		Units	**Price**	**Total**	**Units**	**Price**	**Total**
Jan. 1	Inventory on hand	1,000	8.00	8,000			
Jan. 5	Purchases	10,000	8.50	85,000			
Jan. 10	Sales				5,000	8.45	42,250
Jan. 15	Purchases	7,000	8.25	57,750			
Jan. 22	Sales				8,000	8.35	66,800
Jan. 30	Sales				2,000	8.35	16,700
Jan. 31	Purchases	5,000	8.60	43,000	8,000	8.50	68,000
Jan. 31	Inventory ending						
		23,000		193,750	23,000		193,750

Cost of goods sold $ 125,750.

Tableau 23 – *Reed company (Periodic inventory method), Inventory and cost of goods sold (item x), Weighted average method (en dollars)*

		Units	Price	Total	Units	Price	Total
Jan. 1	Inventory on hand	1,000	8.00	8,000	5,000	8.423	
Jan. 5	Purchases	10,000	8.50	85,000	8,000	8.423	
Jan. 10	Sales				5,000	8.423	42,115
Jan. 15	Purchases	7,000	8.25	57,750			
Jan. 22	Sales				8,000	8.423	67,384
Jan. 30	Sales				2,000	8.423	16,846
Jan. 31	Purchases	5,000	8.60	43,000			
Jan. 31	Inventory ending				8,000	8.423	67,405
		23,000	8.423	193,750	23,000	8.423	193,750

Cost of goods sold $ 126,358.

En conclusion, l'utilisation de l'une des méthodes d'évaluation plutôt que l'autre entraîne des disparités entre le coût des marchandises vendues et la valeur du stock de fin de période (tableau 24) et donc sur le résultat.

Tableau 24 – *Reed company, Inventory and cost of goods sold (item x), Various cost flow assumption (en dollars)*

Cost flow assumption	Goods available for sales	Cost of goods sold	Ending inventory
First in, first out	193,750	126,000	67,750
Last in, first out			
– periodic system	193,750	126,250	67,500
– perpetual system	193,750	125,750	68,000
Unit lifo method			
weighted average method	193,750	126,635	67,115
– periodic system	193,750	126,358	67,392
– perpetual system	193,750	125,750	68,000

L'évaluation des flux selon la méthode du premier entré-premier sorti est plus proche de la réalité, c'est-à-dire, de la valorisation des flux au prix courant. En revanche, l'utilisation de la méthode du dernier entré-premier sorti sous-évalue les stocks au bilan, sous-évalue aussi le résultat, notamment lorsque l'inventaire est tenu selon le système de l'intermittence.

On s'explique ainsi les faveurs de l'utilisation de la méthode lifo par les entreprises, notamment en période d'inflation. L'administration fiscale américaine oblige les entreprises à valoriser dans leur bilan les stocks selon la méthode fifo [1]. En Grande-Bretagne, cette méthode ne peut être utilisée qu'exceptionnellement. De son côté, la SEC soucieuse d'informer au mieux les investisseurs oblige l'entreprise utilisatrice de cette méthode à chiffrer ses effets sur le résultat en annexe et à mentionner l'écart de valeur entre le prix courant et la valeur lifo retenue. En fait, c'est à l'entreprise de choisir la méthode la plus appropriée [2], celle qui fournit la meilleure approximation de la dépense contractée [3], les méthodes reconnues n'étant pas forcément susceptibles de répondre à cette exigence et notamment la méthode lifo. Sur tous ces points les normes anglaise et américaine sont en accord avec les normes internationales [4].

3.2. L'évaluation des stocks à l'arrêté des comptes

Jusqu'à l'inventaire, les stocks figurent en comptabilité au coût historique déterminé selon les diverses modalités précédemment décrites. Il se peut que parmi les stocks certains aient perdu de la valeur pour des raisons diverses : soit que le bien ait déjà servi lors d'une démonstration ou d'une exposition, soit qu'il ait été endommagé, soit qu'il soit devenu obsolète, soit que le prix sur le marché ait baissé.

Selon les principes généralement admis, les plus-values ne sont comptabilisées que lors de leur réalisation, en revanche, les moins-values constatées à l'inventaire mais non réalisées sont supportées par le résultat de la période au cours de laquelle la perte survient. Ce qui revient à dire, qu'à l'inventaire, le stock est évalué au plus bas des deux prix suivants ; le coût historique ou le prix du marché *(lower of cost or market rule, LCM rule)*. L'application de cette règle relève de l'application du principe de prudence. Il reste l'ambiguïté de la définition du terme prix du marché. S'agit-il du coût de remplacement ou du prix de vente ?

La valeur de réalisation est retenue lorsqu'elle est inférieure au coût de remplacement [5]. Aux États-Unis, cette valeur constitue la valeur plafond *(ceiling)*. La valeur plancher *(floor)* est la valeur plafond diminuée du bénéfice brut normal. Valoriser le stock au prix du marché suppose le respect des règles suivantes :

– le coût de remplacement est le prix du marché s'il est compris entre le plafond et le plancher,

1. US Treasury regulations, Section 1 472, 2 (e) (8).

2. SSAP 9, *Stocks and long term contracts* (revised September 1988) paragraphe 37… « the method chosen must be one which appears to the directors to be appropriate in the circumstances of the company ».

3. SSAP 9, paragraphe 38.

4. IAS 2, L'évaluation et la présentation des stocks. Dans le contexte du système du coût historique et IAS 11 – La comptabilisation des contrats de longue durée.

5. Position américaine. Voir *Accounting Research and Terminology bulletins*, final edition, chapitre 4, pp. 30-31. La valeur de réalisation est égale au prix de vente diminué des frais de vente et de mise en état de vente.

Position anglaise : SSAP 9, paragraphe 6…

– la valeur plafond est le prix du marché si le coût de remplacement lui est supérieur,

– la valeur plancher est le prix du marché si le coût de remplacement lui est inférieur.

La position anglaise est très voisine. La loi sur les sociétés prévoit la valorisation du stock à l'inventaire au plus bas des deux coûts suivants : le coût de remplacement ou la valeur réalisable nette.

En France, la valorisation des stocks à l'inventaire ne respecte pas les mêmes principes généraux. La valorisation à la valeur vénale (coût de remplacement ou valeur de réalisation nette) dépend de la nature du stock :

– pour les stocks destinés à être vendus, la valeur d'inventaire est la valeur de réalisation nette (stocks de produits finis et de marchandises et stocks en cours le plus souvent) [1] ;

– pour les matières premières, le plan comptable ne dit rien. On se réfère à la position de l'IASC [2] selon laquelle le stock peut être valorisé soit au coût de remplacement (prix d'achat sur le marché majoré des frais accessoires), soit à la valeur de réalisation nette. La règle LCM s'applique à chaque élément individuel du stock soit par groupe de stocks, soit au stock total.

Exemple 9 – Au 31 décembre de l'année N, la société Reed procède à l'inventaire de ses stocks de l'élément X. Prenons les hypothèses suivantes :

	H1	**H2**	**H3**
Prix de vente estimé	$ 15.0	15.0	15.0
Coût moyen pondéré	$ 8.5	8.5	8.5
Prix de vente net des frais de vente (plafond)	$ 10.0	10.0	10.0
Prix de vente net des frais de vente et de la marge bénéficiaire (plancher)	$ 7.0	7.0	7.0
Coût de remplacement	$ 8.0	11.0	6.0

Dans l'hypothèse 1, le coût de remplacement est compris entre le plancher et le plafond. Le stock est évalué à 8 dollars l'unité.

Dans l'hypothèse 2, le coût de remplacement de 11 dollars est supérieur à la valeur plafond. Le prix du marché est la valeur plafond 10.

Dans l'hypothèse 3, le coût de remplacement de 6 dollars est inférieur à la valeur plancher. Le prix du marché est la valeur plancher de 7 dollars.

Sur le plan fiscal, la méthode de la valorisation élément par élément s'applique. La diminution de la valeur du stock est enregistrée par la

1. Notamment les en-cours dans les contrats de travaux à long terme.
2. IAS 2, paragraphe 31.

constitution d'une provision pour dépréciation *(allowance for write down of inventories)*. La constitution de la provision entraîne l'ouverture d'un compte de provision pour dépréciation *(allowance for price decline in inventories)* qui est crédité du montant de la perte constatée. La contrepartie est enregistrée dans un compte de charge *(loss for price decline in inventories)* ou directement au compte de coût des marchandises vendues ; dans cette dernière éventualité, une note doit être mentionnée en annexe.

Exemple 10 – L'entreprise Reed constate à l'inventaire, le 31 décembre de l'année N, que le stock évalué au coût historique de 77 500 dollars a une valeur réalisable nette inférieure au coût de remplacement de 70 000 dollars.

L'écriture d'ajustement suivante s'impose :

December 31 year N		
Cost of goods sold or loss for price decline in inventories ($ 77,500 – $ 70,000)	7,500	
Allowance for price decline in inventories		7,500
To record the reduction in value of inventories caused by declining prices		

Au bilan, le stock figure au coût historique. La provision vient en diminution et met en évidence le stock à la valeur de réalisation.

CURRENT ASSETS	
Inventories (first in, first out)	$ 77,500
less : allowance for price decline in inventories	$ 7,500
Carrying amount	$ 70,000

Cette provision est fiscalement déductible aux États-Unis. Elle ne l'est pas en Grande-Bretagne depuis 1984 [1].

Lorsque les stocks sont vendus, la provision n'a plus d'objet. Elle est annulée au moment du transfert du stock de début de période dans le compte de résultat. Dans l'exemple, à la fin de l'année N + 1, le stock de début d'exercice est viré dans le compte de résultat et la provision est soldée.

December 31 year N + 1		
Income summary	70,000	
Allowance for price decline in inventories	7,500	
Inventories (beginning)		77,500
To close beginning inventories to income summary		

1. Finance Act 1984.

Les entreprises disposent d'un très grand choix de valorisation de leurs stocks, ce qui les oblige en contrepartie à expliciter en annexe les méthodes d'évaluation employées. Les travaux en cours générés par les contrats à long terme sont traités par les contrats spécifiques.

3.3. Les contrats à long terme **(construction type contracts)**

Le contrat à long terme est défini comme « un contrat portant sur la production d'un bien ou d'un ensemble de biens qui relève d'un projet unique » [1]. Ce type de contrat se caractérise par le fait que la date de démarrage des opérations et la date d'achèvement se situent dans deux exercices différents [2]. La durée supérieure à douze mois ne constitue pas un critère exclusif [3].

Ce type de contrat peut se présenter sous la forme :

– d'un contrat à forfait *(fixed price or lump – sum contract)* exécuté pour un prix déterminé,

– d'un contrat en régie *(cost type contracts)*, l'entrepreneur est alors remboursé des dépenses engagées et reçoit une rémunération *(fee)* sous forme d'une somme fixe ou d'un pourcentage du coût de l'ouvrage.

Compte tenu de la durée d'exécution de ces contrats, l'entrepreneur est conduit à adresser aux clients des facturations partielles ou situations *(progress billing)* avant l'envoi d'une facture définitive *(final billing)* lors de l'achèvement des travaux.

Des méthodes spécifiques de comptabilisation sont prévues pour enregistrer les différentes opérations auxquelles l'exécution de ces contrats donne lieu. Les deux méthodes préconisées sont la méthode du pourcentage de l'avancement des travaux *(percentage of completion method)* et la méthode de l'achèvement des travaux *(completed – contract method)*. Le choix de l'utilisation d'une méthode plutôt que l'autre dépend des circonstances [4]. La distinction essentielle réside dans la possibilité ou l'impossibilité de connaître le résultat sur le contrat avec une certitude raisonnable avant l'achèvement des travaux.

La méthode du pourcentage à l'avancement des travaux se fixe pour objectif de faire apparaître les produits au titre de l'exercice pendant lequel les travaux ont été exécutés. Ces produits sont fonction du degré d'avancement des travaux mesuré par le rapport des coûts engagés *(input measures)* [5] jusqu'à l'arrêté des comptes sur le coût total estimé pour la réalisation du contrat *(cost to cost method)*, ou par la constatation tech-

1. IAS 11, La comptabilisation des contrats de longue durée, paragraphes 2 et 3.
2. IAS 11, paragraphes 2 et 3.
3. SSAP 9, paragraphe 22.
4. FASB statement n° 56. *Designation of AICPA Guide... on contractor accounting...* as preferable, Stamford, 1982 p. 2.
5. Alignement sur l'IAS 11 paragraphe 43.

nique du travail achevé *(output measures)* d'une partie des travaux inclus dans le contrat *(units-of-work-performed method)* [1].

Cette méthode oblige à des ajustements des estimations du coût total au cours de l'exécution du contrat. Comme toute estimation, elle comporte des risques ; aussi le profit n'est comptabilisé qu'à partir du moment où le résultat du contrat peut être apprécié avec un degré de sécurité suffisante [2], ce qui suppose pour les contrats à forfait que le total des produits du contrat à prévoir puisse être estimé de façon fiable, que les coûts pour achever le contrat et le degré d'avancement à l'arrêté des comptes puissent être appréciés avec fiabilité [3].

La méthode de l'achèvement des travaux n'est utilisée que pour des contrats dont la durée d'exécution est inférieure à un an et dont l'exécution s'étale sur deux exercices comptables. L'estimation des coûts engagés ou des réalisations atteintes n'est pas raisonnablement possible, l'exécution des travaux est tributaire de changements obligeant à renégocier les conditions d'exécution du contrat, d'événements incertains qui ne relèvent pas de l'environnement normal de l'entreprise [4].

Enfin, notons que, sur le plan des principes comptables, la méthode du pourcentage de l'avancement des travaux est conforme aux principes de la spécialisation des exercices *(accrual basis principle).*

Le choix de l'une ou l'autre des méthodes de comptabilisation étant fait, elle s'applique à tous les contrats répondant aux mêmes critères. Tout changement dans le choix doit être notifié et justifié. Enfin, quelle que soit la méthode appliquée, toute perte constatée à l'arrêté des comptes doit être imputée à l'exercice. Un compte de dotations aux provisions pour pertes sur contrat non achevé est ouvert *(provision for loss on uncompleted contract)* ainsi qu'un compte de dépréciation sur stock *(estimated loss on uncompleted contract).*

Nous étudierons successivement les comptabilisations des contrats bénéficiaires et des contrats déficitaires.

3.3.1. La comptabilisation des contrats bénéficiaires (accounting for construction type contract : profit anticiped)

Un exemple facilitera la compréhension du processus.

> *Exemple 11* – La société de travaux publics John a plusieurs chantiers en cours. Le chantier A concerne la construction d'un four dont la durée d'exécution s'étale sur trois exercices comptables. Le prix estimé est de 1 200 000 dollars pour un coût de 900 000 dollars.

1. *Audit and accounting guide.* Construction contractors pp. 129-130.
2. SSAP 9, paragraph 29 and appendix 1 paragraphs 23-24-25.
3. Alignement sur l'IAS 11.
4. FASB statement n° 56, *op. cit.* p. 21.

Le calendrier de l'achèvement des travaux, des demandes d'acomptes sur l'exécution partielle des travaux adressées aux clients et des versements effectués par ceux-ci est le suivant :

(dollars)

	Année N	Année N + 1	Année N + 2
Coût des travaux achevés	150,000	650,000	123,000
Estimation des travaux restant à effectuer	750,000	110,000	0
Situations adressées aux clients	130,000	600,000	470,000
Acomptes versés par le client	100,000	500,000	550,000
Charges diverses d'exploitation	10,000	50,000	22,000

Pour l'estimation du degré d'avancement des travaux achevés, la méthode utilisée est celle du *cost to cost method.*

Étudions successivement la comptabilisation selon les méthodes du degré d'avancement et de l'achèvement des travaux.

3.3.1.1. La méthode du degré d'avancement des travaux

Le tableau 25 récapitule les éléments nécessaires.

Tableau 25 – *John company, Méthode de l'avancement des travaux, Prix de vente, coût du contrat, profit (dollars)*

		Année N	Année N + 1	Année N + 2
Prix de vente estimé	a	1,200,000	1,200,000	1,200,000
Coût cumulé des travaux achevés	b	150,000	800,000	923,000
Estimation du coût des travaux restant à réaliser		750,000	110,000	0
Estimation du coût total	c	900,000	910,000	923,000
Profit total estimé	d	300,000	290,000	277,000
% d'achèvement des travaux (b/c)	e	16.66	88	100
Chiffre d'affaires (CA) réalisé chaque année (a × e) – chiffre d'affaires de l'année ou des années précédentes		200,000	856,000	144,000
Coût correspondant au CA réalisé (c × e) – coût des années précédentes		150,000	650,800	122,200
Par année : résultat		60,000	205,200	21,800

La comptabilisation de ces différentes opérations s'effectue chaque année selon la chronologie suivante (tableau 26) :

Tableau 26 – *John construction company, Percentage of completion method (dollars)*

JOURNAL ENTRIES	Year N		Year N + 1		Year N + 2	
	D	C	D	C	D	C
Operating expenses	10,000		50,000		22,000	145,000
Cost of contracts in progress	150,000		650,000		123,000	
Material inventory, cash		160,000		700,000		
To record operating expenses and construction costs						
Accounts receivable	130,000		600,000		470,000	
Progress billings		130,000		600,000		470,000
To record billings on contract						
Cash	100,000		500,000		550,000	
Accounts receivable		100,000		500,000		550,000
To record collections from customer						
Cost of contract revenue	150,000		650,800		122,200	
Estimated earnings on contracts in progress	50,000		205,200		21,800	
Contract revenue		200,000		856,000		144,000
To record contract revenue estimated on the basis of cost incurred to total estimated cost						

• *Détermination du coût des encours (a)*

Le compte coût des encours *(cost of contracts in progress)* est débité des éléments de coûts directs et indirects suivants : matériaux, main-d'œuvre, amortissement du matériel, coût d'amenée et de repliement du matériel nécessaire au chantier ainsi que certains autres coûts (assurances, études de conception, frais généraux de fabrication). Sont exclus tous les frais qui, tout en se rattachant à l'activité des contrats à long terme, ne sont pas affectables à un contrat déterminé (frais généraux administratifs et de vente, frais financiers, frais de recherche et de développement-*operating expenses*). Ce compte est un compte d'actif circulant parce qu'il touche au cycle d'exploitation.

• *Envoi des facturations partielles aux clients* (progress billing) *(b)*

Ces facturations sont enregistrées dans un compte de bilan créditeur « Demande d'acompte sur travaux en cours » *(progress billing).* Il cumule les facturations successives adressées au client et sera totalisé à la fin du contrat.

- *Enregistrement des acomptes versés par les clients (c)*

- *Enregistrement du produit correspondant aux travaux achevés (d)*

Le produit est constaté dans le compte *contract revenue* pour le prix facturable au client. La contrepartie, coût des travaux facturés et profit estimé sont enregistrés respectivement dans le compte de charge *cost of contract revenue* et le compte de bilan *estimated earnings on contracts in progress.*

Ces différents enregistrements se traduisent dans les comptes de résultat et aux bilans des années N, N + 1, N + 2.

Comptes de résultat des années N, N + 1, N + 2 *(dollars)*

	Year N	**Year N + 1**	**Year N + 2**
Contract revenue	200,000	856,000	144,000
Less : cost of contract revenue	(150,000)	(650,800)	(122,200)
Gross profit	50,000	205,200	21,800

Bilans des années N, N + 1, N + 2 *(dollars)*

	Year N	**Year N + 1**	**Year N + 2**
CURRENT ASSETS			
Contract receivable	30,000	130,000	50,000
Costs and estimated earnings in excess of billings on uncompleted contract (note)	70,000	325,200	

Note : costs, estimated earnings and billings on uncompleted contracts.

Costs incurred on uncompleted contract	150,000	800,000
Estimated earnings	50,000	255,200
Subtotal	200,000	1,055,200
Less : billings to date	(130,000)	(730,000)
Costs and estimated earnings in excess of billings on uncompleted contract	70,000	325,200

– À la fin du contrat, lors de la réception des travaux, les stocks, les profits estimés et les travaux en cours facturés sont soldés. Seul demeure le solde de la créance sur le compte client.

Il peut se faire que le compte de facturation des travaux en cours excède le montant du coût des travaux en cours et du profit estimé sur ces travaux. Cet excédent constitue une dette jugée à court terme.

End of year N + 2		
Progress billings	1,200,000	
Cost of contract in progress		923,000
Estimated earnings on contract in progress		277,000
To record approval of project by customer		

3.3.1.2. La méthode de l'achèvement des travaux

Il faut rappeler que l'utilisation de cette méthode est subordonnée au respect d'un certain nombre de critères. En imaginant qu'elle puisse s'appliquer à la société John, le produit est enregistré au moment de l'achèvement des travaux, c'est-à-dire l'année N + 2. Au cours des années d'exécution du contrat, l'enregistrement du coût des encours, de l'envoi des facturations partielles aux clients, des acomptes versés par les clients sont identiques à ceux pratiqués dans la méthode du pourcentage d'avancement des travaux.

À la fin des travaux, le compte facturation des travaux en cours *(progress billing)* est soldé par le crédit du compte de produit *(contract revenue)*. Le compte de coût du contrat vendu *(cost of contract revenue)* est débité par le crédit du compte coût des travaux en cours *(cost of contract in progress)*. Dans le cas présent, au cours de l'année N + 2, au moment de la réception des travaux, l'écriture suivante est enregistrée :

Year N + 2		
Progress billings	1,200,000	
Cost of contract revenue	923,000	
Contract revenue		1,200,000
Cost of contract in progress		923,000
To record contract revenue		
and construction completion of project		

Ces écritures ont des incidences au niveau du compte de résultat de l'année N + 2 et du bilan des années N, N + 1, N + 2 :

Compte de résultat de l'année N + 2

Contract revenue	$ 1,200,000
Less : cost of contract completed	923,000
Gross profit	$ 277,000
Operating expense	(22,000)
Income before income taxes	$ 255,000

Bilans des années N, N + 1, N + 2 *(dollars)*

	Year N	Year N + 1	Year N + 2
CURRENT ASSETS			
Contract receivable	30,000	130,000	50,000
Costs in excess of billings on uncompleted contract (note)	20,000	70,000	0
Note :			
costs of contract in progress	150,000	800,000	
less : billings to date	(130,000)	(730,000)	
Cost in excess of billings on uncompleted contract	20,000	70,000	

3.3.2. La comptabilisation des contrats déficitaires
(accounting for construction type contracts : loss anticiped)

Leur comptabilisation ne pose pas de gros problèmes sinon qu'il y a lieu de comptabiliser la perte dans le compte de résultat au fur et à mesure de l'avancement des travaux quelle que soit la méthode comptable retenue.

Exemple 12 – La société John a signé avec un établissement public, un contrat (dont les caractéristiques permettent de l'inclure dans la catégorie des contrats à long terme) pour la construction d'un établissement scolaire. La première tranche de travaux a été négociée sur la base d'un prix de 600 000 dollars pour un coût estimé de 550 000 dollars. L'exécution du contrat s'étalera sur deux exercices comptables.

À la fin du premier exercice, les travaux exécutés sont évalués au coût de 200 000 dollars, ce qui, compte tenu de l'avancement des travaux, correspond bien au tiers des travaux. Le coût des travaux restant à exécuter est de 450 000 dollars. Les travaux facturés aux clients s'élèvent à 130 000 dollars.

À la fin de l'exercice N, quelle que soit la méthode de comptabilisation retenue, la perte prévisible de 50 000 dollars ($ 200,000 + $ 450,000 – $ 600,000) doit faire l'objet de la constitution d'une provision pour perte prévisible en débitant un compte de dotation aux provisions *(provision for loss on uncompleted contract)* par le crédit d'un compte de provisions *(estimated loss on uncompleted contract)* qui vient en diminution du stock des encours :

End of year 1		
Provision for loss on uncompleted contract	50,000	
Estimated loss on uncompleted contract		50,000
To provide for estimated loss on building contract		

– au niveau du compte de résultat, l'incidence varie selon la méthode de comptabilisation choisie :

a) Méthode du pourcentage d'avancement des travaux

Le chiffre d'affaires réalisé, 200 000 dollars, et la perte possible provisionnée, 50 000 dollars, apparaissent dans le compte de résultat ;

Contract revenue	$ 200,000
Less : cost of contract revenue	(200,000)
Less : provision for loss on uncompleted contract	(50,000)
Operating income before income tax	$ (50,000)

b) Méthode de l'achèvement des travaux

À la fin de l'exercice N, seule la dotation aux provisions apparaît au compte de résultat. Une perte supplémentaire de 25 000 dollars figure dans le compte de résultat de l'année N + 1 dans les deux méthodes. Au niveau des bilans, dans les deux méthodes, à la fin du premier exercice, le compte de provisions vient en diminution du stock des travaux en cours.

(dollars)

	End of year N	**End of year N+ 1**
Costs of contract in progress	200,000	0
Less : estimated loss on uncompleted contract	(50,000)	0
Less : progress billings	(130,000)	0

En conclusion, rappelons que dans les pays anglo-saxons, la méthode de comptabilisation des contrats à long terme à l'achèvement des travaux est d'un usage peu fréquent sinon exceptionnel. Le choix de la méthode utilisée doit être mentionné en annexe dans le résumé des principes comptables significatifs [1]. La SEC [2], de son côté, exige la publication d'informations pour tous les contrats dont la durée d'exécution excède douze mois. Les informations communiquées concernent le coût des stocks, les éléments entrant dans ce coût, le montant des demandes d'acomptes et toutes les hypothèses retenues pour le calcul du coût des travaux en cours.

Les actifs circulants sont des flux positifs potentiels de trésorerie qui seront libérés dans un avenir proche. Ils sont compensés dans l'immédiat par des flux négatifs potentiels de trésorerie certains ou moins certains : les dettes à court terme et les pertes éventuelles.

1. APB opinion n° 22, *Disclosure of accounting policies.* AICPA, New York, 1972, p. 436.
2. Regulation S-X Rule – 5-02-6- (d), Securities and exchange commission, Washington, 1984.

4. Les dettes à court terme et les pertes éventuelles *(Current liabilities, creditors and contingencies, provisions for liabilities and charges)*

Les dettes à court terme sont définies comme des sacrifices économiques futurs émanant de l'obligation de transférer des actifs ou de fournir des services à des tiers dans le futur [1]. Les dettes sont de deux natures :

– Les unes sont définitivement certaines tant par leur montant que par leur échéance, ce sont les *liabilities*. Elles représentent les flux de sortie de trésorerie à venir qui résultent de transactions ou d'événements passés et qui peuvent être mesurés avec une exactitude raisonnable.

– Les autres sont simplement éventuelles. La norme IAS 37 [2], qui annule et remplace la partie relative aux éventualités de la norme IAS 10 [3], (Éventualités et événements survenant après la date de clôture), définit les concepts de provisions, de passifs éventuels, d'actifs éventuels et fixe les conditions générales de constitution des provisions. Sur ce point une provision ne peut être comptabilisée que si et seulement si : l'entreprise, à la date de clôture, a une obligation actuelle résultant d'un événement passé, qu'il est plus probable qu'improbable qu'une sortie de ressources représentatives d'avantages économiques sera nécessaire pour éteindre cette obligation et que le montant de l'obligation peut être estimé de manière fiable. De telles situations sont traduites dans les états financiers par des provisions, conformément au principe comptable de la spécialisation des exercices *(accrual basis).*

Nous étudierons successivement ces deux catégories de dettes.

4.1. *Les dettes à court terme* (liabilities)

Il y a dette si une obligation existe et si la date de son dénouement est connue avec une certitude raisonnable. En théorie, la mesure de la dette au moment où elle est contractée est la valeur actuelle du flux de trésorerie futurs attendus [4]. Le plus souvent, lorsqu'elles sont à court terme, elles sont enregistrées à leur valeur nominale en raison du court délai qui s'écoule entre la naissance de la dette et son échéance. Entrent sous cette rubrique :

– toutes les dettes échéant à moins d'un an ou à plus d'un an et liées au cycle d'exploitation,

---

1. Définition énoncée dans le cadre conceptuel américain.

2. « IAS 37, Provisions, passifs et actifs éventuels *(Provisions, contingent liabilities and contingent assets)* », juillet 1998, *Bulletin Comptable et Financier,* décembre 2000, p. 24.

3. IAS 10, Éventualités et événements survenant après la date de clôture de l'exercice *(Contingencies and events occuring after the balance sheet),* juin 1978.

4. Voir chapitre 3 : « Les actifs durables et leur financement par l'endettement ».

– les dettes financières échéant à moins d'un an, à savoir la fraction des emprunts à plus d'un an échéant à moins d'un an *(payable within one year)* et les autres dettes.

4.1.1. Les dettes liées au cycle d'exploitation

Ce sont les dettes fournisseurs *(payables)* et les effets à payer *(promissory notes)*, les dettes à l'égard des différents organismes sociaux et fiscaux, enfin les avances clients *(cash advances from customers)*.

4.1.1.1. Les dettes fournisseurs *(payables-creditors)*

Les dettes peuvent être enregistrées à la valeur nominale *(face amount)* ou à la valeur nette des escomptes *(net of purchases discounts)*.

Suivant la méthode retenue, les enregistrements de factures diffèrent. Dans l'hypothèse d'un enregistrement de factures à la valeur nominale, l'escompte n'est comptabilisé que lors des paiements au crédit d'un compte escompte sur achats *(purchases discounts)*. Si à la clôture de l'exercice certains fournisseurs impayés sont susceptibles de l'être dans les délais d'octroi d'escompte, le produit à recevoir *(allowance for purchases discounts)* sera débité du montant de l'escompte à recevoir.

Exemple 13 – La société Levy a reçu au cours de l'année N des factures fournisseurs de 800 000 dollars revêtues de la mention 2/10, n/30. Au cours de l'année 500 000 dollars ont été payés dans les délais d'octroi d'escompte et 80 000 dollars au-delà. À la fin de l'année N, 10 % des factures impayées le seront au-delà des délais d'octroi d'escompte. Les écritures suivantes ont été enregistrées :

– la comptabilisation des facturations à la valeur nominale au cours de l'année :

Year N		
Purchases	800,000	
Trade accounts payable		800,000
To record purchases of the year		

– la comptabilisation des paiements effectués aux fournisseurs :

Year N		
Trade accounts payable	580,000	
Cash ($ 500,000 × 0,98 + $ 80,000)		570,000
Purchases discounts ($ 500,000 × 0,02)		10,000
To record payments		

– la comptabilisation du produit à recevoir à la clôture de l'exercice :

December 31 year N		
Allowance for purchases discounts	3,960	
Purchases discounts ($ 220,000 × 0,9 × 0,02)		3,960
To record allowance for purchases discounts		

Au bilan, au 31 décembre de l'année N, le compte fournisseurs se présente ainsi :

Trade accounts payable	$ 220,000
Less : allowance for purchases discounts	(3,960)
Carrying amount	$ 216,040

Dans l'hypothèse d'un enregistrement des factures à la valeur nette de l'escompte, tout paiement effectué hors du délai d'octroi de l'escompte est considéré comme une perte comptabilisée au débit d'un compte de perte d'escompte sur achat *(purchase discounts lost).*

Reprenons l'exemple précédent. L'enregistrement des opérations successives serait le suivant :

– la comptabilisation des factures à la valeur nette :

Year N		
Purchases discounts ($ 800,000 × 0,98)	784,000	
Trade accounts payable		784,000
To record purchases		

– la comptabilisation des paiements effectués aux fournisseurs pendant l'année N :

Year N		
Trade accounts payable	568,400	
Purchases discounts lost ($ 80,000 × 0,02)	1,600	
Cash		570,000
To record payments		

– le redressement du compte fournisseur pour les paiements qui seront effectués hors des délais :

December 31 year N		
Purchases discounts lost ($ 22,000 × 0,02)	440	
Trade accounts payable		440
To record purchases discount lost		

Au bilan, le compte fournisseurs présente le solde de 216 040 dollars. Le traitement comptable des effets est un peu différent.

4.1.1.2. Les effets à payer *(promissory notes-overdrafts)*

Comme les effets à recevoir, ils sont comptabilisés soit à leur valeur nominale, soit à leur valeur nette comptable. Les principes comptables généralement acceptés sont là aussi favorables à un enregistrement à la valeur nominale. Certains praticiens estiment que cette solution surestime la dette au moment où elle est contractée et le compte d'actif, et qu'il y a lieu de procéder à un enregistrement à la valeur actuelle. La procédure dite d'intérêt non porté *(non interest bearing)* consiste à enregistrer la valeur nominale de l'effet dans le compte effets à payer *(note payable)* et à faire immédiatement apparaître au débit d'un compte d'intérêts *(discount on note payable)* le montant de l'intérêt contenu dans l'effet. La charge d'intérêt comptabilisée périodiquement s'ajuste à la valeur actuelle qui, à l'échéance, égalise la valeur nominale de l'effet.

Exemple 14 – La société Elan souscrit un billet à ordre de 120 000 dollars échéant le 31 décembre de l'année N en contrepartie de l'acquisition d'un équipement le 1er avril de la même année. Le taux d'intérêt est de 15 % et la charge d'intérêts est comptabilisée tous les trimestres. La valeur du billet à ordre au 1er avril est de 107,452.60 dollars [1] et les charges d'intérêts successives à la fin de chaque trimestre sont de :
– fin du 1er trimestre : 4,029.47 dollars ($ 107,452.60 × 0.0375),
– fin du 2e trimestre : 4,180.57 dollars ($ 111,482.53 × 0.0375),
– fin du 3e trimestre : 4,337.36 dollars ($ 115,662.64 × 0.0375).

Progressivement, la charge d'intérêt augmente la valeur nette comptable de l'effet jusqu'à ce qu'à l'échéance l'effet retrouve sa valeur de 120 000 dollars. Lors de la souscription du billet, le billet entre dans la comptabilité à la valeur nominale qui représente la dette dans un compte d'effets à payer, le bien entré *(notes payable)* à la valeur actuelle et l'escompte est enregistré dans un compte d'attente débiteur, escompte sur effet à payer *(discount on note payable)*. Le traitement comptable des opérations précédentes est le suivant :

– l'enregistrement de la création de l'effet et de l'acquisition de l'équipement :

April 1 year N		
Office equipment	107,452.6	
Discounts on notes payable	12,547.4	
Notes payables		120,000.0
To record issuance of a one-year on an interest bearing promissory note. The current fair rate of interest on the note is 15 %, compounded quarterly		

1. [$ 120,000 × $(1,0375)^{-3}$].

– l'enregistrement de la charge d'intérêt :

June 30 year N		
Interest expense	4,029.47	
Discount on note payable		4,029.47
To record interest expense for three months		
($ 107,452.60 × 1,15 × 1/4)		

La même écriture est passée au 30 septembre. Imaginons que la clôture de l'exercice soit à cette date. Au bilan le compte effets à payer se présente ainsi :

– Notes payable	120,000.00
less : discount on note payable	4,337.36
Carrying amount	115,662.64

4.1.1.3. Les autres dettes d'exploitation *(other operating liabilites)*

Sont regroupées sous ce vocable les dettes relatives aux salaires : à savoir les cotisations dues aux organismes sociaux *(social security taxes)* à l'État ou au gouvernement fédéral *(income tax)* et retenues à la source *(withhold)* par l'entreprise : les cotisations à la charge de l'entreprise dues aux mêmes organismes ainsi qu'aux organismes chargés de couvrir le chômage *(federal or state unemployment tax)*, les obligations de l'entreprise en matière de congés payés *(vocation pay)*, les prestations à verser à des salariés dans l'hypothèse d'une mise à la retraite anticipée. En raison du moindre degré d'incertitude qui pèse sur ces deux postes on est à la limite des dettes.

Les créances clients *(advances from customers-payments received on accounts)* sont des dettes à court terme jusqu'au moment de la livraison, c'est-à-dire de la vente et sous réserve qu'elles soient réalisées avant un an. Au-delà, ce sont des dettes à long terme. Sous la rubrique des dettes à court terme entrent également des dettes financières.

4.1.2. Les dettes financières

Elles peuvent correspondre à la fraction de la dette à long terme contractée sous forme d'un emprunt *(borrowing-debenture loans)* et échéant à moins d'un an ou être tout simplement des dettes d'emprunt à court terme. Parfois, les dettes à court terme font l'objet d'un refinancement *(refinancing)* par un emprunt à long terme. La norme FAS 6 [1] énonce que les obligations financières à court terme sont ainsi classées à moins que l'entreprise manifeste l'intention de refinancer la dette sur une base de

1. FASB statement n° 6, *Classification of short-term obligations expected to be refinanced…*, FASB, Stamford, 1975.

long terme et peut démontrer la capacité à mettre à exécution le refinancement [1]. Enfin, il existe d'autres dettes à court terme qu'il est difficile de classer dans les rubriques précédentes.

4.1.3. Les autres dettes

Il s'agit des dividendes à payer en espèces et des charges à payer.

Les dividendes à payer en espèces *(cash dividends)* sont des dettes à court terme parce qu'il s'écoule peu de temps entre le moment où la décision de distribuer est prise et le moment où ils sont payés. Les arriérés de dividendes sur des actions privilégiées ne sont pas comptabilisées en dettes jusqu'à ce qu'ils soient déclarés. Ils sont donc indiqués en annexe. Quant aux dividendes payés en action *(stock dividends)*, ils ne constituent pas des dettes à court terme parce qu'ils ne donnent pas lieu à des sorties de fonds, ils sont inclus dans les capitaux propres.

Les charges à payer *(other accrued liabilities-accrued and deferred income)* résultent d'engagements ou d'obligations légales (notamment fiscales).

Au bilan, les dettes respectent un certain ordre. Dans les bilans américains, les postes sont classés selon l'ordre décroissant de leur montant. Les taux d'emprunt ainsi que le détail de la valeur nette des effets (valeur nominale et intérêts des effets) sont expressément mentionnés.

CURRENT LIABILITIES	
– Notes payable to banks (interest rate 13 %)	$ 600,000
– Notes payable to trade creditors (interest rate, 15 %, face amount $ 475,000, less discount $ 30,000)	$ 445,000
– Trade accounts payable	$ 325,200
– Current maturities of long term	$ 150,500
– Income taxes payable	$ 112,500
– Dividends payable	$ 25,000
– Advances from customers	$ 16,000
– Other accrued liabilities	$ 12,900
	$ 1,687,100

Dans les bilans anglais un classement selon la nature des dettes est adopté : dettes financières *(debenture loans)*, dettes commerciales *(overdraft-trade creditors)* et les autres dettes.

Toutes les dettes précédemment étudiées se caractérisent par leur certitude à la fois pour leur montant et pour leur échéance. Ce n'est pas le cas des dettes dites éventuelles.

1. Refinancer signifie remplacer l'endettement à court terme avec soit du long terme, soit des actions, soit renouveler, éteindre, remplacer l'endettement à court terme par un autre endettement à court terme pour une durée supérieure à un an ou au-delà de la durée du cycle d'exploitation.

4.2. Les dettes éventuelles (contingencies)

La définition, le traitement comptable et l'évaluation des dettes éventuelles sont précisées dans la norme FAS 5 [1]. Cette norme ancienne a déjà fait l'objet d'adaptations [2] sur des points précis avant une modification possible, dans le cadre de l'harmonisation internationale des comptabilités, modification non encore annoncée malgré la publication de la norme internationale IAS 37 [3]. En l'an 2000, la France a présenté de nouvelles règles sur les provisions dont on peut dire qu'elles s'inspirent de celles contenues dans la norme internationale [4].

Dans la FAS 5, l'éventualité est une situation existante à la date de clôture, entourées d'incertitudes concernant un gain possible *(gain contingency)* ou une perte possible *(loss contingency)* pour une entreprise sur des événements futurs. La situation se dénoue lorsque les événements se produisent ou ne se produisent pas [5]. Un degré de vraisemblance dans leur survenance existe. La vraisemblance, qui confirme la perte, peut être probable *(probable)*, raisonnablement proche *(possible)* ou au contraire éloignée *(remote)*. La prise en compte de la situation dans les états financiers dépend du degré de vraisemblance de l'événement. La résolution d'incertitude entourant un gain éventuel se traduit dans l'acquisition d'un actif ou dans la réduction d'une dette, inversement celle touchant une perte éventuelle se traduit par la réduction d'un actif ou une augmentation d'un pas-

1. FASB statement n° 5, *Accounting for contingencies,* 1975.

2. Citons les précisions sur les provisions pour restructuration, EITF 94-3 ; les provisions pour restructuration dans le cadre des regroupements d'entreprises, EITF 95-3.

3. IAS 37, Provisions, passifs éventuels et actifs éventuels, *(Provisions, contingent liabilities and contingent assets)* – FRS 12, *Provisions, contingent liabilities and contingent assets,* septembre 1998 ; cette norme est très proche de la norme IAS 37.

4. CNC, avis 00-01 du 20 avril 2000 adopté par le CRC le 7 décembre 2000 et homologué par un arrêté modifiant le plan comptable général, publié au JO du 19 janvier 2001. Le champ d'application du nouveau règlement est moins important que celui de l'IAS 37. Il ne concerne que les **provisions pour risques et charges** alors que celui de l'IAS 37 porte sur les provisions, les actifs et les passifs éventuels. Le nouveau règlement fixe les règles nouvelles concernant le nouveau fait générateur : c'est **l'obligation de l'entité à l'égard d'un tiers** dont il est probable ou certain qu'elle provoquera une sortie de ressources au bénéfice de ce tiers, **sans contrepartie** au moins équivalente attendue de celui-ci après la date de clôture ; cette obligation juridique ou implicite doit être constatée à la clôture de l'exercice à l'égard de n'importe quel tiers. La constatation de cette obligation ne peut donner lieu à la constitution d'une provision que, si à l'arrêté des comptes, il est probable que cette obligation provoquera une sortie de ressources au bénéfice de tiers sans contrepartie équivalente attendue de ceux-ci. Elle précise les nouveaux montants à provisionner, les nouveaux comptes à utiliser ainsi que les informations à fournir en annexe. *Bulletin Comptable et Financier,* janvier-février 2001 p. 16 et s.

5. Une estimation d'amortissement ne donne pas naissance à une éventualité car la durée de vie d'un bien est connue.

sif. Le principe de prudence conduit à ne retenir dans les états financiers que les pertes potentielles *(loss contingencies).*

Pour être comptabilisée dans le compte de résultat, c'est-à-dire donner lieu à la constitution d'une provision, la perte potentielle doit remplir les conditions suivantes [1] : l'information disponible au moment de l'arrêté des états financiers rend probable la réalisation de l'événement (amoindrissement d'un élément d'actif ou augmentation du passif) et le montant de la perte peut être raisonnablement estimé. Si l'une des conditions n'est pas remplie, la provision ne peut pas être constituée, en revanche il y a lieu de mettre en notes, dans les documents financiers, l'information concernant le risque, notamment la nature du risque et son montant estimé, sous réserve que sa réalisation soit au moins raisonnablement possible. Enfin il peut se faire qu'à l'arrêté des comptes la situation soit telle qu'elle laisse augurer d'un profit éventuel. Aucune provision n'est à constituer, en revanche, l'information doit être reportée en note si sa réalisation est probable ou raisonnablement possible.

Le FASB donne la liste des pertes probables :

– le recouvrement des créances *(collectivity of receivables),*

– la garantie donnée aux clients *(obligations related to product warrantees),*

– le risque d'incendie par explosion *(risk of loss or damage to property by fire),*

– le risque d'expropriation d'un actif *(threat of expropriation of assets),*

– le risque pour litiges *(pending or threatened litigation),*

– le risque d'insolvabilité de tiers cautionnés *(guarantees of indebtedness of others),*

– billets à ordre escomptés, non échus *(agreements to reacquire receivables or other assets that have been sold).*

Les conditions étant réalisées, la constitution de la provision est enregistrée au débit d'un compte de pertes *(loss, amounts written-off current assets or investments)* et au crédit d'un compte d'estimation de [2] dettes *(estimated liability-provision for liabilities and charges)*, utilisée pour décrire l'existence d'une obligation qui est incertaine quant à son montant et à sa date de réalisation. Pour couvrir des dépréciations que des événements en cours rendent probables, le compte de contrepartie du compte charges est un contra-account du compte d'actif concerné.

> *Exemple 15* – Au début de l'année N, la provision pour garantie donnée aux clients s'élève à 80 000 dollars. Au cours de l'année N, l'entreprise dépense 20 000 dollars au titre de cette garantie. Le chiffre d'affaires de l'année s'élève à 4 200 000 dollars. La garantie est évaluée à 2 % du chiffre d'affaires.

1. FAS 5, IAS 37, FRS 12.
2. À l'exception des comptes de provisions pour retraités *(pension and similar obligation)* et pour impôts *(taxation including deferred taxation).*

La charge de la garantie est comptabilisée dans le compte charges pour garantie donnée aux clients *(product warrant by expense)* qui est débité par le crédit du compte de provision pour garantie *(liability under product warranty).* Le compte sera débité des dépenses engagées à la suite des réclamations effectuées par les clients *(servicing customers claims).*

Les écritures illustrant ces différentes opérations sont les suivantes :

– l'engagement des dépenses au titre de la garantie accordée aux clients :

Year N		
Liability under product warranty	20,000	
Cash		20,000
To record costs of servicing customer claims		

– l'enregistrement de la charge correspondant au complément de provisions à constituer soit 24 000 dollars [1] :

December 31 year N		
Product warranty expense	24,000	
Liability under product warranty		24,000
To record estimated liability under product warranty		

Le compte *liability under product warranty* se présente ainsi :

Liability under product warranty

N –	20,000	01/02/N	80,000
Balance 12/31/N	84,000	12/31/N	24,000
	104,000		104,000

Si l'une des conditions n'est pas remplie, la comptabilisation de la charge n'est pas requise. En revanche, une information doit être donnée en note aux états financiers concernant la nature de l'éventualité, les incertitudes qui sont susceptibles d'affecter le résultat final et l'estimation prudente des effets financiers appréciées au moment de l'arrêté des comptes.

Le tableau 27 résume les obligations comptables générées par les pertes potentielles [2].

Dans beaucoup d'entreprises, des engagements *(commitments)* sont pris, dont il résultera des dettes importantes dans le futur proche. Certains sont normaux dans leur montant et ne demandent aucune information complémentaire. D'autres sont inhabituels par leur nature et par leur

1. (\$ 4 200 000 × 0,02) – (\$ 80 000 – \$ 20 000).
2. FASB, statement n° 5.

Tableau 27 – *Situation des pertes potentielles*

Probabilité que l'éventualité existe	**Montant de la perte peut être raisonnablement estimé**	**Montant de la perte ne peut pas être raisonnablement estimé**
– Probable (probable)	Constitution d'une provision	Pas de provision mais mention portée en note dans les états financiers
– Raisonnablement probable (possible)	Pas de provision, mais mention portée en note dans les états financiers	Idem
– Éloignée (remote)	Pas de provision. Mention possible en note mais non exigée	Pas de provision Mention possible en note mais non exigée

montant, tel l'achat de gros matériels, de terrains, etc. Les normes exigent que des informations concernant leur nature et leur montant soient mentionnées en annexe.

Après avoir étudié l'enregistrement de toutes les opérations relevant de l'activité d'exploitation, nous consacrerons le chapitre suivant aux actifs durables et à leur financement.

Chapitre 3

LES ACTIFS DURABLES ET LEUR FINANCEMENT PAR L'ENDETTEMENT *(FIXED ASSETS AND FINANCING BY DEBTS)*

Les actifs durables et l'endettement à terme soulèvent un certain nombre de questions quant à leur traitement comptable. Pour les actifs, elles touchent à la valorisation lors de leur entrée dans l'actif, au traitement du gain réalisé ou de la perte subie lors de leur sortie. Pour les dettes à long terme, les difficultés naissent des différences constatées entre les sommes encaissées et le nominal de l'emprunt. Enfin, la gestion de ces éléments (procédures d'amortissements, paiement des intérêts) a des impacts significatifs sur le résultat de la société.

Les actifs durables dénommés actifs immobilisés sont des biens dont l'acquisition repose sur un critère de durabilité. Ils constituent des avantages économiques futurs dont l'entreprise obtiendra le bénéfice dans l'avenir [1]. Les actifs immobilisés regroupent :

– les immobilisations incorporelles *(intangible assets)*. Ce sont des actifs qui concourent à la réalisation de profits mais qui n'ont pas de subs-

1. Le cadre conceptuel américain *(Conceptual Framework)* définit ainsi les actifs dans la directive n° 3, *Statement of financial accounting concept n° 3. Elements of financial statements of business enterprise.* Cette définition figure aussi dans le cadre conceptuel de préparation et de présentation des États financiers de l'IASC *(Framework for the presentation of financial statements)* : « Un actif est une ressource controlée par l'entreprise, provenant d'événements passés et dont on attend des avantages économiques futurs au bénéfice de l'entreprise » (§ 49). On remarquera que dans cette définition aucune référence au droit de propriété et à l'existence physique n'est retenue. La Grande-Bretagne adopte la même définition, FRS 15, Actifs immobilisés corporels *(Tangible fixed assets)*, février 1999.

tance future. Une des difficultés des immobilisations incorporelles réside dans leur identification (section 1) ;

– les immobilisations corporelles *(tangible assets)*. Elles sont acquises par l'entreprise pour les besoins de son exploitation. La durée d'utilisation est envisagée pour la production de biens et de services durant plusieurs années. En sont exclus les actifs corporels acquis à des fins de placement. Ils sont classés sous la rubrique des immobilisations financières (section 2) ;

– les immobilisations financières. Outre les immobilisations corporelles acquises à des fins de placement, les entreprises acquièrent des actifs financiers sous forme d'actions *(stocks)*, afin de créer des liens d'affaires étroits et des règles durables avec d'autres sociétés *(termed investees)*, d'obligations *(bonds)*, de titres garantis *(mortgage notes)*, etc. (section 3).

Ces actifs sont en partie financés par des emprunts obligataires (section 4).

1. Les immobilisations incorporelles *(Intangible assets)*

La difficulté d'établir une relation entre les résultats attendus au cours des exercices à venir et l'imputation à ces mêmes exercices des coûts correspondants de l'élément utilisé ne facilitent pas l'enregistrement de certaines dépenses dans les actifs. Cette imputation est particulièrement difficile lorsque l'élément n'est pas défini. C'est la situation des immobilisations incorporelles en France qui ne sont définies que par défaut [1]. Les Anglo-Saxons ont précisément pallié ce manque ainsi que l'IASC [2].

Selon les organismes de normalisation, les immobilisations incorporelles sont définies comme étant des actifs non monétaires identifiables, sans substance physique qui, comme les immobilisations corporelles, sont détenues par une entreprise pour être utilisées à la production ou à la fourniture de biens ou de services et qui sont utilisées pendant plus d'une

---

1. Selon l'ancien plan comptable, les immobilisations incorporelles étaient les immobilisations autres que les immobilisations corporelles et financières ; le nouveau plan comptable ne les définit pas non plus, mais en cite un certain nombre dans le plan des comptes art. 432-1 et art. 442/20.

2. Leur traitement comptable est régi :

– aux États-Unis par la norme FAS 142 [*FASB, statement n° 142, Goodwill and other intangible assets,* June 2001] ; cette norme ne modifie rien au contenu des normes FAS 2, 19, 44, 50, 61, 63, 71, 72, 86, 109, 140, et au FASB interpretation n° 4 ;

– au Royaume-Uni par la norme FRS 10 [FRS 10, Goodwill et autres actifs incorporels *(Goodwill and other intangible assets)*, décembre 1997] ;

– et sur le plan international par les normes IAS 36 et 38 [IAS 36, Dépréciation des actifs *(Impairment of assets)*, IAS 38 Immobilisations incorporelles *(Intangible assets)*]. Elles concernent tous les actifs à l'exception de ceux qui font l'objet d'une norme spécifique (IAS 2, 11, 12, 19, 32).

période comptable. La doctrine tend à comptabiliser en immobilisations incorporelles les éléments suivants :

– d'une part, les dépenses identifiables : les brevets *(patents)*, les droits d'auteurs *(copyrights)*, les baux commerciaux *(leaseholds)*, les licences *(licences)*, les franchises *(franchises)*, les marques commerciales *(trade marks)* et les dépenses de recherche et de développement *(research and development costs)* pour lesquelles des règles très précises doivent être respectées [1] ;

– d'autre part, les dépenses non identifiables : la survaleur *(goodwill)*.

1.1. Les actifs incorporels identifiables (identifiable intangible assets)

Nous distinguerons d'une part tous les actifs incorporels identifiables, et d'autre part les frais de recherche et de développement.

La norme FAS 142 concerne toutes les acquisitions d'actifs incorporels, acquis individuellement ou lors d'une acquisition d'un ensemble d'actifs, à l'exception des opérations de regroupements d'entreprise. Ces actifs sont comptabilisés dans les immobilisations, à leur juste valeur, c'est-à-dire au prix d'acquisition [2]. En revanche, les actifs incorporels développés en interne (brevets, marques commerciales) sont imputés sur les charges de l'exercice.

La durée de vie d'un actif incorporel était autrefois fixée par l'APB opinion 17 à 40 ans, La durée de la période d'amortissement a soulevé de longs débats d'autant plus que la FRS 10 et l'IAS 38 penchent pour une durée maximum de 20 ans, même si la FRS 10 autorise une durée plus longue lorsque l'entreprise est capable de le justifier. La norme FAS 142 a tranché et distingue les actifs incorporels dont la durée de vie utile *(useful life)* est définie, des actifs dont la durée de vie utile ne l'est pas. La durée de vie utile d'un actif incorporel d'une entité est la période pendant laquelle cet actif contribue directement à la production des cash flows

1. Les frais d'établissement ou frais de démarrage ne figurent pas dans cette liste car contrairement à la France ces frais sont comptabilisés en charges *(SOP 98-5 Reporting on the costs of start-up Activities). Bulletin Comptable et Financier,* janvier 1999, p. 42. IAS 38 adopte la même solution.

2. IAS 38. La norme définit les critères d'immobilisation : une élément incorporel est immobilisé si, et seulement si, il est probable que les avantages futurs attribuables à l'élément iront à l'entreprise et si le coût de cet actif peut être évalué de façon fiable (précision étant donnée que toutes les dépenses relatives à un élément incorporel qui ont été initialement comptabilisées en charges, ne peuvent pas être immobilisées *a posteriori*). Les actifs incorporels sont définis comme étant des actifs non monétaires sans substance physique détenus par l'entreprise pour être utilisés à la production ou à la fourniture de biens ou services, pour une location à des tiers ou à des fins administratives ; ils doivent être identifiables (§ 7) (c'est-à-dire séparables des autres actifs).

futurs de cette entité. À cette distinction est attachée la possibilité d'amortir ou de ne pas amortir l'actif considéré, distinction retenue par l'ASB mais non par l'IASC [1]. Les critères retenus pour définir la durée de vie utile de l'actif sont les suivants : la durée de vie espérée de l'actif ; la durée espérée d'un autre actif ou groupe d'actif auquel est rattaché l'élément considéré ; une disposition légale, réglementaire ou contractuelle qui peut fixer cette durée ; les effets de l'obsolescence, le marché, la concurrence ou d'autres facteurs économiques (stabilité du secteur industriel, évolutions technologiques, disposition législative, changement dans la réglementation de l'environnement, etc.). Les actifs pour lesquels aucun critère ne permet de fixer une durée utile de vie sont considérés comme ayant une durée de vie indéfinie ou indéterminable (ce qui ne signifie pas une durée infinie).

1.1.1. Les actifs incorporels identifiables

Ces actifs sont soit amortissables soit non amortissables selon la durée de vie utile.

1.1.1.1. Actifs incorporels amortissables (intangible assets subject to amortization)

La durée de vie de l'actif n'est jamais précisément connue [2]. Dans cette hypothèse, la meilleure estimation de la durée de vie sera retenue. La méthode d'amortissement la plus fréquemment utilisée est la méthode de

1. IAS 38. La norme distingue les éléments incorporels qui ont été générés par l'entreprise, acquis séparément, acquis dans le cadre d'un regroupement d'entreprises ou encore utilisés par l'entreprise tout en étant la propriété d'un tiers. Le principe est que les éléments générés en interne sont des charges (brevets déposés pour protéger une recherche fondamentale, marques générées en interne) ; en revanche les éléments immobilisés sont amortis de façon systématique. Mais les durées et les méthodes doivent être revues chaque année. Le principe est que l'actif immobilisé doit être amorti sur sa durée d'utilité qui ne peut excéder 20 ans. Cette durée peut être plus longue, sous réserve de preuves convaincantes ; dans cette éventualité, l'entreprise estime, au minimum une fois par an, la valeur recouvrable de l'immobilisation, déterminée conformément aux dispositions de l'IAS 36 (voir note IAS 36 suivante). *Bulletin Comptable et Financier* décembre 2000, pp. 16 et 17.

2. En principe, un brevet est amortissable sur 15 ans ; une entité peut l'acheter avec l'intention de le revendre dans 5 ans. La base d'amortissement sera, par exemple, égale à 40 % de sa valeur et la valeur résiduelle de 60 %. Une marque acquise a une durée de vie de 5 ans, mais la marque est renouvelable tous les 10 ans. Une étude de marché permet d'apprécier qu'elle est en mesure de produire des cash flows très longtemps et de façon indéterminable. Les droits d'auteur ont une durée légale de vie de 50 ans ; une analyse des habitudes des consommateurs conduit à considérer que leur capacité à produire des cash flows n'excédera pas 30 ans.

l'amortissement linéaire, appliquée à la valeur d'acquisition diminuée de la valeur résiduelle *(residual value)* si cela se justifie et dans la mesure où il est possible de connaître cette valeur. Il peut se faire que des événements et/ou des circonstances particulières remettent en cause la durée de vie restant de cet actif incorporel ; dans ce cas, l'actif est amorti sur la durée nouvellement appréciée et de façon prospective. De même, la durée de vie peut devenir indéterminable, le bien fait l'objet d'un test de dépréciation *(impairment test)*, il cesse d'être amorti et est comptabilisé comme un élément incorporel à durée de vie indéterminable. Enfin, si la valeur comptable de l'actif excède sa juste valeur, une perte pour dépréciation est comptabilisée *(impairment loss)* [1] [2], la valeur comptable nouvellement ajustée sera la nouvelle base comptable et la nouvelle base d'amortissement. Dans les années à venir, toute réévaluation de cette valeur comptable est impossible [3]. La charge d'amortissement *(amortization expense)* et la perte pour dépréciation *(impairment loss)* font partie des charges liées aux activités continues et doivent figurer comme telles dans le compte de résultat.

Exemple 1 – Au début janvier de l'année N, ALTO company acquiert un brevet pour 10 000 dollars. Il a la qualité d'une immobilisation. Sa durée de vie légale est de 20 ans ; la société estime que sa durée de vie utile est aussi de 20 ans et que sa valeur résiduelle à l'échéance de cette période sera nulle. À la fin de l'année N, elle impute la charge d'amortissement à l'exercice au débit du compte « *Patent amortization expense* » par le crédit de l'immobilisation concernée ou par le crédit du *countra account* du compte de cette immobilisation « *Accumulated patent amortization* ».

December 31 year N		
Patent amortization	500	
Accumulated patent amortization		500
10,000/20		

1. « IAS 36, Dépréciation des actifs *(Impairment of Assets)* 1998 ». La norme pose le principe de l'*impairment* si à la clôture de l'exercice des indicateurs donnent à penser que la valeur comptable d'un actif ne peut être récupérée par les résultats futurs provenant de son utilisation. Une dépréciation devra être comptabilisée si la valeur recouvrable de l'actif est inférieure à sa valeur comptable. Le calcul de sa valeur n'est pas systématique, en revanche la revue des indicateurs d'une dépréciation éventuelle doit être effectuée à chaque clôture, *Bulletin Comptable et financier,* janvier 1999, p. 21.

2. FRS 10. Lorsque le Goodwill et les autres immobilisations incorporelles sont amortissables sur une durée de 20 ans, ils font l'objet d'un test d'appréciation à la fin de la première année et pour les années suivantes seulement si des événements ou des circonstances indiquent que la valeur comptable n'est pas recouvrable.

3. IAS 36. Contrairement à la norme FAS 142, la dépréciation n'est pas définitive, elle peut être reprise si des changements surviennent dans les estimations utilisées pour calculer la valeur recouvrable sauf pour l'écart d'acquisition et dans certaines hypothèses. *Bulletin comptable et financier,* janvier 1999, p. 22.

Au cours de l'année N + 3, l'accélération de l'évolution technologique amène la société à revoir la valeur du brevet qu'elle estime n'être plus que de 5 000 dollars après un test de dépréciation. La perte de valeur est de 4 000 dollars. Au 31 décembre de l'année N + 3, elle constate la perte fortuite et la nouvelle dotation calculée sur la nouvelle valeur estimée.

December 31 year N + 3		
Impairment loss	4,000	
Patent		4,000
10,000-1,000-5,000		

1.1.1.2. Actifs incorporels non amortissables (intangible assets not subject to amortization)

Un actif incorporel dont la durée de vie est indéterminable *(indefinite)* n'est pas amortissable. Cette situation n'est pas définitive. Chaque année, l'entreprise analyse si les événements et les circonstances, qui rendent cet actif non amortissable, sont toujours les mêmes. Dans l'hypothèse où de nouveaux événements rendent possible de fixer une durée de vie à l'élément en cause, l'actif est amorti, de façon prospective, dans les conditions précédemment envisagées. Enfin, si des circonstances indiquent que l'actif se déprécie exceptionnellement, l'entreprise doit effectuer un test de dépréciation en comparant sa juste valeur à sa valeur comptable et comptabiliser une perte *(impairment loss)*, si la valeur comptable excède la juste valeur ; la nouvelle valeur comptable de l'actif ne peut être réévaluée dans le futur [1]. Comme dans le cas précédent, la perte pour dépréciation est une charge pour activités continues, comptabilisée dans le compte de résultat. En aucun cas, il ne s'agit d'un changement dans les principes comptables.

L'année d'acquisition des informations concernant ces actifs devra être mentionnée en notes dans les états financiers en distinguant ceux qui sont amortissables de ceux qui ne le sont pas. Pour les actifs amortissables doivent être mentionnés : le montant inscrit en actif incorporel en totalité et le montant pour chaque actif important ; le montant des valeurs résiduelles significatives en totalité et le montant pour chaque actif important ; la durée moyenne d'amortissement pour l'ensemble et pour chaque actif important. Pour ceux qui ne le sont pas : le montant total et le montant par élément pour les plus importants. D'autres informations doivent être fournies en annexe comme les valeurs comptables brutes, les amortissements, les provisions pour dépréciation [2].

1. La norme FRS indique que le goodwill et les autres actifs incorporels non amortissables ou ceux qui le sont pour une durée excédant 20 ans font l'objet d'un test d'appréciation chaque année. Ces éléments dépréciés peuvent être réévalués si l'entreprise apporte la preuve qu'un événement extérieur restaure la valeur du bien.

2. Cette liste n'est qu'indicative.

1.1.2. Les frais de recherche et de développement

Il s'agit des frais de recherche et de développement engagés par l'entreprise pour son propre compte. Aux États-Unis, la norme FAS 2 [1] arrête les principes de comptabilisation, définit les concepts de recherche et de développement et énonce les éléments de coûts correspondants. Sa position est ferme. Les dépenses engagées dans les activités de recherche et de développement, c'est-à-dire, les matières consommées, l'amortissement des actifs utilisés ainsi que le coût d'acquisition des matières premières et des actifs exclusivement utilisés à cette activité, les salaires versés aux chercheurs, les prestations de services nécessaires aux activités de recherche et payés à des tiers, sont imputés en charges de l'exercice [2]. Les difficultés à établir une relation entre les coûts actuels et les profits futurs ont conduit les instances professionnelles à l'adoption d'une solution très conservatiste du principe de la séparation des exercices [3]. Cette position se trouve en retrait par rapport à celles adoptées par l'IASC et par les pays européens.

Conformément à l'ancienne norme, IAS 9, sur les frais de recherche et de développement, la norme IAS 38 [4] impose toujours de passer en charges les frais de recherche fondamentale, ou appliquée et d'immobiliser les frais de recherche et de développement si ceux-ci répondent aux critères retenus par la norme IAS 9 [5]. La position britannique est très proche de la position internationale, à savoir : la comptabilisation en charges des frais de recherche fondamentale et l'immobilisation des frais de recherche développement [6] [7].

---

1. FASB, statement n° 2, *Accounting for research and development costs,* 1974.

2. La norme FAS 2 recommande l'immobilisation de l'achat d'équipement, et autres éléments corporels durables ainsi que des biens immatériels, tels les brevets, dès lors que ces biens sont susceptibles d'être utilisés, dans le futur, pour d'autres projets. Seuls les amortissements sont inclus dans les charges de recherche et de développement au moment de leur utilisation.

3. FAS 2, paragraphe 50.

4. IAS 9, La comptabilisation des activités de recherche et de développement *(Accounting for research and development)* § 9 IAS 38, Immobilisations incorporelles, 1998.

5. À savoir : le produit ou le procédé est clairement identifié et les coûts imputables au produit ou au procédé peuvent être nettement identifiés ; la possibilité technique de fabrication du produit ou du procédé a été démontrée ; la direction de l'entreprise a indiqué son intention de produire et de vendre ou d'utiliser le nouveau produit ou procédé ; l'existence d'un marché potentiel pour le produit ou pour le procédé apparaît clairement ou, s'il doit être utilisé d'une manière interne, son utilité pour l'entreprise peut être démontrée ; des ressources suffisantes, pour compléter le projet et commercialiser le produit ou le procédé, existent ou, selon des estimations raisonnables, pourront être réunies.

6. SSAP 13, Comptabilisation des dépenses de recherche et de développement *(Accounting for research and development),* 1977 révisée en 1989.

7. En France les frais de recherche fondamentale sont comptabilisés en charges et les frais de recherche appliquée et de développement sont immobilisés, PCG art. 361-2.

Deux textes correspondant à deux situations particulières l'un portant sur la restructuration et la transformation technologique du système d'information et l'autre sur la comptabilisation des logiciels à usage interne apportent les précisions suivantes : les coûts liés à la restructuration du système d'information sont à passer en charges [1] ; certains coûts engagés lors de la phase de développement du logiciel développé en interne doivent être portés à l'actif [2].

Elle est aussi en contradiction avec la norme n° 86, publiée par le FASB en 1985 [3] sur le traitement comptable des logiciels. Selon cette norme, les dépenses de recherche et de développement de logiciels en tant que produits destinés à être vendus, loués ou commercialisés doivent être considérés comme des charges jusqu'à ce que la faisabilité technologique puisse être formellement établie [4].

Ainsi, les coûts de création des logiciels : coûts de planification, de conception, de programmation et les jeux d'essais sont passés en charges. En revanche, les coûts de production des prototypes, y compris, les coûts de programmation et les jeux d'essais effectués postérieurement aux contrôles de faisabilité, sont immobilisés.

Ces coûts sont amortis sur la durée de vie économique estimée du logiciel et selon le mode linéaire.

1.2. Les actifs incorporels non identifiables (unidentifiable intangible assets)

Entre sous cette rubrique la survaleur *(goodwill)*.

La survaleur, ou *goodwill*, est l'excédent du prix d'acquisition d'une société qu'une entreprise est décidée à payer compte tenu du taux de

---

1. EITF 97-13 – Comptabilisation des coûts engagés dans le cadre d'un contrat regroupant à la fois la restructuration du système d'information et sa transformation technologique *(Accounting for costs incurred in connection with a consulting contract that combines business process reengineering and information technology transformation). Bulletin Comptable et Financier,* janvier 1998, p. 33.

2. « SOP 98-1, Sur la comptabilisation des logiciels en interne *(Accounting for the costs of computer software developed or obtained for internal use)* » – Les coûts portés à l'actif sont les suivants : les coûts liés aux matériaux et services utilisés dans le développement du logiciel à usage interne ; les frais de personnel directement rattachables à cette phase ; les frais financiers ; ceux-ci peuvent être incorporés durant la phase de développement, l'incorporation se terminant lorsque chaque module séparable est prêt pour son utilisation prévue. *Bulletin Comptable et Financier,* janvier 1999, p. 40.

3. FASB, statement n° 86. *Accounting for the costs of computer software to be sold, leased or otherwise marketed. Accounting standards, original pronouncements,* August 1985.

4. « FASB, norme n° 86. Comptabilisation des coûts des logiciels destinés à être vendus, loués ou commercialisés sous une autre forme ». *Bulletin Comptable et Financier* n° 28, septembre 1985, pp. 26-27.

retour attendu de l'investissement réalisé, taux supérieur au taux normal. Cette survaleur existe parce qu'il est impossible d'identifier séparément toutes les sources de gain à venir de l'affaire acquise. C'est une survaleur d'acquisition. En France cette survaleur porte le nom de fonds de commerce dans les comptes sociaux et d'écart d'acquisition dans les comptes consolidés. Le champ d'application de la norme FAS 142 est limité aux comptes sociaux [1].

Admettre son existence implique l'existence de méthodes d'évaluation et de méthodes de comptabilisation.

1.2.1. Les méthodes d'évaluation de la survaleur

Les méthodes habituellement utilisées sont les méthodes de la valeur patrimoniale et de la valeur de rendement. L'étude de chacune de ses méthodes s'appuie sur l'exemple de la société Reed (tableau 28).

Tableau 28 – *Reed company, balance sheet, December 31 year N (dollars)*

Assets		Owner's equity and liabilities	
Cash and receivables	130,000	Liabilities	100,000
Inventories	90,000	Common stocks $ 1 par	250,000
Plants assets (net)	280,000	Retained earnings	150,000
	500,000		500,000

Actif net = actif de l'entreprise – dettes
Net assets = assets – liabilities
$ 400,000 = $ 500,000 – $ 100,000

1.2.1.1. Méthode de la valeur patrimoniale *(current fair value method)*

Cette méthode consiste à actualiser les valeurs d'actif figurant au bilan au 31 décembre de l'année N.

---

1. FASB, statement n° 142, June 2001, paragraphe 4. Le traitement comptable du goodwill (fonds de commerce), *a priori*, sera repris dans la nouvelle norme sur les regroupements d'entreprises, pour le traitement de l'écart d'acquisition (projet *Business combinations and intangible assets – Accounting for Goodwill*). Ce nouveau traitement du goodwill sera intégré, après délibérations, dans le texte final de la norme sur les regroupements d'entreprises. Actuellement le traitement du goodwill relève de l'APB opinion 16 et de l'IAS 22 (révisée). *Bulletin Comptable et Financier,* mars 2001, pp. 40 et s.

IAS 22 (révisée) précise que ne peuvent être comptabilisés séparément du goodwill que les éléments incorporels qui répondent aux nouveaux critères de comptabilisation à l'actif définis dans l'IAS 38 ; dans le cas contraire, ils font partie intégrante du goodwill. *Bulletin Comptable et Financier,* décembre 2000, p. 30.

Après retraitement, le bilan se présente de la façon suivante (tableau 29) :

Tableau 29 – *Reed company, balance sheet, December 31 year N (dollars)*

Assets		Owner's equity and liabilities	
Cash and receivables	150,000	Liabilities	100,000
Inventories	80,000	Common stocks $ 1 par	250,000
Plants assets (net)	470,000	Retained earnings	150,000
		Adjustments	200,000
	700,000		700,000

Actif net actualisé = actif actualisé de l'entreprise – dettes
Current fair value of net assets = current fair value of assets – liabilities
$ 600,000 = $ 700,000 – $ 100,000

La survaleur = actif net actualisé – actif net
Goodwill = current fair value of net assets – net assets
$ 200,000 = $ 600,000 – $ 400,000

1.2.1.2. Méthode de la valeur de rendement *(expected average annual earnings)*

Elle est fondée sur des estimations de gains futurs.

Cette méthode implique l'évaluation des profits futurs ainsi que le choix d'un taux de capitalisation par référence à des taux réalisés dans des investissements à risque comparable. Il existe plusieurs méthodes d'évaluation. Nous en retiendrons une seule. Il s'agit d'évaluer les profits futurs annuels moyens et de les capitaliser [1].

Exemple 2 – Supposons que les espérances de gains annuels nets d'impôt de la société Reed sont de 60 000 dollars et que le taux normal de retour pour la société est de 10 % net d'impôt :

– la valeur actuelle des actifs nets identifiables est de :

$$\frac{\$\ 60{,}000 \times 100}{10} = \$\ 600{,}000$$

– la survaleur est égale à $ 600,000 – $ 400,000 = $ 200,000.

Une survaleur n'est pas toujours constatée. Les mêmes approches en termes de valeur patrimoniale et de valeur de rendement peuvent conduire à la mise en évidence d'une sous-valeur *(badwill)*.

Sous-valeur ou survaleur, l'actif incorporel non identifiable doit être comptabilisé.

1. Autre méthode : évaluation de l'excédent attendu des bénéfices futurs par rapport aux bénéfices actuels sur la valeur actuelle de l'actif net.

1.2.2. Le traitement comptable de la survaleur

Les actifs entrent à leur valeur vénale. Le goodwill apparaît dans un compte séparé. Les Anglo-Saxons sont d'accord sur ce point [1] [2] et s'alignent sur la norme internationale [3]. La comptabilisation de la survaleur de 200 000 dollars dégagée donne lieu à l'écriture suivante :

Cash and receivables	130,000	
Inventories	90,000	
Plants assets (net)	280,000	
Goodwill	200,000	
Liabilities		100,000
Cash		600,000
To record the acquisition of Reed Company with goodwill		

Dans les pays anglo-saxons, le goodwill était amorti de deux façons, soit par imputation directe sur les capitaux propres dès la première année, en principe sur les réserves, soit sur une durée de vie de 40 années maximum aux États-Unis. Cette disposition [4] est devenue caduque depuis la publication de la norme FAS 142 [5]. En effet dans le cadre du projet de norme sur les Regroupements d'entreprises, le FASB vient de publier une révision limitée du projet consacré au traitement du goodwill. Le projet, soumis à commentaires, prévoyait que le goodwill ne serait plus amorti et ferait l'objet de tests de dépréciation *(impairment test)* selon des modalités différentes de celles prévues en application des normes FAS 21 (relatives aux dépréciations d'actifs) *(impairment of assets)* et APB 17 relative aux actifs incorporels *(intangible assets)*. Cette fois, la norme est parue. Le goodwill ne sera plus amorti de façon systématique sur une durée prédéterminée (que l'on envisageait de fixer à 20 ans). Le texte précise les modalités de calcul de la dépréciation et la méthode de comptabilisation [6].

1. APB, opinion n° 17.
2. SSAP 22.
3. IASC 22, paragraphe 19, Comptabilisation des regroupements d'entreprises *(Accounting for business combination)*.
4. APB, opinion n° 17.
5. FASB Statement n° 142, *Goodwill and Other Intangible Assets*, June 2001.
6. « Regroupements d'entreprises, révision limitée du projet de norme sur le regroupement d'entreprises supprimant l'amortissement du goodwill », *Bulletin Comptable et Financier*, supplément, mars 2001, pp. 39 et s.

1.2.2.1. Modalités de calcul de la dépréciation

La procédure est assez complexe et requiert quelques éclaircissements, notamment sur le concept de « test de dépréciation ». Ces tests seront effectués :

– au niveau de l'unité de reporting (c'est le plus petit niveau d'une entreprise qui constitue une activité et qui peut être distingué, physiquement, opérationnellement et en matière de reporting interne, des autres activités et actifs de l'entreprise) ;

– en utilisant une approche basée sur la juste valeur du goodwill (égale à la différence de la juste valeur de l'unité de reporting et la juste valeur totale des actifs et passifs identifiables associés à cette unité).

Les modalités d'application prévoit deux étapes : la réalisation d'une évaluation de référence *(benchmark assessment)* de la juste valeur et la réalisation ultérieure d'un test de dépréciation du goodwill *(impairment test).*

• La réalisation des évaluations de référence de la juste valeur de l'unité de reporting et des actifs et passifs qui y sont associés afin de définir et de valider les méthodes et les hypothèses qui devront être utilisés lors d'éventuels tests de dépréciation ultérieurs, sera systématiquement effectuée :

- lors d'une création d'une unité de reporting, ou modification substantielle des actifs nets d'une unité de reporting existante à la suite d'une acquisition ;
- lors d'une création ou modification substantielle d'une unité de reporting à la suite d'une réorganisation de la structure de reporting de l'entreprise.

• La réalisation ultérieure d'un test de dépréciation ne sera effectuée que s'il existe des indices de pertes de valeurs (part de marché affectée, sortie d'un nouveau produit, chiffre d'affaires affecté par la perte d'un client, impact d'un changement législatif ou réglementaire, baisse non temporaire de la capitalisation boursière de l'unité de reporting au-dessous de la valeur comptable de ses actifs).

1.2.2.2. Comptabilisation de la perte de valeur

Seule la perte de valeur constatée en fin de période et appréciée lorsque la valeur comptable est supérieure à la juste valeur sera comptabilisée en charge [1] *(impairment loss)* au compte de résultat opérationnel sur une ligne à part. Si cette perte du goodwill concerne un secteur d'activités totalement abandonnées, la charge est rattachée, nette d'impôt, au résultat des activités abandonnées. Cette perte est définitive et ne doit pas être reprise. En contrepartie, le compte goodwill est ajusté du montant de cette perte. En aucun cas, ce redressement ne constitue un changement de méthode.

1. « Regroupements d'entreprises, révision limitée du projet de norme sur le regroupement d'entreprises supprimant l'amortissement du goodwill », *Bulletin Comptable et Financier,* supplément, mars 2001, pp. 39 et s.

La complexité des éléments de références implique la fourniture en annexe : d'informations complémentaires sur les regroupements d'entreprise importants (date d'acquisition, raisons qui ont justifié l'acquisition, montant du goodwill acquis et aussi relatif à chaque segment) ; d'informations sur les variations de la valeur nette du goodwill pendant la période (montant du goodwill acquis et de la perte de valeur comptabilisée) et ce par secteur ; d'informations pour toute perte de valeur comptabilisée pendant la période.

Cette réforme est applicable dès le premier trimestre fiscal qui suit sa publication, soit en septembre 2001. Elle n'a pas d'effet rétroactif, mais en revanche, requiert l'arrêt immédiat des amortissements de tous les goodwill.

L'IASC a révisée la norme 22 [1] en 1998 et maintient pour le goodwill positif un amortissement sur une base systématique, sur sa durée d'utilité qui n'excède pas normalement 20 ans à compter de sa comptabilisation initiale.

2. Les immobilisations corporelles *(Tangible assets)*

La diversité des immobilisations corporelles soulève un certain nombre de difficultés quant à leur évaluation au moment de leur entrée dans l'actif du bilan, au moment de l'arrêté des comptes et au moment de leur cession. Des solutions existent. Nous nous proposons d'être aussi exhaustifs que possible en traitant successivement la valorisation des éléments lors de leur entrée dans l'actif, leur valorisation à l'arrêté des comptes et leur valorisation lors de la sortie de l'actif, sans omettre le cas particulier des biens acquis en crédit-bail.

2.1. La valorisation des éléments corporels lors de leur entrée dans l'actif

Les méthodes de valorisation se différencient selon que le bien est acquis ou construit par l'entreprise.

2.1.1. La valorisation des éléments acquis (plant assets acquired value)

Les éléments sont acquis par l'entreprise au terme d'un contrat et financés par autofinancement ou à l'aide de ressources externes et privées. L'acquisition est parfois réalisée avec l'aide de l'État. Dans certains cas, ces biens acquis exigent, pour allonger la durée de leur vie ou conforter leurs performances, l'engagement de travaux dont le coût doit leur être imputé.

1. « IAS 22 révisée, Arrêté des comptes en normes IAS normes et interprétations obligatoires ou pouvant être appliquées par anticipation aux clôtures 2000 », *Bulletin Comptable et Financier*, décembre 2000, p. 30.

2.1.1.1. La valorisation des éléments acquis et financés par des capitaux privés

Les éléments acquis entrent dans l'actif au prix d'acquisition *(acquisition price or fair market value)* majoré des frais accessoires d'achat *(incidental costs)* et des frais de mise en état d'utilisation du bien acquis *(installation costs)*.

L'acquisition de certains biens entraînent des frais importants de mise en état d'utilisation. Le terrain en est le meilleur exemple. Le terrain entre dans les livres au prix d'achat, majoré :

- des taxes et droits *(taxes and legal fees)* ;
- des frais d'arpentage *(cost of surveying)* ;
- des frais de mise en état d'utilisation :
  - frais de déblayage *(cost of cleaning)*,
  - frais de drainage *(cost of draining)*,
  - frais de démolition de structures existantes *(cost of demolishing existing structures)*,
  - frais d'aménagement du terrain *(land improvements)* [1].

En Grande-Bretagne, les constructions et les terrains peuvent être réévalués [2] : la plus-value qui en résulte est comptabilisée dans un compte de réserve de réévaluation *(revaluation reserve)*. Cette réserve n'est pas distribuable. Toute entreprise qui réévalue son bilan doit publier en annexe des informations complémentaires : les méthodes utilisées pour le calcul des valeurs retenues, les valeurs historiques des éléments réévalués, le nom et la qualification des personnes qui y ont procédé.

Les modalités de paiement n'ont en principe aucune incidence particulière sur la valeur d'entrée du bien. Le paiement peut être anticipé eu égard à la date d'échéance normale de la facture ou différé.

- *Le paiement est anticipé* (anticiped payments)

Exemple 3 – Une machine est acquise le 2 janvier de l'année N. La facture suivante est établie :

Prix facturé	$ 50 000
Escompte de 2 %	$ 1 000
Prix net	$ 49 000
Transport	$ 700
Frais d'installation	$ 400
Total	$ 50 100
2/20, n/60	

1. Parfois, les frais d'aménagements des terrains sont comptabilisés séparément lorsque leur durée de vie n'est pas infinie.
2. Companies Act 1985, section 275.

L'entreprise bénéficiera d'une réduction financière de 2 % si elle paie la facture dans les 20 jours et en perdra l'avantage si elle paie au-delà de ce délai. Quelle que soit la date de paiement, le bien entre dans l'actif pour 50 100 dollars.

January 2 year N		
Machinery	50,100	
Cash		50,100
To record the purchase of machinery		

Si le paiement intervient au-delà du 22 janvier, la perte de la réduction financière constitue une charge financière. Un paiement effectué le 23 janvier est enregistré de la façon suivante :

January 2 year N		
Accounts payable	50 100	
Interest expense	1 000	
Cash		51 100
To record the purchase of machinery		

- *Le paiement est différé* (deferred payments contracts)

Exemple 4 – La machine facturée au prix total de 50 000 dollars le 2 janvier de l'année N n'est pas payée au comptant. Le paiement s'effectuera par le versement d'une somme constante à la fin des cinq années à venir. De ce fait, le coût de 50 000 dollars est majoré des intérêts composés à 8 %. La somme à verser sera égale à cinq fois l'annuité égale à 62 625 dollars [1]. Le bien entre à la valeur vénale de 50 000 dollars et les intérêts à payer sont comptabilisés dans un compte intérêts sur équipement à payer *(discount on equipment contract payable)* ; la dette apparaît au crédit d'une compte de passif équivalent au compte fournisseur d'immobilisations *(equipment contract payable)*.

January 2 year N		
Equipment	50 000	
Discount on equipment contract payable	12 625	
Equipment contract payable		62 625
To record acquisition of equipment under contract requiring payment of $ 12,525 at the end of each year		

1. L'annuité est égale à $\frac{50\,000 \times 0{,}08}{1-(1{,}08)^{-5}}$ = 12 525 dollars.

À la fin de l'année au moment du 1er paiement, l'intérêt est comptabilisé en charge pour un montant de 4 000 dollars ($ 50,000 x 0,08). La première annuité de 12 525 dollars *(first installment)* est payée le 31 décembre.

December 31 year N		
Interest expense	4,000	
Equipment contract payable	12,525	
Discount on equipment contract payable		4,000
Cash		12,525
To record interest expense on equipment contract for first year $ 50,000 × 0,08 and payment of first installment		

À la fin de la 2e année, l'intérêt à payer s'élève à 3 318 dollars.

[($ 50 000 – $ 8 525) × 0,08]

December 31 year N + 1		
Interest expense	3,318	
Equipment contract payable	12,525	
Discount on equipment contract payable		3,318
Cash		12,525
To record interest expense on equipment contract for second year and payment of second installment		

2.1.1.2. La valorisation d'un bien acquis avec l'aide de l'État

Deux cas sont à envisager. L'acquisition est faite à l'aide d'une subvention *(gift)* ou suscitée par l'octroi d'une mesure fiscale, le crédit d'investissement *(investment tax credit)*.

- *L'acquisition réalisée avec une subvention*

La subvention est accordée par une collectivité locale aux entreprises pour les inciter à s'implanter sur son territoire à des fins de création d'emplois.

Ce régime est particulier aux États-Unis. La commune offre à l'entreprise un terrain et lui construit sur ce terrain l'entreprise dont elle a besoin. En contrepartie, l'entrepreneur s'engage à exploiter une activité et à embaucher un nombre déterminé de salariés pour une période donnée.

Exemple 5 – Une commune du Minnesota offre un terrain estimé à 500 000 dollars à une entreprise spécialisée dans la production de circuits imprimés. Elle lui construit une usine de 2 500 000 dollars. L'entreprise s'engage à créer 200 emplois pendant 8 ans. Sur le plan comptable, l'apport de la commune se traduit par une augmentation de l'actif pour la valeur vénale des biens sans contrepartie financière au 5 mai de l'année N. Il s'agit d'un don enregistré au crédit du compte *donated capital.*

May 15 year N		
Land	500,000	
Building	2,500,000	
Donated capital		3,000,000
To record current fair value property donated by city Y		

Au terme des huit années, l'entreprise devient propriétaire de l'actif qu'elle amortit régulièrement pendant la durée de détention et sur la durée de vie normale du bien.

- *Le crédit à l'investissement*

Aux États-Unis, le crédit à l'investissement est une mesure gouvernementale destinée à encourager les entreprises à investir. Cette mesure se traduit par une réduction de l'impôt sur le revenu de 6 à 10 % de l'investissement réalisé. Cet avantage peut être consenti l'année de la réalisation de l'investissement *(flow-through method)* ou étalé sur la durée de vie de l'investissement *(deferred method)*. Les entreprises ont une tendance à opter pour la première méthode [1]. Cet avantage n'affecte pas la valeur du bien lors de son entrée dans l'actif [2].

2.1.1.3. Les coûts engagés après l'acquisition du bien – Incidence sur la valorisation *(costs subsequent to acquisition)*

Toutes les dépenses engagées sur des actifs dont l'effet est d'accroître les profits futurs soit par augmentation de la valeur du bien, soit par augmentation de la durée de vie, sont à capitaliser *(capital expenditures)*, c'est-à-dire à imputer au débit du compte d'actif intéressé. En revanche, les coûts d'entretien rattachables aux résultats de l'année sont des charges ou des pertes *(revenue expenditures)*.

Entrent dans la première catégorie : les ajouts aux actifs existants, le remplacement du système de chauffage en place par un système de chauffage de plus grande capacité ; les travaux de rénovation dans la mesure où ils sont impliqués dans des produits futurs. Les travaux sont soit des travaux de remplacement soit des travaux de rénovation ; leur entrée dans l'actif ne pose aucun problème particulier. Le bien de remplacement entre dans l'actif et l'ancien en sort. Le problème est un peu plus délicat à résoudre lorsqu'il s'agit de travaux de rénovation proprement dits tel que le

1. Accounting Trends and Techniques, 38th ed., AICPA, New York, 1984, p. 289.
2. Voir les impôts différés, chapitre 5, section 1.

ravalement d'une façade. La solution proposée est de démanteler en deux ou plusieurs éléments l'actif considéré et d'amortir ces éléments selon des plans différents. Par exemple, un immeuble avec une façade en verre serait décomposé en une construction amortissable sur 20 ans et la façade en verre dont la rénovation doit être envisagée tous les 10 ans. Le coût du revêtement en verre est de 40 000 dollars. Au début de la 5e année, il faut remplacer le revêtement de la façade. L'investissement s'élève à 60 000 dollars.

Sur le plan comptable, il y a lieu de comptabiliser la sortie de l'ancienne façade, de solder les amortissements pratiqués [1], de faire apparaître la perte qui en résulte *(loss on retirement of constructions lining)* et d'enregistrer l'entrée de la nouvelle façade dans l'actif. Cet élément sera amorti sur 10 ans.

January year N + 4		
Accumulated depreciation of construction lining	16,000	
Loss on retirement of construction lining	24,000	
Construction lining		40,000
To record removal of old construction lining		
January year N + 4		
Construction lining	60,000	
Cash		60,000
To record replacement of old construction lining		

Entrent dans la deuxième catégorie, les frais de réparation et de maintenance indispensables au maintien en état de fonctionnement des actifs durant leur durée probable de vie. Certaines de ces dépenses varient d'un exercice à l'autre. Pour pallier ces fluctuations, il est possible d'étaler les charges sur la durée de vie du bien par la constitution régulière de provisions *(allowances)* qui sont ensuite utilisées lors de l'engagement de la dépense. Au moment de la constitution de la provision, le compte de dotations aux provisions *(repairs expenses)* est débité par le crédit d'un compte de provisions pour réparations estimées *(allowances for estimated repairs)*. Lors de l'engagement, ce compte est débité du montant des dépenses effectuées.

Exemple 6 – Les frais moyens de réparation d'une immobilisation sont de 300 dollars par an. Chaque année, l'entreprise constitue une provision de 300 dollars qu'il y ait ou non d'engagement de dépenses. Dans le cas présent, les premières réparations n'ont lieu qu'au cours du troisième exercice.

1. ($ 40,000 × 0,4).

À la fin des exercices N et N + 1, les enregistrements suivants sont effectués :

End of year N		
Repairs expense	300	
Allowance for estimated repairs		300
To record estimated repairs expense		
End of year N + 1		
Repairs expense	300	
Allowance for estimated repairs		300
To record estimated repairs expense		

Au cours du troisième exercice, les charges de réparations sont prélevées sur les provisions constituées.

Year N + 2		
Allowance for estimated repairs	800	
Cash		800
To record actual costs of repairs		

Et, à la fin, une nouvelle dotation aux provisions pour 300 dollars est passée en écriture. Le compte de provision est un compte de provision pour dépréciation ; il est présenté au bilan en diminution du compte d'immobilisation auquel il se rapporte.

2.1.2. La valorisation des biens produits (evaluation of self constructed plant assets)

Lorsqu'une entreprise est amenée à entreprendre la construction ou la fabrication d'une immobilisation pour elle-même, le bien entre dans l'actif au coût de construction. Ce coût comprend :

– les coûts des éléments entrant directement dans la construction ;

– le coût des matières premières, de la main-d'œuvre directe et les autres frais généraux *(raw materials, labor and other overhead costs)* ;

– les primes d'assurance payées pendant la construction *(insurance premiums)* ;

– les honoraires d'architecte *(architectural fees)* ;

– le coût du permis de construire *(building permit cost)* ;

– les coûts financiers des capitaux empruntés durant la construction *(interest costs)* [1].

1. FASB. Statement n° 34, *Capitalisation of instruct cost*, 1979.

Aux États-Unis, la période de référence pour l'imputation du coût financier est la période d'acquisition *(acquisition period)*, c'est-à-dire la période couverte par la durée de construction. Cette période est censée commencer lorsque les trois conditions suivantes sont remplies :

– les dépenses de construction sont engagées ;
– les activités de production ont commencé ;
– la charge d'intérêt est engagée.

La capitalisation des intérêts dure autant que ces 3 conditions existent et jusqu'à la mise en service de l'immobilisation.

Exemple 7 – La société Balnero décide d'entreprendre la construction d'un haut fourneau *(blast furnace)*. La construction commence le 2 janvier de l'année N et le haut fourneau est mis en service le 1er décembre de la même année. La durée de la construction est de 9 mois.

La société emprunte au début des travaux 500 000 dollars pour 4 ans au taux de 12 % et 400 000 dollars le 1er juillet au taux de 10 %.

La charge d'intérêt imputée au coût de production s'élève à :

500 000 dollars × 0,12 × 9/12 = 45 000 dollars
400 000 dollars × 0,10 × 5/12 = 16 666 dollars

61 666 dollars

Au moment de l'achèvement, l'imputation du coût financier donne lieu à l'écriture suivante :

December 31 year N		
Machinery and equipment	61,666	
Interest expense		61,666
To capitalize interest cost included in cost of blast furnace		

L'imputation des coûts au cours de la fabrication est faite par virement au débit du compte d'actif, construction en cours *(construction in progress)* ou équipement en cours *(machinery and equipment in progress)* de l'ensemble des charges engagées. À la fin du cycle de production, le compte construction en cours ou équipement en cours est crédité par le débit du compte construction ou du compte équipement.

Exemple 8 – La construction du haut fourneau a entraîné la consommation de matières premières (300 000 dollars), l'utilisation de la main-d'œuvre (300 000 dollars) et des services des ateliers (350 000 dollars).

Au fur et à mesure de la facturation, l'imputation s'est faite au débit du compte d'immobilisation en cours *(construction progress or machinery and equipment in progress)* par le crédit des comptes de stock de matières premières *(raw materials inventory)*, de frais de personnel *(wages expense)* et de frais généraux *(factory overhead)*.

Year N		
Machinery and equipment in progress	950,000	
Raw materials inventory		300,000
Wages expense		300,000
Factory overhead		350,000
To record cost of machinery in progress		

À la fin des travaux, le compte immobilisations en cours est crédité par le compte d'immobilisation concernée.

December 31 year N		
Machinery and equipment	950,000	
Machinery and equipment in progress		950,000
To record the cost of machinery and equipment		

2.2. *La valorisation des actifs immobilisés à l'arrêté des comptes : la valeur au bilan, la constatation de la dépréciation* (plant assets, depreciation and depletion)

La dépréciation, dont nous traiterons, est la dépréciation par usure ou par obsolescence et donc irréversible. Elle est couverte par l'amortissement. Dans les pays anglo-saxons, l'amortissement doit être envisagé différemment selon que l'approche retenue est comptable ou fiscale. Dans cet ouvrage, l'approche comptable est privilégiée. À titre d'information, nous aborderons succinctement l'amortissement fiscal [1]. Les dépréciations ne sont pas toutes imputables à l'usure ou à l'obsolescence. En France et en Grande-Bretagne les dépréciations fortuites qui surviennent à des actifs à long terme donnent lieu à la constitution de provision (s'il s'agit de dépreciation réversible) ou parfois d'amortissement exceptionnel [2]. Aux États-Unis, le FASB a adpoté la norme 121 *(Accounting for the impairment of long lived assets)* en la matière, la Grande-Bretagne traite également de ces diminutions de la valeur de marché et l'IASC dans des déclarations récentes s'y intéresse.

1. Annexe 2 : Amortissement fiscal aux États-Unis.
2. En France Code de Commerce art D7 et 8, modifiés par la loi du 30 avril 1983 et l'article 8 du décret du 29 novembre 1983 – voir également plan comptable art. 322-2 et 331-8.

La norme FAS 121 est applicable aux exercices ouverts à dater du 15 décembre 1995 [1].

2.2.1. La dépréciation par usure ou par obsolescence

Le plan comptable français privilégie l'approche patrimoniale de l'amortissement. Il constate « l'amoindrissement irréversible de la valeur d'un élément d'actif résultant de l'usage, du temps, du changement technique ou de toute autre cause » [2]. Aux États-Unis, l'amortissement est défini en terme de coûts. C'est le coût du service rendu par l'élément immobilisé dans les activités d'exploitation. Il constitue une charge. Selon la nature du bien, l'amortissement a une appellation précise. On désigne par :

– *depreciation* : l'amortissement des immobilisations corporelles autres que les ressources naturelles ;
– *depletion* : l'amortissement des ressources naturelles ;
– *amortization* : l'amortissement des immobilisations incorporelles.

Dans les pays anglo-saxons, il existe plusieurs méthodes de calcul du coût d'utilisation de l'élément immobilisé. Toutes prennent en considération la durée de vie du bien *(economic life)* représentée par l'ensemble des services attendus. Ceux-ci sont mesurés en unités de temps (N années), parfois en termes d'activité (× heures de fonctionnement). Le raccourcissement de la vie économique est dû à des détériorations physiques (l'usure), à des facteurs fonctionnels ou économiques (l'obsolescence) ou à l'inadéquation d'un bien aux besoins. La base d'amortissement *(depreciation base)* n'est qu'une fraction du coût d'acquisition *(cost)* le solde non amortissable constitue la valeur résiduelle *(residual value or salvage residual value)*.

---

1. Dès sa publication, cette norme a fait l'objet de critiques, notamment de la part des membres de l'EITF (Emerging Issues Task Force) suscitant ainsi le besoin de la réviser. Depuis juillet 2000, les travaux ont commencé et donné lieu à la publication d'un projet *(Exposure Draft « Accounting for Impairment or Disposal of Long-Lived Assets and for Obligations Associates with Disposal Activities »)*. L'objectif est de fixer les règles de dépréciation des actifs destinés à l'exploitation et de développer un modèle comptable unique pour les actifs destinés à être cédés et pour certaines obligations liées à la cession d'activités et ceci à partir du schéma prévu dans la norme 121. La publication de la norme remplacera non seulement la norme FAS 121 sur la comptabilisation de la dépréciation des actifs à long terme que ces actifs soient destinés à être conservés ou à être cédés (sauf cession de secteurs complets d'activités) mais aussi l'APB opinion 30 qui concerne la partie sur la cession d'un secteur complet d'activités et le texte publié par l'EITF n° 94-3, relatif aux coûts de restructuration. Cette nouvelle norme devrait être applicable à la fin 2001 – voir site www.fasb.org/14/08/01, publication du 6 juin 2001 – et « Comptabilité américaine », *Bulletin Comptable et Financier* supplément, août-septembre 2000, pp. 10 et 11 et « US GAAP – infos brèves », *Bulletin Comptable et Financier*, avril 2001, pp. 20 et 21.

2. PCG, art. 322-2.

Enfin, le calcul de la charge d'amortissement est fait selon trois types de méthodes : méthodes basées sur la durée d'utilisation du bien exprimée en unités de temps, méthodes basées sur la capacité de production physique du bien, les autres méthodes [1].

2.2.1.1. Les méthodes basées sur la durée d'utilisation du bien

Il s'agit de l'amortissement linéaire et de l'amortissement dégressif (ou des amortissements accélérés).

- *L'amortissement linéaire* (straight line method)

Une fraction constante de la base de calcul de l'amortissement est prise en charge chaque année entière de la durée de vie du bien.

L'annuité d'amortissement *(depreciation per year)* est égale à la valeur d'acquisition *(cost)* diminuée de la valeur résiduelle estimée *(residual value)* sur la durée d'utilisation *(economic life)*.

Exemple 9 – Une machine est acquise le 2 janvier de l'année N pour 10 000 dollars. La durée d'utilisation est de 5 ans et la valeur résiduelle au terme de cette durée de vie est de 1 500 dollars. L'amortissement annuel est de :

$$\text{Depreciation per year} = \frac{\$\,10\,000 - \$\,1\,500}{5} = \frac{\$\,8\,500}{5} = \$\,1\,700\,.$$

Le tableau d'amortissement fait apparaître (tableau 29) :

– l'annuité *(depreciation expense for year)* ;

– les amortissements cumulés *(accumulated depreciation)* ;

– la valeur nette comptable *(carrying amount or book value – written down value of asset)*.

Tableau 29 bis – *Straight line method (dollars)*

Date	Depreciation expense	Accumulated depreciation	Carrying amount
January 2 year N			10,000
December 31 year N	1,700	1,700	8,300
December 31 year N + 1	1,700	3,400	6,600
December 31 year N + 2	1,700	5,100	4,900
December 31 year N + 3	1,700	6,800	3,200
December 31 year N + 4	1,700	8,500	1,500

1. Les méthodes de calculs des charges d'amortissement sont les mêmes en Grande-Bretagne. Voir SSAP 12, *Accounting for depreciation* ASC, January 1987, § 1, ED 51, *Accounting for fixed assets and revaluations*, ASC, May 1990 et Companies Act 1985.

L'enregistrement comptable de l'annuité au terme de chaque année est le suivant :

December 31 year N		
Depreciation expense	1,700	
Accumulated depreciation of machinery		1,700
To record depreciation for year		

- *Les amortissements accélérés* (accelerated methods)

Plusieurs méthodes de calcul existent aux États-Unis : l'amortissement dégressif selon la méthode française *(double declining balance method)*, la méthode de la somme des numéros d'ordre de la durée de vie du bien *(sum of the years'digits method)*. La méthode d'amortissement dégressif britannique est le *« reducing balance method »*.

a) L'amortissement dégressif *(double declining balance method)*

Aux États-Unis, il n'existe qu'un taux d'amortissement dégressif. Il est égal au taux d'amortissement linéaire multiplié par 2.

> *Exemple 10* – Une immobilisation de 22 000 dollars est amortissable selon le système dégressif sur 5 ans. Sa valeur résiduelle est de 2 000 dollars.

La première annuité est calculée sur la valeur d'acquisition et les annuités suivantes ont pour base de calcul la valeur nette comptable à la fin de l'exercice précédent, à l'exception de la dernière annuité. À la fin de la période d'amortissement, la valeur nette comptable doit être égale à la valeur résiduelle. En conséquence, le montant de la dernière annuité est ajusté en fonction de cette exigence. Le taux d'amortissement est de 20 % × 2 = 40 % (tableau 30).

Tableau 30 – *Double declining balance method (dollars)*

Year	Carrying amount at beginning of year	Depreciation expense		Accumulated depreciation
		Amount	% of total	
1	22,000.0	8,800.0	44.00	8,800.0
2	13,200.0	5,280.0	26.40	14,080.0
3	7,920.0	3,168.0	15.84	17,248.0
4	4,752.0	1,900.8	9.50	19,148.8
5	2,851.2	851.2	4.26	20,000.0
balance	2,000.0			
		20,000.0	100 %	

Dans l'hypothèse d'une acquisition à une date autre que le 1er jour de l'exercice fiscal, la charge annuelle d'amortissement s'étale sur deux exercices fiscaux *(fractionnal period depreciation)*.

Exemple 11 – Supposons que l'actif immobilisé a été acquis le 1er avril de l'année N (tableau 31). Ce tableau se différencie du précédent :

Tableau 31 – *Double declining balance method (dollars)*

Period ended	Computation of depreciation	Depreciation expense	Accumulated depreciation	Carrying amount
12/31/N	22,000.0 × 40 % × 3/4	6,600.0	6,600.0	15,400.0
12/31/N + 1	22,000.0 × 40 % × 1/4 13,200.0 × 40 % × 3/4	6,160.0	12,760.0	9,240.0
12/31/N + 2	13,200.0 × 40 % × 1/4 7,920.0 × 40 % × 3/4	3,696.0	16,456.0	5,544.0
12/31/N + 3	7,920.0 × 40 % × 1/4 4,752.0 × 40 % × 3/4	2,217.6	18,673.6	3,326.4
12/31/N + 4	4,752.0 × 40 % × 1/4 851.20 × 3/4 [a]	1,113.6	19,787.40	2,212.8
12/31/N + 5	851.20 × 1/4	212.8	20,000.0	2,000.0

a. 851,2 = valeur nette comptable à la fin de la 4e année d'utilisation effective du bien moins valeur résiduelle.

b) Méthode de la somme des numéros d'ordre de la durée de vie du bien *(sum of the years' digits method)*

L'annuité décroissante d'amortissement est calculée par une procédure mathématique simple : la progression arithmétique. Chaque année, un rapport est appliqué à la base amortissable. Son dénominateur est égal à la somme des numéros d'ordre des N années correspondant à la durée de vie du bien. Son numérateur est égal à la durée de vie du bien restant à amortir. Pour la première année, la durée de vie est égale à N. La première annuité est égale à :

$$\textit{Depreciation base} \times \frac{\text{n}}{\text{Somme des n}}.$$

La deuxième annuité est égale à :

$$\textit{Depreciation base} \times \frac{\text{n} - 1}{\text{Somme des n}}.$$

Exemple 12 – Reprenons l'exemple précédent.

La date d'acquisition est au début de l'exercice fiscal.
La base à amortir est de 22 000 – 2 000 = 20 000 dollars.
La durée d'utilisation est de 5 ans.

La somme des numéros d'ordre des années correspondant à la durée de vie du bien est égale à 15. Les amortissements successifs sont en progression arithmétique décroissante (tableau 32).

Le tableau d'amortissement se présente ainsi :

Tableau 32 – *Sum of the years' digits method (dollars)*

Year of economic life	Depreciation fraction	Depreciation base	Depreciation expense	Accumulated depreciation	Carrying amount
1	5/15	20,000	6,666.66	6,666.66	15,333.33
2	4/15	–	5,333.33	12,000.00	10,000.00
3	3/15	–	4,000.00	16,000.00	6,000.00
4	2/15	–	2,666.66	18,666.66	3,333.34
5	1/15	–	1,333.34	20,000.00	2,000.00
15					

Supposons que la date d'acquisition est au 1er avril de l'année N. Dans cette hypothèse, l'annuité est à cheval sur deux années fiscales et le montant de la dotation annuelle se modifie (tableau 33).

Tableau 33 – *Sum of the years' digits method (dollars)*

Period ended	Computation of depreciation	Depreciation expense	Accumulated depreciation	Carrying amount
12/31/N	($ 20,000 × 5/15 × 3/4) = $ 5,000	5,000.00	5,000.00	17,000.00
12/31/N + 1	20,000 × 5/15 × 1/4 = 1,666.66 20,000 × 4/15 × 3/4 = 4,000.00	5,666.66	10,666.66	11,333.33
12/31/N + 2	20,000 × 4/15 × 1/4 = 1,333.33 20,000 × 3/15 × 3/4 = 3,000.00	4,333.33	15,000.00	7,000.00
12/31/N + 3	20,000 × 3/15 × 1/4 = 1,000.00 20,000 × 2/15 × 3/4 = 2,000.00	3,000.00	18,000.00	4,000.00
12/31/N + 4	20,000 × 2/15 × 1/4 = 666.66 20,000 × 1/15 × 3/4 = 1,000.00	1,666.66	19,666.66	2,333.33
12/31/N + 5	20,000 × 1/15 × 1/4 = 333.33	333,33	20,000.00	2,000.00

2.2.1.2. Méthode basée sur la capacité physique à produire des biens ou amortissement calculé au prorata des services fournis *(product units method)*

Dans cette méthode, l'appréciation de l'usage du bien se fait en termes de services fournis et non en durée d'utilisation.

Exemple 13 – Un autobus sera jugé pouvoir rouler 250 000 miles. Son coût d'acquisition étant de 100 000 dollars, la charge d'usage au mile est de 0,40 dollar. Chaque annuité d'amortissement est calculée en fonction de la distance parcourue. Elle est susceptible de varier d'une année à l'autre. Supposons que les distances annuelles parcourues sont estimées respectivement, des années 1 à 5, à :

- year 1 : 65 000 miles
- year 2 : 60 000 miles
- year 3 : 50 000 miles
- year 4 : 42 000 miles
- year 5 : 33 000 miles

250 000 miles

La valeur résiduelle est nulle. Les annuités sont proportionnelles aux services fournis par le véhicule (tableau 34).

Tableau 34 – *Product units method (dollars)*

Year of economic life	Miles runover (miles)	Depreciation expense	Accumulated depreciation	Carrying amount
1	65,000	26,000	26,000	74,000
2	60,000	24,000	50,000	50,000
3	50,000	20,000	70,000	30,000
4	42,000	16,800	86,800	13,200
5	33,000	13,200	100,000	0
	250,000	100,000		

2.2.1.3. Autres méthodes

Nous nous attarderons sur l'une des plus connues : l'*Implicit Interest Depreciation Method.*

Toute entreprise, qui investit, attend de l'investissement un certain rendement. La rentabilité est mesurée par le taux interne de rendement avec lequel on actualise les cash flows futurs pour les égaliser à l'investissement initial. Chaque cash flow comporte un intérêt du capital investi net des amortissements déjà pratiqués et un amortissement de l'investissement réalisé. L'originalité de la méthode est de transformer le tableau d'amortissement industriel en un tableau d'amortissement d'emprunt (tableau 34).

Exemple 14 – Une machine a été acquise le 2 janvier de l'année N au prix de 20 000 dollars, la durée d'utilisation est estimée à 5 ans. La valeur résiduelle est nulle. Les flux de trésorerie attendus de cet investissement s'élèvent à 5 276 dollars [1] et correspondent à un taux de rendement de 10 %.

1. $5\,276 = \$\,20\,000 \times \frac{0{,}10}{1-(1{,}10)^{-5}}$.

Le tableau d'amortissement se présente de la façon suivante (tableau 35) :

Tableau 35 – *Implicit interest method (dollars)*

Year of economic life ①	**Present value beginning of year** ② – ⑤	**Anticiped cash flows** ③	**Income 2 × 10 %** ④	**Implicit interest depreciation** ⑤
1	20,000.0	5,276	2,000.0	3,276.0
2	16,724.0	5,276	1,672.4	3,603.6
3	13,120.4	5,276	1,312.0	3,964.0
4	9,156.4	5,276	915.6	4,360.4
5	4,796.0	5,276	479.6	4,796.4

Très souvent, les flux de trésorerie attendus ne sont pas constants [1], dans cette hypothèse, l'amortissement peut être constant.

Parmi ces différentes méthodes de calcul des amortissements, la plus fréquemment utilisée est la méthode de l'amortissement linéaire [2]. Compte tenu de la latitude reconnue aux entreprises dans l'emploi d'une méthode plutôt que l'autre, elles sont soumises à l'obligation de mentionner dans les annexes les informations suivantes : la ou les méthodes d'amortissement pratiquées, la durée de vie du bien ou les taux d'amortissement pratiqués, le total de la charge d'amortissement, le montant brut des biens amortis et le cumul des amortissements.

Enfin, on ne saurait conclure sans évoquer l'approche fiscale de l'amortissement. Aux États-Unis, la réglementation fiscale en matière de dépréciation est contenue dans un texte publié en 1981 sur le redressement économique *(Economic Recovery Act of 1981)*. Cette loi révisée, au début de l'année 1987, appelée *« Modified Accelerated Cost Recovery System (MACRS) »*, reconnaît le droit de recourir à l'amortissement linéaire et permet aux entreprises d'appliquer une méthode d'amortissement accélé-

---

1. Les flux suivent éventuellement une progression arithmétique décroissante.

2. Une enquête effectuée en 1998 par l'AICPA près de 600 sociétés a donné les résultats suivants :

– straight line method	578 sociétés
– declining balance method	27 sociétés
– sum of the years'digits method	10 sociétés
– accelerated method (no specifies)	50 sociétés
– product units method	39 sociétés
– other	10 sociétés

Source : Accounting Trends and Techniques, AICPA, New York, 1998, p. 363.

rée pour certaines immobilisations. Les immobilisations sont classées en 8 classes selon un critère de durée d'utilisation [1]. Les divergences entre l'amortissement fiscal et l'amortissement comptable retenu, pour l'établissement des documents financiers, apparaissent en comptabilité dans des comptes d'impôts différés [2].

2.2.2. *La dépréciation fortuite*

Le traitement comptable de ces dépréciations (qui s'ajoutent, le cas échéant, aux amortissements) diffère selon que la dépréciation affecte une immobilisation destinée à être conservée et utilisée par l'entreprise et une immobilisation destinée à être cédée (FAS 121) [3] [4] [5].

2.2.2.1. La dépréciation des actifs destinés à être conservés et utilisés

La dépréciation doit résulter de circonstances précises qui justifient l'estimation de la réduction de valeur.

- *Circonstances impliquant un examen de la valeur recouvrable*

Comme dans la norme IAS 36, l'examen de la valeur des actifs n'est pas systématique à la fin de chaque exercice. En effet, l'entreprise ne doit procéder à l'examen de la valeur recouvrable des immobilisations, qu'elle a l'intention de conserver, que si des circonstances et événements particuliers laissent entrevoir que la valeur comptable ne pourra pas être récupérée par les résultats futurs émanant de leur utilisation. Une liste non limitative de circonstances ou d'événements pouvant amener l'entreprise à

---

1. *Annexe 2, L'amortissement fiscal aux États-Unis.*
2. Chapitre 5, section 1.
3. FASB, statement n° 121, Dépréciation des actifs immobilisés *(Accounting for impairment of long lived assets and for long-lived assets to be disposed of)*, 1995. Cette norme va être annulée dans les mois à venir et remplacée par une nouvelle norme qui fixera les règles de dépréciation des actifs destinés à l'exploitation et des actifs destinés à être cédés. Selon le projet, la dépréciation est définie comme la condition des actifs qui existe quand la valeur comptable d'un actif est supérieure à sa juste valeur. Toutefois une provision pour dépréciation n'est comptabilisée que si la valeur comptable de l'actif n'est pas récupérable, c'est-à-dire si elle est supérieure à la somme des cash flows actualisés attendus de l'utilisation et éventuellement de la cession de l'actif hors charges d'intérêts. *Bulletin Comptable et Financier,* août-septembre 2000, p. 10.
4. IAS 36, Dépréciation des actifs *(Impairment of assets)*, 1998 s'applique, aussi, à tous les actifs corporels hormis ceux faisant l'objet d'une norme spécifique (IAS 2, 11, 12, 19, 32). « Arrêté des comptes en normes IAS 2000 », *Bulletin comptable et financier,* décembre 2000, p. 20 et 21.
5. FRS 11, *Impairment of fixed assets and goodwill,* juillet 1998. Sont exclus de son champ d'application les investissements financiers y compris les produits dérivés et les placements en immeuble *(investments properties)* dont le traitement comptable est fixé dans la norme SSAP 19.

s'inquiéter sur la nécessité d'une éventuelle dépréciation est fournie par la norme [1]. Il s'agit :

– d'une baisse effective de la valeur de marché ;

– d'une modification importante de la manière ou de l'intensité avec laquelle un actif est utilisé, ou de l'aspect physique de cet actif ;

– de l'évolution importante et défavorable de la législation ou de l'environnement économique affectant la valeur de l'actif, ou de l'impact défavorable d'une mesure ou d'une évaluation par un organisme de régulation ;

– de l'accumulation de coûts très supérieurs aux montants estimés initialement pour la fabrication ou l'acquisition d'un élément d'actif ;

– en ce qui concerne les actifs détenus pour les revenus qu'ils procurent, des dégagements de pertes d'exploitation ou une baisse des cash flows générés, associés soit à un historique de pertes, soit à des prévisions de pertes futures mettant en évidence l'existence d'une situation difficile.

Lorsque l'entreprise constate de telles circonstances ou événements elle doit estimer le montant des cash flows futurs non actualisés [2] que cet actif et sa cession sont susceptibles de générer. La norme estime qu'une réduction de valeur doit être constatée dès lors, que cette valeur est inférieure à la valeur nette comptable de cet actif figurant au bilan [3].

- *Calcul et comptabilisation de la réduction de valeur*

Selon la norme, l'immobilisation doit figurer au bilan pour la plus faible des deux valeurs suivantes :

– la valeur nette comptable (coût d'acquisition moins les amortissements) *(book value or carrying value)* ;

– et la juste valeur de l'immobilisation testée [4] *(fair value)* [5].

---

1. « FAS 121, Dépréciation des actifs à long terme », *Bulletin Comptable et Financier*, novembre 1995, pp. 29 et s.

2. Les cash flows sont déterminés selon des règles précises. Sont pris en compte : la durée de vie du bien, la valeur de l'éventuelle cession, des projections et des hypothèses raisonnablement justifiées.

3. Si cette valeur est supérieure à la valeur nette comptable, aucune survaleur n'est à saisir. Cependant le plan d'amortissement peut être révisé.

4. Dans l'hypothèse d'une prise de contrôle, l'écart d'acquisition ou écart non attribué devra être attribué aux actifs acquis identifiables pour savoir s'il y a lieu ou non de comptabiliser une réduction de valeur au titre de l'ensemble « actif identifiable + écart attribué », FAS 121.

5. IAS 36 fait état de la valeur recouvrable – La valeur recouvrable d'un actif doit être déterminée par un test *(impairment test)* lorsque la valeur comptable d'un actif ne peut être récupérée par les résultats futurs provenant de son utilisation. En conséquence, une dépréciation devra être comptabilisée toutes les fois que la valeur recouvrable de l'actif est inférieure à la valeur comptable. La valeur recouvrable est définie comme étant le plus élevé du prix de vente net de l'actif ou de sa valeur d'utilité. « Arrêté des comptes en normes IAS 2000 », *Bulletin Comptable et Financier,* décembre 2000, p. 20. Cette même condition est requise par la norme FRS 11.

Cette juste valeur est déterminée par référence au prix du marché, s'il existe un marché pour ce bien ; à défaut, par référence au prix de marché d'un bien équivalent ou à l'aide d'autres techniques d'évaluation (cash flows estimés et actualisés à un taux tenant compte du niveau de risque ou à l'aide d'autres techniques d'évaluation financière).

Le bien figure au bilan à cette « juste valeur ». Elle constitue la nouvelle base de calcul des amortissements. Contrairement à la règle française et au projet de l'IASC [1], cette valeur est définitive, ce qui signifie que la réduction de valeur peut disparaître sans entraîner le retour de l'immobilisation à sa valeur initiale. Quant à la réduction de valeur, considérée comme l'impact d'un changement d'estimation *(change in an accounting estimate)*, elle est prise en charge au compte de résultat, au niveau du résultat courant avant impôt dans l'exercice au cours duquel la norme FAS 121 est appliquée pour la première fois, ce qui implique qu'elle ne peut pas être rétroactive.

> *Exemple 15* – La société Rancho Company achète un équipement, le 1er janvier N – 1, 34 000 dollars. Le bien a une durée de vie de 5 années, une valeur résiduelle de 4 000 dollars. Il est amorti selon la méthode « sum of the year digit ». Au début de l'année N, l'équipement n'a une valeur marchande *(juste valeur – fair value)* que de 15 000 dollars. Le traitement comptable implique l'enregistrement de la dotation aux amortissements au 31 décembre de l'année N – 1, de la perte dans un compte « *impairment loss* » à son débit et de la dotation aux amortissements au 31 décembre N, sachant qu'à cette date la durée de vie du bien est ramenée à 3 ans ; la valeur résiduelle est nulle dans ce cas.

À la fin N – 1, l'amortissement est de : 30 000 × 5/15 = 10 000 dollars

December 31 year N – 1		
Depreciation expense	10,000	
Allowance for depreciation		10,000
30,000 × 5/15 To record depreciation expense		

Au 01/01/N la valeur comptable s'élève à 24 000 dollars.

Au début de l'année N, l'entreprise constate la perte fortuite *(impairment loss)* de 9 000 dollars

January 2 year N		
Impairment loss	9,000	
Accumulated depreciation		9,000
24,000-15,000 To record the depreciation expenxe		

1. La juste valeur est « le prix auquel le bien pourrait être acheté ou vendu à l'occasion d'une transaction normale réalisée entre deux parties libres de leur choix », paragraphe 7, FAS 121.

Au 31 décembre de l'année N, la charge d'amortissement est de 7 500 dollars.

December 31 year N		
Depreciation expense	7,500	
Accumulated depreciation		7,500
15,000 × 3/6		
To record depreciation expense		

L'immobilisation peut reprendre de la valeur, la base d'amortissement restera la même et la dépréciation comptabilisée ne sera pas reprise au compte de résultat des années suivantes (N + 1, N + 2).

2.2.2.2. La dépréciation des actifs destinés à être cédés *(asset impairment-assets held for disposal)*

Les immobilisations destinées à être cédées ou abandonnées, doivent être systématiquement comptabilisées au plus faible des deux montants suivants :

– la valeur comptable à la date de décision de cession (à partir de cette date aucun amortissement ne peut être comptabilisé, notamment durant la période comprise entre la décision de cession et la cession effective) ;

– la juste valeur, diminuée des coûts à engager pour la vente et évaluée la clôture de l'exercice.

La juste valeur est celle déterminée précédemment, quant aux coûts à engager au moment de la vente, la norme en donne une liste limitative ; il s'agit des coûts additionnels directs, c'est-à-dire les commissions d'intermédiaires, les frais de transfert légaux ou notariés et les frais engagés pour permettre de conclure l'opération. Seule la réduction de valeur fait l'objet d'une comptabilisation en charges dans le résultat courant de l'exercice au cours duquel la norme est appliquée. Si la règle s'applique à un bien déjà à l'actif à l'ouverture de l'exercice, l'ajustement constitue un changement de principes comptables *(changes in accounting principle)* et dans ce cas il est comptabilisé net d'impôt après les éléments exceptionnels *(extraordinary items)* et avant le résultat net.

Des ajustements ultérieurs de la juste valeur sont possibles ; ils doivent être portés en ajustement de la valeur comptable sans que la nouvelle valeur comptable puisse être supérieure à la valeur nette comptable de l'actif, telle qu'elle figurait au bilan avant que la décision de cession n'ait été prise.

Exemple 15 bis – La valeur nette comptable au 31 décembre N est de 40 000 dollars (coût d'entrée 60 000 moins les amortissements cumulés 20 000). La firme décide de retirer l'immobilisation et de la céder au début de l'année N + 1. La juste valeur est alors de 32 000 dollars et le coût de la vente doit s'élever à 2 000 dollars.

La nouvelle valeur nette comptable est de 30 000 dollars (32 000 – 2 000) inférieure à la valeur nette comptable avant la décision ; une perte exceptionnelle de 10 000 dollars doit être enregistrée sous le compte : *impairment loss.*

December 31 year N		
Impairment loss	10,000	
Accumulated depreciation		10,000
To record impairment loss		

Le bien cesse d'être amorti [1], le plus souvent il est classé dans les autres immobilisations. En admettant qu'il n'est pas sorti de l'actif à la fin de l'exercice, il est de nouveau estimé. Dans cet exemple, imaginons que le bien est encore dans les comptes au 31 décembre de l'année N + 1, et que sa valeur estimée est de 35 000. Le gain est saisi dans un compte « *gain on recovery of impaired asset value* » et imputé sur les amortissements de l'immobilisation concernée :

December 31 year N + 1		
Accumulated depreciation	3 000	
Gain on recovery of impaired asset value		3 000
35,000-2,000-30,000		

Quel que soit l'actif déprécié, la norme impose la publication d'un certain nombre d'informations en annexe : description de l'actif et des circonstances qui ont amené l'entreprise à constater une dépréciation exceptionnelle ou à le vendre ; la date envisagée de la cession et la valeur comptable de l'élément cédé ; le montant de la perte et la méthode de calcul retenue pour évaluer la juste valeur ; le montant des gains ou des pertes de réévaluation pour les actifs destinés à être vendus ; les segments d'activité affectés ; le résultat de l'opération dans le cas d'une immobilisation destinée à être cédée.

2.3. La valeur de sortie des actifs immobilisés (plant asset disposals)

Un élément immobilisé est retiré de l'actif pour des raisons multiples. Il est soit vendu, soit retiré purement et simplement sans contrepartie financière parce qu'il ne répond plus à l'usage que l'on en attendait par suite d'usure ou d'obsolescence. Il n'est pas forcément mis au rebut, mais en

1. Le projet de norme sur la comptabilisation de la dépréciation ou la cession d'actifs maintient cette situation : un actif destiné à être cédé ne doit plus être déprécié.

attente d'usage ultérieur *(standby plant assets)*. Il peut être échangé *(exchange of plant assets)*, exproprié *(condemned)*.

La sortie pour cession ne présente aucune difficulté majeure. L'élément d'actif sort à son prix d'acquisition, les amortissements sont soldés et la plus ou moins-value de cession est enregistrée dans un compte de gain ou de pertes *(gain or loss on disposal of equipment)*.

Exemple 16 – Une machine acquise au prix de 8 000 dollars l'année N, sans valeur résiduelle, a été amortie au taux annuel de 10 % pendant 8 ans.

Le 1er juillet de l'année N + 8, la machine est vendue au prix de 2 000 dollars. L'enregistrement comptable de la cession est le suivant :

July 1 year N + 8		
Cash	2,000	
Accumulated depreciation of equipment	6,800	
Equipment		8,000
Gain on disposal of equipment		800
To record sale of equipment		

À la clôture des livres, la charge d'amortissement est constatée.

December 31 year N + 8		
Depreciation expense $ 8,000 × 10 % × 1/2	400	
Accumulated depreciation of equipment		400
To record depreciation of 10 % for six months on equipment		

Certaines spécificités sont à souligner lorsque la sortie de l'élément d'actif se traduit par une opération d'échange ou par une expropriation.

2.3.1. *La sortie de l'élément d'actif liée à un échange de biens semblables*

Aux États-Unis, la comptabilisation de ce type d'opérations est régie par la norme APB n° 29[1].

2.3.1.1. L'entrée à la valeur nette comptable de l'élément échangé si la valeur actuelle du bien échangé est difficile à déterminer

Si l'échange s'accompagne d'un versement, le bien entre à la valeur nette comptable de l'élément échangé majoré du versement. Si l'échange

1. APB, opinion n° 29. *Accounting for monetary transactions*, AICPA, New York, 1973. Cette norme distingue les échanges d'actifs monétaires (la trésorerie, les créances et les dettes) des échanges d'actifs non monétaires (les stocks, les éléments financiers et les actifs corporels).

s'accompagne d'un encaissement, le bien entre dans l'actif à la valeur nette comptable de l'élément échangé minoré de l'encaissement.

Exemple 17 – Une machine acquise 10 000 dollars et amortie à 60 % a une valeur actuelle de 5 600 dollars. Elle est échangée contre une autre machine.

L'échange ne donne lieu à aucun encaissement ni à aucun versement, la nouvelle machine entre à la valeur comptable de la machine à échanger.

Plant asset (new)	4,000	
Accumulated depreciation	6,000	
Plant asset (old)		10,000
To record exchange of old machine		

L'échange s'accompagne d'un versement de 500 dollars.

Plant asset (new)	4,500	
Accumulated depreciation	6,000	
Plant asset (old)		10,000
Cash		500
To record exchange of old machine plus cash of $ 500		

L'échange s'accompagne d'un encaissement de 1 000 dollars.

Plant asset (new)	3,000	
Accumulated depreciation	6,000	
Cash	1,000	
Plant asset (old)		10,000
To record exchange of old machine less cash of $ 1,000		

2.3.1.2. L'entrée à la valeur actuelle du bien échangé lorsque celle-ci est inférieure à la valeur nette comptable

Une perte est alors constatée. L'échange se fait avec un versement d'espèces ou s'accompagne d'un encaissement de fonds.

Exemple 18 – Reprenons l'exemple précédent et supposons que la valeur actuelle du bien est de 3 000 dollars.

L'échange se fait sans versement ni encaissement. La perte est de 1 000 dollars et est enregistrée dans un compte de pertes sur opération d'échange *(loss on exchange of equipment).*

Plant asset (new)	3,000	
Accumulated depreciation	6,000	
Loss on exchange of equipment	1,000	
Plant asset (old)		10,000
To record exchange of old equipment with a loss of $ 1,000		

L'échange s'accompagne d'un versement de 500 dollars.

Plant asset (new)	3,500	
Accumulated depreciation	6,000	
Loss on exchange of equipment	1,000	
Plant asset (old)		10,000
Cash		500
To record exchange of old equipment plus cash $ 500 with a loss of $ 1,000		

L'échange s'accompagne d'un encaissement de 1 000 dollars.

Plant asset	3,500	
Cash	1,000	
Accumulated depreciation	6,000	
Loss on exchange of equipment	1,000	
Plant asset (old)		10,000
To record exchange of an old equipment less cash $ 1,000 with a loss of $ 1,000		

2.3.1.3. L'entrée à la valeur comptable du bien échangé lorsque sa valeur actuelle est supérieure à sa valeur comptable

L'enregistrement comptable est identique à celui décrit au point 2.3.1.1. à l'exception de l'échange avec encaissement d'espèces où il y a lieu éventuellement de constater un profit.

> *Exemple 19* – Supposons que la valeur actuelle du bien échangé est de 5 600 dollars au moment de l'opération. L'échange s'accompagne d'un encaissement de 1 000 dollars. Ce qui signifie que le nouvel élément a une valeur actuelle de 4 600 dollars ($ 5 600 – $ 1 000).

Implicitement, l'augmentation de l'actif est de 1 600 dollars. Il est repris en profit à concurrence de 286 dollars [1] dans le compte *gain on exchange*

1. $\text{Profit} \times \dfrac{\text{somme encaissée}}{\text{somme encaissée + valeur actuelle de l'élément nouveau}}$.

of plant assets. L'écriture de l'échange est la suivante :

Plant asset (new) ($ 4,000 – $ 1,000 + $ 286)	3,286	
Accumulated depreciation	6,000	
Cash	1,000	
Plant asset (old)		10,000
Gain on exchange of plant asset (old)		286
To record exchange of old equipment		

2.3.2. *La sortie de l'élément d'actif liée à une expropriation* (unvoluntary conversion)

L'expropriation s'accompagne du versement d'une indemnité [1]. L'élément exproprié sort de l'actif et les amortissements correspondants sont soldés. La différence entre l'indemnité encaissée et la valeur nette comptable constitue un profit ou une perte comptabilisée comme telle.

Exemple 20 – Un terrain et une construction figurant à l'actif pour les valeurs respectives de 60 000 et 200 000 dollars ont fait l'objet d'une expropriation par la commune. La construction est amortie pour 120 000 dollars. L'indemnité versée à l'entreprise s'élève à 150 000 dollars. Le gain de 10 000 dollars est comptabilisé dans un compte de profit sur expropriation *(gain on condemnation)*.

Cash	150,000	
Accumulated depreciation of building	120,000	
Land		60,000
Building		200,000
Gain on condemnation by town		10,000
To record disposal of property condemned by town		

Ce profit échappe à l'impôt si l'entreprise réinvestit les actifs monétaires en actifs non monétaires.

La mise à la disposition de l'entreprise des biens immobilisés n'épouse pas toujours le schéma classique du transfert de propriété. S'alignant sur la norme internationale n° 1, les Anglo-Saxons écartent le droit du patrimoine au profit du principe de la prééminence de la réalité sur l'apparence. Conformément à ce principe, les biens utilisés par l'entreprise au titre d'un contrat de crédit-bail sont comptabilisés à l'actif de l'entreprise.

1. Les règles de comptabilisation ont été fixées par le FASB en 1979. Le texte publié, FASB interpretation n° 30. *Accounting for unvoluntary conversions of non monetary assets to monetary assets*, est une interprétation de l'APB opinion n° 29, 1979, p. 1.

2.4. Les biens mis à la disposition de l'entreprise par un contrat de crédit-bail : comptabilisation (lease property : accounting)

Le contrat en crédit-bail est un contrat par lequel le propriétaire *(lessor)* d'un bien corporel en transfert l'usage à un tiers, le locataire *(lessee)* contre versement d'un loyer *(lease payment)*. La comptabilisation de ce type de contrat n'est pas aisée parce qu'il peut présenter plusieurs formes. Soit qu'il est un pur et simple contrat de location, soit qu'il est un contrat de location assorti d'une option d'achat au terme du contrat.

Aux États-Unis [1], sur le plan comptable, les contrats de crédit-bail sont classés en deux catégories :

– les contrats qui présentent toutes les caractéristiques d'une acquisition *(capital lease)* avec le transfert des risques et des avantages liés à la propriété des biens ;

– les contrats qui transfèrent seulement l'usage du bien pour une partie de la vie économique *(operation lease)*.

En Grande-Bretagne, la même distinction existe. Les contrats portent respectivement le nom de *finance lease et operating lease.*

2.4.1. *Le contrat de crédit-bail assimilé à une acquisition* (capital lease – Finance lease)

Il y a *capital lease* si, à la date de la signature du contrat, celui-ci satisfait à l'un des critères suivants :

– le contrat transfère la propriété du bien au locataire à son échéance ;

– le contrat comporte une option d'achat *(bargain purchase option)* à un prix inférieur à la valeur vénale à la levée de l'option ;

– la durée du contrat est égale à 70 % ou plus de la durée de vie économique du bien acquis en crédit-bail ;

– la valeur actuelle des loyers est au moins égale à 90 % de la valeur vénale du bien considéré. Pour l'actualisation du loyer, le taux utilisé est à la date du contrat *(reception of lease)*, le taux auquel le locataire aurait dû

---

1. Les règles de comptabilisation des opérations en crédit-bail ont donné lieu à la publication de nombreux textes, d'abord par l'Accounting Principles Board (APB) qui a publié quatre opinions :

– APB, opinion n° 5 : *Reporting of leases in financial statements of lessees*, AICPA, New York, 1964.

– APB, opinion n° 7 : *Accounting for leases in financial statements of lessors*, AICPA, New York, 1966.

– APB, opinion n° 27 : *Accounting for lease transactions by manufacturer or dealer lessors*, AICPA, New York, 1972.

– APB, opinion n° 31 : *Disclosure of lease commitments by lessees*, AICPA, New York, 1973.

– FASB statement n° 13 : *Accounting for leases*, as amended and interpreted through, May 1980.

contracter l'emprunt pour financer l'acquisition du bien loué *(incremental borrowing rate)* ou le taux d'intérêt utilisé par le bailleur *(implicit interest rate)* qui égale la somme des valeurs actuelles des loyers à la valeur vénale du bien à la date du contrat, dans la mesure où ce taux est inférieur au taux d'emprunt.

Si le contrat satisfait à l'un de ces quatre critères aux États-Unis, et uniquement au quatrième en Grande-Bretagne, il s'apparente sur le plan comptable à l'acquisition d'un bien corporel à crédit. En conséquence, chez le locataire *(lessee)* une immobilisation entre dans l'actif et la dette correspondante figure au passif du bilan pour le même montant, c'est-à-dire à la valeur actuelle des loyers versés [1] dans la mesure où elle n'excède pas la valeur vénale du bien considéré. En aucun cas l'élément acquis n'entre dans les livres à un prix supérieur à la valeur vénale.

Les loyers versés viennent, pour une partie, en diminution de la dette. L'autre partie représente les intérêts et est comptabilisée dans les charges financières.

Quant aux charges annexes au contrat, tels les frais de maintenance *(contingent rentals)* payés au cours de l'exécution du contrat, ils représentent des charges imputables à l'exercice.

Exemple 21 – Le 2 janvier de l'année N, la société O'Hara se procure l'usage d'une machine en souscrivant un contrat de crédit-bail près de la société Mitchell. Les conditions du contrat sont les suivantes :
- la durée du contrat est de 48 mois ;
- les loyers de 11 000 dollars sont payés au début de chaque mois ;
- la valeur résiduelle garantie *(residual value guaranted)* par le locataire au terme du contrat est de 100 000 dollars ;
- le locataire s'engage à verser en supplément les frais d'entretien ;
- le contrat ne comporte pas d'option d'achat et le locataire recevra le supplément du prix de vente du bien sur la valeur résiduelle mentionnée dans le contrat. Au terme du contrat, le bien est vendu à un tiers pour 110 000 dollars le 2 janvier de l'année N + 4.

Les informations suivantes sont également fournies :
- le taux annuel d'intérêt utilisé par le bailleur pour calculer les loyers est de 12 %, soit 1 % par mois *(implicit interest rate)* ;
- le taux de l'argent sur le marché financier *(incremental borrowing rate)* est de 13 % ;
- la valeur vénale du bien à la date du contrat est de 500 000 dollars et la durée de vie utile du bien est de 60 mois. Il est amorti selon le mode linéaire.

Il faut connaître la nature du contrat. Est-ce un contrat d'acquisition *(capital lease)* ou un contrat de location *(operation lease)* ?

Le contrat ne prévoit ni le transfert de propriété à l'échéance du contrat, ni l'option d'achat à l'échéance.

1. Y compris la valeur actuelle de la valeur résiduelle.

En revanche, la durée du contrat représente 80 % de la durée de vie du bien, la valeur actuelle des loyers et de la valeur résiduelle garantie représentent plus de 90 % de la valeur vénale du bien. En effet :

– la valeur actuelle des versements prévues :

$$\frac{11\,000\ (1{,}01)\ (1-(1{,}01)^{-48})}{0{,}01} = 421\,890$$

– la valeur actuelle de la valeur résiduelle garantie [1] :

$$100\,000\ (1{,}01)^{-48} = 62\,026$$

– la valeur actuelle des versements
(present value of minimum lease payments) = 483 916

La valeur vénale du bien au jour du contrat étant de 500 000 dollars, la valeur actuelle des versements représente 97 % de la valeur vénale du bien. C'est un contrat d'acquisition.

La comptabilisation des opérations dans les livres du locataire s'opère selon l'ordre suivant :

a) Entrée du bien dans l'actif et prise en compte de la dette au passif.

Un compte d'actif, équipement acquis en crédit-bail *(leased equipment, capital lease – leasehold property)*, est débité par le crédit d'un compte de dettes sur opérations de crédit-bail *(liability under capital lease – obligation under finance lease)*.

January 2 year N		
Leased equipment capital lease	483,916	
Liabilities under capital lease (net)		483,916
To record capital lease at reception of lease		

b) Enregistrement du premier paiement. Le premier versement s'analyse en un remboursement du capital.

January 2 year N		
Liability under capital lease (net)	11,000	
Cash		11,000
To record lease payment for first month		

1. La valeur résiduelle n'est pas toujours garantie par le locataire. Dans ce cas, elle n'intervient pas dans le calcul de la valeur actuelle des versements pour l'enregistrement comptable. À défaut, on peut retenir la valeur de l'option d'achat.

c) Enregistrement du deuxième paiement. Le versement est ventilé en une charge d'intérêt *(interest expense)* et un remboursement du capital.

February 2 year N		
Interest expense ($ 483,916 – $ 11,000) × 0,01	4,729	
Liability under capital lease (net) ($ 11,000 – $ 4,729) = 6,271	6,271	
Cash		11,000
To record lease payment for second month		

d) Enregistrement de la charge pour dépréciation au 31 décembre. Le contrat ne prévoit pas de transfert de la propriété au locataire, le bien ne peut être amorti que sur la durée du contrat, soit sur 48 mois et sur la somme de 383 916 dollars. La dépréciation pour amortissement est comptabilisée directement au crédit du compte d'immobilisation concerné ou dans un compte d'amortissement pour une somme de 95 979 dollars [1].

December 31 year N		
Depreciation expense	95,979	
Leased equipment capital lease or Accumulated depreciation – lease equipment		95,979
To record depreciation expense (straight method) for first year of lease		

e) Enregistrement au 31 décembre de la charge d'intérêt due sur le douzième versement à effectuer le 2 janvier de l'année N + 1.

December 31 year N		
Interest expense [$ 11,000 – $ 6,271 × $(1.01)^{11}$]	4,004	
Interest payable or Liability under capital lease		4,004
To record accrued interest expense on lease obligation on December 31, year 1		

1. $ 383 916 × 0,25. Si la valeur de l'option d'achat est retenue pour le calcul de la valeur actuelle des versements, logiquement le calcul des amortissements portera sur une valeur égale à la valeur actuelle des versements – la valeur actuelle de l'option d'achat sur la durée du crédit.

f) À la fin du contrat, le bien sort de l'actif. La dette est éteinte et le locataire reçoit la plus-value sur cession.

January 2 year N + 4		
Cash	10,000	
Liability under capital lease (net)	100,000	
$\$ 483{,}916 - \$ 6{,}271 \dfrac{[(1{,}01)^{47} - 1]}{0{,}01} - \$ 11{,}000$		
Leased equipment capital lease		100,000
Gain on disposal of lease equipment		10,000
To record lessor sale of lease equipment at amount $ 10,000 in excess of guaranted value and liquidation of liability under capital lease		

2.4.2. *Le contrat de location proprement dit* (operation lease)

Il s'agit d'un contrat qui ne remplit aucun des critères requis pour que le qualificatif de capital lease lui soit attribué.

La comptabilisation chez le locataire ne présente aucune originalité par rapport à la comptabilisation des effets de ce type de contrat en France. Les paiements périodiques sont enregistrés au débit du compte de charge correspondant *(rent expense)*.

Capital lease ou *operation lease*, le contrat de crédit-bail est soumis à l'obligation pour le locataire de fournir un certain nombre d'informations en annexe.

2.4.3. *Informations complémentaires fournies en annexe*

Quelle que soit la nature du contrat, un certain nombre d'informations doit figurer en annexe. Pour les contrats « *capital lease* », il est souhaitable de mentionner :

– la valeur brute des actifs acquis en crédit-bail ;

– les versements à effectuer au cours des cinq années à venir en séparant les intérêts *(imputed interests)* de la valeur actuelle des annuités *(present value of net minimum lease payments)* ;

– les amortissements correspondant aux biens acquis en crédit-bail ;

– la dette correspondante ventilée en dettes à court et à long terme ;

– pour les contrats de location *(operating lease)*, le total des loyers à verser à dater du dernier bilan et leur ventilation sur les cinq années à venir.

Les immobilisations comportent des acquisitions de titres à des fins de contrôle ou de participation à la gestion des entreprises. Leur caractère de durabilité justifie leur comptabilisation dans la rubrique des actifs immobilisés. Ce sont des immobilisations financières *(investments)*.

3. Les immobilisations financières *(Investments)*

On appelle investisseur *(investor)* la société A qui acquiert des titres de la société B avec pour objectif de nouer des relations d'affaires étroites pouvant aller jusqu'à l'exercice d'un contrôle sur la gestion de la société B qualifiée d'*investee*. Lorsque la participation atteint plus de 50 % des droits de vote, la société A *(investor)* acquiert la qualité de société mère *(parent company)* et la société B celle de société filiale *(subsidiary)*. C'est une des formes de regroupement d'entreprises appelé aussi *stock acquisition* [1] qui mène à l'établissement des documents consolidés *(consolidated financial statements)*. Les investissements financiers ne se font pas uniquement sous la forme d'acquisition d'actions *(investments in common stocks-shares)*. Ils prennent aussi la forme d'acquisition d'obligations *(investments in bonds)* ou de prêts *(long term receivables-loans)*. Entrent dans cette rubrique les terrains, les constructions acquis à titre de placement et non pour les besoins de l'exploitation. Aux États-Unis ces immobilisations font partie des immobilisations financières *(long-term investments)*, en Grande-Bretagne également sous la rubrique « *Investment properties* » [2]. Ces différents investissements figurent au bilan sous la rubrique immobilisations financières *(long term investments)*.

Aux États-Unis, le traitement comptable de ces investissements a fait l'objet, récemment, de la publication de la norme FAS 115 [3] (en remplacement de la norme FAS 12) et en Grande-Bretagne de l'exposé sondage ED 55, dont nous avons déjà parlé [4]. L'IASC consacre au traitement comptable de tous les instruments financiers la norme 39 [5]. Nous savons que la norme américaine classe les investissements financiers en trois catégories. Relèvent plus précisément du long terme les titres d'investissement *(held to maturity securities)* et les autres titres de placement *(securities available for sale)*. Les titres d'investissement sont représentatifs d'une

1. Une autre forme de regroupement est la fusion absorption (merger). Les entités absorbées cessent juridiquement d'exister. En conséquence, les actifs nets des sociétés absorbées viennent grossir les actifs de la société absorbante sous forme d'apports physiques et financiers. Il n'y a pas d'investissements financiers.

2. La perte pour amoindrissement ne pourra faire l'objet d'une reprise que si et seulement s'il y a un changement dans les estimations par rapport à celle retenues dans la constatation de la perte initiale. ED55.

3. FAS 115, *Accounting for certain investments in debt and equity securities*, 1993.

4. Voir current assets.

5. « IAS 39 – Instruments financiers : Comptabilisation et évaluation *(Financial instruments)* », 1999. Cette norme s'applique à toutes les entreprises, même aux entreprises d'assurance, à l'exception des droits et des obligations découlant des contrats d'assurance qui doivent faire l'objet d'une norme spécifique actuellement à l'étude et concerne à la fois les instruments financiers à terme et les actifs et passifs tels les dettes et les créances et les instruments de capitaux propres. *Bulletin Comptable et Financier*, décembre 2000, p. 35.

dette, acquis pour être conservés jusqu'à l'échéance et que l'entreprise à la capacité de conserver jusqu'à l'échéance. Ce qui exclut les actions. Les autres titres de placement sont des titres, actions ou obligations, qui ne sont pas acquis pour être revendus à brève échéance, mais, pour les obligations, qui peuvent être cédées avant l'échéance.

L'exposé sondage britannique classe les investissements selon le critère de la durée de détention. L'investissement est dit à long terme, s'il est nettement établi l'intention de conserver l'actif longtemps. Il englobe les actions, les obligations, les prêts, les instruments financiers de couverture, les droits de souscription. Cette liste n'est pas exhaustive.

Nous étudierons successivement le traitement comptable des acquisitions et des cessions des immobilisations financières en actions *(long term investments in common stocks)*, des immobilisations financières sous forme de prêts *(long term receivables)*.

3.1. Les immobilisations financières sous forme d'actions (long term investments in shares equity securities)

Elles entrent dans l'actif au prix d'acquisition majoré des frais d'acquisition (frais de courtage et autres frais engagés dans l'opération). Si les valeurs sont acquises par voie d'échange et que la valeur vénale est inconnue, le cours sur le marché peut servir de référence. Cette valeur au bilan est susceptible de se modifier à l'arrêté des comptes. La méthode d'évaluation retenue à l'arrêté des comptes dépend de l'importance de la part détenue dans le capital d'une société. Si la part est minoritaire, c'est-à-dire inférieure à 20 % des droits de vote, les titres dits de placement figurent au bilan de l'investisseur au prix du marché *(fair value)*. Si la part est égale ou supérieure à 20 % des droits de vote, les titres détenus par l'investisseur sont évalués selon la méthode de l'évaluation par équivalence *(equity method)*.

3.1.1. *La valorisation des titres à l'arrêté des comptes au prix du marché ou juste valeur* (fair value method)

La norme distingue les fluctuations conjoncturelles de la valeur de marché et la perte définitive de la valeur de l'investissement.

3.1.1.1. Les fluctuations conjoncturelles de la juste valeur

Les deux grandes innovations résident dans la suppression des provisions pour les moins-values subies et la comptabilisation des plus-values latentes. En effet, la norme américaine stipule que les autres titres de placement et particulièrement les actions sont valorisées à l'arrêté des comptes à la valeur de marché ou juste valeur [1]. La plus ou la moins-value cons-

1. IAS 39 précise que tous les actifs et passifs financiers, y compris les dérivés, doivent être comptabilisés au bilan, initialement au coût d'acquisition et ultérieurement les actifs financiers à l'exception des opérations de couverture, doivent être réévalués à leur juste valeur. *Bulletin Comptable et Financier,* décembre 2000.

tatée est enregistrée dans un compte de réserves. On peut imaginer, faute de précision connue, que la variation de la valeur du titre par rapport à son prix d'acquisition puisse être comptabilisée dans un compte de plus ou moins-value latente sur des investissements financiers à long terme en actions *(unrealized loss or gain in value of long term investment in marketable equity securities)*. Ce compte, conformément à la norme 12, viendrait en moins ou en plus dans les capitaux propres. Chaque année la variation de la valeur de marché par rapport à l'année précédente s'équilibrerait à l'aide de ce compte [1].

Exemple 22 – La société A a acquis au début de l'année N, 18 % du capital de la société B, fixé à 2 000 000 de dollars, au prix de 360 000 dollars. À la fin de l'année N, la valeur des participations sur le marché s'élève à 400 000 dollars. La plus-value latente, 40 000 dollars, enregistrée au compte de titres *(investment in B company – common stock)* ou au compte de provision correspondant *(valuation allowance : Inv B, common stock)* a pour contrepartie le compte de plus value latente sur des investissements financiers *(unrealized gain in value of long term investment in marketable equity securities)*.

December 31 year N		
Investment in B company – common stock or Valuation allowance : Inv B, common stock	40,000	
Unrealized gain in value of long term investment in equity securities		40,000
To record unrealized gain in market value		

Au 31 décembre de l'année N + 1, le cours en bourse est passé à 380 000 dollars. L'ajustement de la valeur des titres au prix du marché s'accompagne d'un prélèvement sur le compte de plus-value latente de 20 000 dollars. L'exposé sondage E 48 traite, de façon identique, ce type de problème, mais impute la plus-value ou la moins-value latente au compte de résultat.

December 31 year N + 1		
Unrealized gain in value of long term investment in equity securities	20,000	
Investment in B company-common stock		20,000
To reduce unrealized gain to balance of $ 20,000		

1. La norme FAS 115 stipule la possibilité d'enregistrer la variation temporaire du titre dans un sous-compte du titre « *Valuation allowance account to record at fair value* » qui est débité des augmentations de la *fair value* et crédité des variations inverses. Ce compte est l'équivalent du compte de provision pour dépréciation utilisé en comptabilité française, à la différence près qu'il enregistre à la fois les plus-values et les moins-values de la juste valeur par rapport à la valeur comptable.

La dépréciation non temporaire des titres fait l'objet d'un traitement comptable spécifique.

3.1.1.2. Les dépréciations non temporaires des titres de placement *(permanent decline in value of investment – impairment)*

Si la dépréciation des « autres titres de placement » (SAS) devient définitive, il y a lieu de constater la perte *(impairment loss)* dans le résultat de la période. Ce compte est débité par le crédit du compte de la valeur concernée. Cette valeur est la nouvelle valeur de base ; elle ne peut pas être réévaluée par des variations positives, ultérieures et non temporaires de la valeur de marché. Aussi, toute augmentation et toute diminution ultérieure sont calculées par référence à cette nouvelle valeur et sont enregistrées dans le compte de provision « *unrealized holding gain or loss* », compte rattaché à un compte de capitaux propres.

Exemple 23 – Au 31 décembre de l'année N + 2, la société B enregistre une diminution substantielle et permanente de son actif net pour un montant de 1 000 000 de dollars. La société ramène la part de son investissement de 360 000 à 180 000 dollars et enregistre la perte dans le compte « *impairment loss* ». Le cours en bourse est de 210 000 dollars à l'arrêté des comptes. Elle enregistre une plus-value potentielle de 30 000 dollars qu'elle saisit dans le compte « *unrealized gain in value of long term investment in equity securities* » ; le solde s'ajuste avec le compte de titre « *investment in B company* » ou « *valuation allowance – Invt B, common stock* ». À cette date, la société enregistre l'écriture suivante :

December 31 year 1		
Impairment loss, Inv B, common stock	180,000	
Investment in B company, common stock or Valuation allowance, Inv B, commmon stock		150,000
Unrealized gain in value of long term investment in securities		10,000
To record loss and gain on long term investment		

Au bilan, les comptes figurent respectivement à l'actif et au passif (tableau 36).

Tableau 36 – *A company balance sheet, December 31, year N (dollars)*

Fixed assets		**Stockholder' equity**	
Long term investment in equity securities at market value	400,000	Capital Paid-in-capital Add, unrealized gain in value of long term investments in equity securities [a]	40,000

a. Ce compte n'apparaît plus directement au bilan il est regroupé dans la rubrique « *Comprehensive Income* ».

En Grande-Bretagne, les immobilisations financières sont toujours comptabilisées au coût historique sauf dans le cas de dépréciation permanente qui implique la constitution d'une provision imputée au compte de résultat [1]. Elles peuvent être réévaluées. La plus-value de réévaluation est portée dans un compte de capitaux propres *(reevaluation reserve)*.

La valorisation des titres de participation immobilisés dans les comptes de la société « investisseur » peut représenter la part de l'actif net de la filiale au moment de l'arrêté des comptes. Cette méthode d'évaluation porte le nom d'évaluation par équivalence.

3.1.2. La valorisation des titres à l'arrêté des comptes selon la méthode d'évaluation par équivalence (equity method)

Cette méthode est utilisée dès lors que l'investisseur *(investor)* exerce une influence sur la gestion et sur la politique financière de la société dont elle détient des titres *(investee)*. L'influence existe dès lors que l'investisseur possède 20 % et plus des droits de vote dans le capital d'une autre [2] sous réserve qu'il soit capable d'exercer cette influence. Si les conditions sont remplies, la valorisation de l'investissement au bilan évolue. Lors de l'acquisition, les titres entrent dans l'actif de l'investisseur au prix d'acquisition, au débit du compte de participation *(investment in Xcompany common stocks)*. Normalement, la valeur de la participation d'une société dans une autre est représentative d'une part proportionnelle de l'actif net. Au cours du temps, la valeur de la participation dans la société va être ajustée en fonction des changements intervenus dans l'actif net de la société dont elle possède une partie du capital. Chaque année, les droits de l'investisseur dans le résultat de ladite société sont enregistrés dans le compte des participations *(investments in X company common stocks)*.

Exemple 24 – Supposons que le 2 janvier de l'année N, la société ATT acquiert 30 % du capital de la société ITA (ce pourcentage est aussi représentatif des droits de vote) 400 000 dollars. Au 31 décembre le résultat de la société ITA est de 80 000 dollars, soit 75 000 dollars de résultat sur activités ordinaires et 5 000 dollars de résultat sur éléments exceptionnels, 10 000 dollars seront distribués sous forme de dividendes en juin de l'année N + 1. Ces opérations donnent lieu aux traitements comptables suivants.

---

1. ED 55, paragraphes 63 et 68.
2. APB, opinion n° 18. *The equity method of accounting for investments in common stocks,* AICPA, New York, 1971, p. 355. FASB, interpretation n° 35. Criteria for applying the equity method, 1981.

a) L'enregistrement de l'acquisition

January 2 year N		
Investment in ITA Company common stock	400,000	
Cash		400,000
To record acquisition of 30 % of common stock of ITA company at earning amount of ITA's net assets		

b) L'augmentation de la part dans l'actif net de la société ITA liée au résultat est enregistrée au débit du compte de participation. La contrepartie constitue un produit ventilé en un produit sur participation émanant des activités d'exploitation *(investment income ordinary)* et un produit sur participations émanant des activités extraordinaires *(investment income extraordinary)*.

December 31 year N		
Investment in ITA Company common stocks	24,000	
Investment income ordinary		22,500
Investment income extraordinary		1,500
To record 30 % of net income ITA company for year N. $ 75,000 × 0,3 + $ 5,000 × 0,3		

c) L'encaissement des dividendes entraîne un transfert des immobilisations financières vers la trésorerie.

June 30 year n + 1		
Cash	3,000	
Investment in ITA company common stock		3,000
To record dividends received from ITA company $ 1,000 × 0,3		

L'utilisation de cette méthode pose un certain nombre de problèmes. Le premier naît de l'obligation d'éliminer les résultats interentreprises entre la société investisseur et la société dans laquelle elle possède des participations. Le second naît de l'existence d'une différence entre le coût d'acquisition de la participation et la valeur comptable. Si la valeur d'acquisition est supérieure à la valeur comptable, ce qui équivaut à une surévaluation des actifs, l'excédent est amorti sur la durée de vie des immobilisations réévaluées par prélèvement chaque année sur le produit de l'investissement, c'est-à-dire sur le compte *investment income*. Inversement, une acquisition à un prix inférieur à la valeur comptable oblige l'investisseur à allouer une fraction annuelle de la sous-évaluation comme un produit de la participation sur la durée d'utilisation du bien, c'est-à-dire au crédit du compte *investment income*. Le troisième problème est l'obligation pour l'investisseur d'ouvrir, pour clore le résultat en fin de période, un compte de réserves spécifiques *(retained earnings of investee)* enregistrant la fraction non distribuable du résultat lui revenant. Dans le cas présent, ce compte est crédité d'une somme de 21 000 dollars [1]. La quatrième émane de ce que les participations peuvent avoir été acquises progressivement. Or la méthode d'évaluation par équivalence ne s'applique que si la participation atteint 20 %. Au cours des acquisitions successives, la méthode d'évaluation appliquée a été celle du coût d'acquisition *(cost method)* jusqu'à ce que la participation atteigne les 20 %. Au-delà de ce pourcentage, la méthode appliquée est rétroactivement celle de l'évaluation par équivalence.

Les participations au capital d'une société génèrent au profit du titulaire un certain nombre de droits, les droits de souscription et l'éventualité d'un paiement de dividendes sous forme d'actions au gré de l'actionnaire. Le traitement comptable de ces accessoires aux actions est régi selon certaines règles que nous nous proposons d'évoquer.

3.1.2.1. Le traitement comptable des droits de souscription *(stock warrants or stock rights)*

Ces droits confèrent à leur détenteur le droit d'acquérir des actions ordinaires à un prix déterminé et pendant une période donnée. Ces droits sont soit octroyés par la société émettrice des actions auxquelles ces droits sont attachés, soit achetés par toute personne désireuse de souscrire à l'émission pour laquelle ils ont été créés. Selon leur origine, leur évaluation au bilan n'est pas la même.

- *Valorisation des droits distribués par la société émettrice*

Lorsque la société émettrice octroye aux détenteurs d'actions des droits de souscription, elle ne distribue aucun actif. Jusqu'à ce que le détenteur exerce son droit ou le vende, l'investissement d'origine figurant à l'actif représente la valeur des actions acquises et la valeur des droits de souscription à exercer. Le droit comme l'action a un marché et est coté. La comptabilisation du droit implique l'allocation d'une fraction de la valeur de l'action, coupon attaché, dans un compte spécifique, pour une valeur déterminée à partir des cours relatifs du droit et de l'action sur le marché. La valeur théorique du droit de souscription se détermine de la façon suivante :

$$\text{Valeur d'un droit de souscription} = \text{Valeur d'origine de l'action} \times \frac{\text{Cours du droit}}{\text{Cours d'une action ex-droit} + \text{Cours d'un droit}}$$

1. (\$ 24,000 – \$ 3,000).

Exemple 25 – La société Lansung possède des participations dans la société Cott acquises au prix unitaire de 115 dollars. Cette dernière a décidé de procéder à une augmentation de capital au début de l'année N + 4. La société Lansung bénéficie de 20 000 droits de souscription qui lui donnent la possibilité de souscrire à raison d'une action nouvelle de valeur nominale 100 dollars pour cinq anciennes, soit 4 000 actions au prix unitaire de 120 dollars, avant le 31 décembre de l'année N + 7. Au moment de l'exercice du droit, l'action ex-droit et le droit de souscription cotent respectivement en bourse 140 dollars et 10 dollars.

La valeur du droit de souscription est de 7,66 dollars [1]. Dans les écritures de la société Lansung, la mise en évidence de la valeur des droits conduit l'entreprise à ouvrir un compte de participations dans le capital de la société Cott, droits de souscription *(investment in Cott corporation, stock warrants or stock rights)* et à y virer une somme de 153 200 dollars [2] prélevée sur la valeur d'origine des participations dans la société Cott.

January 12 year N + 4		
Investment in Cott Corporation stock warrants	153,200	
Investment in Cott Corporation common stock		153,200
To allocate cost of Cott Corporation investment to stock warrants received January 12 year n + 4 based on relative market value of Cott's common and stock warrants		

Le compte *investment in Cott corporation, stock warrants* est soldé lors de l'exercice des droits par le débit du compte *investment in Cott corporation*. Le complément de 480 000 dollars [3] est prélevé sur la trésorerie.

Investment in Cott common stock	633,200	
Investment in Cott Corporation stock warrants		153,200
Cash		480,000
To record acquisition of 4,000 shares of Cott common stock at $ 120 a share plus rights		

Il est également soldé par un compte de pertes si les droits ne sont pas exercés. L'évaluation des droits achetés lors de leur entrée dans l'actif est moins complexe.

1. ($ 115 × $ 10/150).
2. ($ 7,66 × $ 20,000).
3. ($ 120 × 4,000).

• *Valorisation des droits de souscription achetés*

Comme toute valeur mobilière, les droits achetés entrent à l'actif au prix d'acquisition majoré des frais de courtage et des autres frais d'acquisition. Ils sont enregistrés au débit du compte investissement en droits de souscription *(investment in stock warrants or stock rights)*. Au moment de l'acquisition des titres, le compte investissement en droits de souscription est crédité par le débit des comptes de titres acquis.

L'actionnaire a le choix lors du paiement des actions de recevoir des dividendes sous forme d'espèces ou sous forme d'actions.

3.1.2.2. Le paiement des dividendes en actions *(stock dividends)*

Le paiement des dividendes en actions ne constitue pas un produit pour l'investisseur. L'administration fiscale est totalement d'accord sur ce point [1]. En conséquence, la valeur des participations n'est pas modifiée. Seul le nombre d'actions augmente. Cette information doit figurer en annexe. Si profit il y a, il sera dégagé et comptabilisé au moment de la cession des titres.

Les immobilisations financières sous forme d'obligations sont fréquentes. Leur comptabilisation répond à des règles spécifiques.

3.2. Les immobilisations financières sous forme d'obligations (long term investments in bonds)

Une entreprise achète des obligations à une échéance déterminée *(maturity)*. Elle en attend un revenu *(return on investment)*. Lors de l'émission, le rendement *(yield)* de cet investissement est fixé dans le contrat. Il s'exprime par un taux. Il peut être égal au taux nominal d'émission *(state rate of interest or nominal rate)*. En fait, il est fonction du prix d'acquisition de l'obligation, tout particulièrement lorsque l'acquisition intervient après l'émission *(issuance)*. Le prix d'acquisition des titres achetés après l'émission diffère le plus souvent du prix d'émission, mais l'entreprise ne récupère à l'échéance que la valeur nominale du titre. Un traitement comptable approprié permet de ramener la valeur des titres de leur prix d'acquisition à la valeur nominale. Enregistrer au prix d'acquisition ou à la valeur de remboursement, cette valeur est susceptible de varier dans le temps et requiert un traitement à l'arrêté des comptes.

---

1. *Accounting Research and Terminology bulletins*, final edition, AICPA, New York, 1961, chapitre 7 b, p. 51.

En France (loi du 03/01/1983), la distribution d'un dividende en actions se traduit d'une part, par la constatation d'un produit financier, d'autre part, par une augmentation du poste participations warranty, immobilisation financière ou valeurs mobilières de placement. Sur le plan fiscal, le dividende reçu donne droit à l'avoir fiscal et bénéficie le cas échéant du régime fiscal des sociétés mères et filiales.

3.2.1. *Le prix d'acquisition des obligations*

Le coût d'acquisition des obligations est égal à la valeur actuelle des revenus attendus conformément aux conditions du contrat, exprimée au taux d'intérêt du marché au moment de l'investissement.

Si le taux de rendement requis par les investisseurs est égal au taux nominal, les obligations peuvent être acquises à la valeur nominale. Si le taux requis est celui du marché et qu'il excède le taux nominal, les obligations doivent être acquises à un prix inférieur à la valeur nominale *(at a discount)*. En revanche, si le taux d'intérêt du marché est inférieur au taux nominal, les obligations seront acquises à un prix supérieur au prix du marché, c'est-à-dire que l'acquéreur devra verser une prime *(a premium)*.

Exemple 26 – Une société achète le 1er février de l'année N + 1 100 000 dollars d'obligations de nominal 100 émis par la société HP à 8 % et échéant dans 10 ans. Le rendement attendu est de 10 % et les intérêts sont versés tous les semestres à terme échu. Le taux d'intérêt sur le marché étant supérieur au taux nominal les obligations seront acquises à un prix inférieur à la valeur nominale.

La valeur d'acquisition des obligations est égale à :

– la valeur actuelle des 100 000 dollars escomptés à 5 % sur 20 semestres :	37 689 dollars [1]
– majorée de la valeur actuelle des 20 coupons semestriels de 4 000 dollars escomptés à 5 % :	49 849 dollars [2]
– prix d'acquisition :	87 538 dollars

Si le taux d'intérêt sur le marché n'était que de 7 %, le prix d'acquisition des titres serait de 107 105,59 dollars [3].

La date d'acquisition joue un rôle dans le prix d'acquisition. En effet, ce prix que nous venons de déterminer est majoré de l'intérêt couru entre la date d'échéance du dernier coupon et la date d'acquisition du titre.

Exemple 27 – Supposons que la société précédente a acquis les titres trois mois après l'échéance du dernier coupon. Admettons que les taux d'intérêts sur le marché sont supérieurs à 8 % et que les titres sont cotés à 92,4/5 %. Le prix d'acquisition des titres est de 92 800 dollars [4], majoré des intérêts courus sur 3 mois, soit 2 000 dollars [5]. Les titres acquis entrent dans l'actif net au débit du compte, investissements en obligations *(investment in HP Company bonds)* pour le cours coté en bourse et au débit du compte intérêts courus *(interest receivable)* pour le montant des intérêts courus.

1. ($ 100,000 $(1{,}05)^{-20}$).
2. (4,000 $(1 - (1{,}05)^{-20})/0{,}05$.
3. Valeur actuelle de 100 000 dollars d'obligations. 50 256 dollars majorés de la valeur actuelle des 20 coupons semestriels de 4 000 dollars soit 56 849 dollars.
4. ($ 100,000 × 92,4/5).
5. ($ 100 000 × 8 % × 3/12).

May 1 year N + 1		
Investment in HP Company bonds ($ 100,000 × 92,4/5 %)	92,800	
Interest receivable ($ 100,000 × 8 % × 3/12)	2,000	
Cash		94,800
To record acquisition of 1,000 bonds plus accrued interest of $ 2,000 for three months		

L'intérêt ainsi payé viendra en diminution du coupon encaissé à l'échéance, c'est-à-dire en diminution du produit financier *(interest revenue).*

August 1 year N + 1		
Cash	4,000	
Interest revenue ($ 100,000 × 4 % – $ 2,000)		2,000
Interest receivable		2,000
To record interest revenue for three months		

Outre le traitement comptable de l'intérêt couru, l'acquisition des obligations à un prix différent de la valeur nominale soulève le problème du traitement de l'écart entre la valeur d'acquisition et la valeur nominale du titre.

3.2.2. Le traitement comptable de l'écart entre la valeur d'acquisition et la valeur nominale du titre

La norme FAS 115 distingue deux catégories d'obligations : celles que l'entreprise a l'intention de conserver jusqu'à l'échéance ou titres d'investissement et les autres titres de placement. Cette distinction entraîne un certain nombre de conséquences sur la comptabilisation.

3.2.2.1. Les titres d'investissement *(held to maturity securities)*

Ils font partie des titres d'investissement représentatifs d'une dette. Ils entrent dans les comptes à la valeur de remboursement et dégagent un différentiel qu'il faut saisir dans un compte *discount on investment in bonds* lorsque le prix d'acquisition est inférieur à la valeur de remboursement ou *premium on investment in bonds*, lorsque le prix d'acquisition est supérieur à la valeur de remboursement ou à la valeur nominale. Ce différentiel est amorti sur la durée de vie résiduelle du titre. La position de l'IASC est très proche de celle du FASB [1].

À l'échéance, l'entreprise récupère la valeur nominale du titre quel que soit le prix d'acquisition. Plusieurs méthodes de comptabilisation existent

1. IAS 32, *Financial instruments,* 1995.

pour éliminer l'écart. La méthode la plus fréquemment utilisée est celle de la capitalisation systématique de la réduction à l'achat ou de l'investissement systématique de la prime payée. Cette méthode reconnaît que la réduction sur l'achat ou la prime payée constitue une part du produit financier revenant à l'investisseur.

La capitalisation de la réduction augmente le profit financier périodique et l'amortissement de la prime le diminue. Les méthodes utilisées pour capitaliser la réduction ou pour amortir la prime sont soit l'amortissement par la méthode de l'intérêt composé *(compound interest method)*, soit la méthode de l'amortissement linéaire.

• *L'amortissement selon la méthode de l'intérêt composé* (compound interest method)

Le produit financier de chaque période est obtenu en multipliant le solde du compte d'investissement par le taux d'intérêt effectif au moment où l'investissement a été fait.

En reprenant l'exemple 26 et dans l'hypothèse où le prix d'acquisition est inférieur à la valeur nominale, le premier coupon est de 4 376,90 dollars, à savoir l'intérêt de 4 000 dollars [1] et la capitalisation de la réduction 376,90 dollars [2]. La capitalisation est imputée chaque année au compte d'investissement en obligations selon l'écriture suivante :

– pour le premier coupon :

August 1 year N + 1		
Cash	4,000.00	
Investment in HP Company bonds	376.90	
Interest revenue		4,376.90
To record receipt of interest at the end of the first six months ($ 100,000 × 8 % × 1/2) = $ 4,000. Accumulation of discount interest method [($ 87,538 × 5 %) – $ 4,000].		

– pour le second coupon :

February 2 year N + 2		
Cash	4,000.00	
Investment in HP Company bonds	545.75	
Interest revenue		4,545.75
To record receipt of interest at the end of the second six months period ($ 100,000 × 8 % × 1/2). Accumulation of discount interest method ($ 87,538 + $ 377) × 5 % – $ 4,000.		

1. ($ 100,000 × 8 % × 1/2).
2. ($ 87,538 × 5 % – $ 4,000).

Cette méthode est complexe, on lui préfère la méthode de l'amortissement linéaire, d'exécution plus simple.

- *La méthode de l'amortissement linéaire* (straight line method)

Cette méthode consiste à amortir la prime sur la durée de l'emprunt. Reprenons l'exemple 26. Le prix d'acquisition avec prime est de 107 105 dollars. La prime est de 7 105 dollars et sera amortie chaque année à raison de 710 dollars [1]. Au moment de l'encaissement du produit financier, l'amortissement de la prime vient en diminution du prix d'acquisition des titres. L'encaissement du premier coupon est ainsi comptabilisée :

August 1 year N + 1		
Cash	4,000	
Investment in HP Company bonds		710
Interest revenue		3,290
To record receipt of interest at the end of the first six months period ($ 100,000 × 8 % × 1/2). Amortization of premium straight line method $ 7,105/10		

Les encaissements successifs des coupons seront comptabilisées de la même façon.

3.2.2.2. Les autres titres de placement

Le problème de l'écart entre la valeur d'acquisition et la valeur nominale du titre ne se pose pas aux États-Unis puisque le titre entre au prix d'acquisition. L'ED 55 [2], en Grande-Bretagne, préconise, également, la comptabilisation des immobilisations financières au coût historique.

3.2.3. La valeur des titres à l'arrêté des comptes

Le classement précédent retrouve sa raison d'être. Le traitement comptable diffère selon que les titres sont des titres d'investissement ou des titres de placement.

Les titres d'investissement demeurent évalués à la valeur de remboursement. Une variation temporaire à la baisse n'entraîne pas la constitution d'une provision pour dépréciation. En revanche, une dépréciation non temporaire justifie de ramener le coût d'entrée du titre à sa valeur probable de négociation. La dépréciation s'analyse comme une perte comptabilisée dans le compte de résultat et non comme une provision.

1. ($ 7,105 : 10).
2. ED 55, paragraphe 26.

Pour les autres titres de placement, à l'arrêté des comptes, ils sont portés à leur valeur probable de négociation ou juste valeur *(fair value – curent value)*. Les gains et les pertes sont comptabilisés dans les réserves, sauf dans le cas de dépréciation définitive où la perte constatée est reprise dans le compte de résultat.

La Grande-Bretagne reste fidèle aux normes européennes en comptabilisant les provisions pour dépréciation. Cependant, elle offre la possibilité d'utiliser la règle de la juste valeur *(current value)*, la plus value étant alors affectée à un compte de réserves de réévaluation.

L'importance de ce type d'immobilisations justifie que des informations complémentaires figurent en annexe.

3.3. Les informations **(disclosures)**

Qu'il s'agisse des titres de dettes *(held to maturity securities)* et de façon séparée pour chaque type de titres ou d'actions *(available for sale securities)* et ce globalement, la norme FAS 115 impose que les informations suivantes soient mentionnées en annexe : les valeurs probables de négociation *(aggregate fair value)* ; les gains latents bruts *(gross unrealized holding gains)* ; les pertes latentes *(gross unrealized holding losses)* ; les coûts amortis *(amortized cost)* ; les dates d'échéance contractuelles à la date d'arrêté du bilan le plus récent.

Pour chaque période faisant l'objet de la présentation d'un compte de résultat, les informations suivantes doivent être indiquées : les produits provenant de la vente des « *securities available for sale* » ainsi que les gains ou pertes bruts réalisés sur ces cessions ; le mode de détermination du coût ayant servi à calculer les gains ou pertes réalisés ; les gains bruts ou pertes brutes compris dans les résultats et résultant du transfert des titres classés comme « *securities available for sale in trading securities* » ; la variation des pertes ou gains potentiels nets sur les « *trading securities* »qui a été portée au compte de résultat durant la période.

Le respect de l'équilibre financier implique que les emplois durables soient financés par des ressources à caractère de permanence, c'est-à-dire par des capitaux propres (capital et réserves) ou/et par des emprunts à long et moyen terme. Les premières n'ont aucune incidence sur le résultat et présente suffisamment d'importance pour qu'un développement spécifique leur soit consacré [1]. En revanche les emprunts à long terme ont un coût explicite qui grève le résultat. C'est à ce titre que nous les traitons dans ce chapitre.

1. Chapitre 4 : « Les capitaux propres ».

4. Les dettes à long terme *(long term liabilities)*[1]

Certains emprunts sont remboursables en une fois à l'échéance *(term bonds)* et d'autres sous forme d'annuités *(serial bonds)*. La plupart des emprunts-obligations sont remboursables par anticipation *(callable)* au gré de l'emprunteur. Ils peuvent présenter certaines caractéristiques, c'est-à-dire être convertibles *(convertible)* en actions ordinaires ou émis avec des bons de souscription d'actions. Nous étudierons successivement le traitement comptable des emprunts-obligations ordinaires et ensuite celui des emprunts présentant des particularités : emprunts émis avec des bons de souscription, emprunts convertibles en actions.

4.1. Le traitement comptable des emprunts-obligations ordinaires

Les emprunts-obligations ordinaires sont remboursables à l'échéance ou par annuités. Les émissions se font dans les mêmes conditions, c'est-à-dire à des valeurs dont les modalités de calcul sont très voisines, mais le contenu des versements périodiques diffère. Pour les remboursements à échéance, les versements périodiques ou coupons ne comprennent que des intérêts. En revanche, les annuités rémunèrent le capital *(interest payment)* et assurent le remboursement du nominal de l'emprunt *(principal payment)*. La valeur d'émission affecte le coût financier. Remboursables à l'échéance ou par annuités, ces emprunts le sont aussi par anticipation.

4.1.1. La valeur d'émission des emprunts ordinaires[2]

Lorsqu'une société *(issuer)* décide d'émettre un emprunt sous forme d'obligations, elle s'engage à rembourser la totalité de l'emprunt à une date donnée ou par versements périodiques selon un calendrier fixé à l'avance, et à payer des intérêts généralement tous les six mois calculés par application d'un taux nominal *(nominal rate)* à la valeur nominale de l'emprunt. La charge réelle d'intérêt, mesurée par le taux effectif dépend du prix auquel l'obligation est vendue. Le taux d'intérêt effectif ou taux de rendement *(yield rate)* est établi par le marché financier *(money market)*. Si le taux du marché est égal au taux nominal les titres sont émis à la valeur nominale *(face amount)*. S'il est supérieur au taux nominal les titres sont

---

1. Les dettes à long terme sont des instruments financiers. Leur définition et leur traitement comptable sont précisés dans :
- les normes américaines APB Opinion 14 et 21 et FAS 64, 76, 84, 105, 107, 125 ;
- la norme internationale IAS 39 ;
- la norme britannique FRS 4.

2. IAS 39 indique que les passifs financiers doivent être évalués à leur montant comptabilisé à l'origine net des amortissements et des remboursements du principal, à l'exception des dérivés et des passifs détenus à des fins de transaction qui doivent être évalués à leur juste valeur.

émis à une valeur inférieure à la valeur nominale *(sold at a discount)*. S'il est inférieur au taux nominal, les obligations seront émises à un prix supérieur à la valeur nominale *(sold at a premium)* [1]. Nous illustrons à l'aide de deux exemples le calcul de la valeur d'émission des obligations remboursables à l'échéance et celui de la valeur d'émission des obligations remboursables par des versements fractionnés.

4.1.1.1. Le calcul de la valeur d'émission des emprunts remboursables à l'échéance

Nous reprenons l'exemple 26. Les frais d'émission s'élèvent à 5 % du nominal de l'emprunt. L'émission se fait à des prix différents selon que le taux du marché est inférieur ou supérieur au taux nominal.

a) Le taux du marché est de 10 %, les titres sont vendus 87 538 dollars alors qu'ils sont émis à 100 000 dollars et au taux nominal de 8 %. La société contracte une dette de 100 000 dollars *(bonds payable)* et n'encaisse que 87 538 dollars, la différence est comptabilisée dans un contra-account du compte de dettes *(discount on bonds payable)* et les frais d'émission de 5 000 dollars dans un compte de frais d'émission d'emprunt *(bond issue costs)* [2]. Au jour de l'émission, l'enregistrement de la dette dans les livres de la société émettrice s'effectue de la façon suivante :

Cash	82,538	
Bond issue costs	5,000	
Discount on bonds payable	12,462	
Bonds payable		100,000
To record issuance of bonds at a discount		

Au bilan, la dette figure à sa valeur d'émission [3] dite valeur nette *(carrying amount)* par analogie au traitement des effets à recevoir. La dette pour émission d'un emprunt-obligations se présente de la façon suivante :

Long term debt	
8 % bonds payable due in 10 years (face amount)	$ 100,000
Less : discount	($ 12,462)
Carrying amount	$ 87,538

1. Voir *supra* section 3 : Les investissements financiers.
2. Ils sont amortissables sur 5 ans.
3. APB, opinion n° 21. *Interest on receivables and payables*, AICPA, New York, 1971, p. 423.

b) Le taux du marché est de 7 %

La dette contractée est toujours de 100 000 dollars, la somme encaissée de 107 105 dollars. La société bénéficie d'une prime de 7 105 dollars comptabilisée dans un compte de prime sur emprunt *(premium on bonds payable)*. Au jour de l'émission, l'enregistrement dans les livres de la société est le suivant :

Cash	102,105	
Bond issue costs	5,000	
Premium on bonds payable		7,105
Bonds payable		100,000
To record issuance of bonds at a premium		

Au bilan, la dette apparaît selon les composantes suivantes :

Long term debt	
8 % bonds payable due in 10 years (face amount)	$ 100,000
Add : premium	7,105
Carrying amount	$ 107,105

4.1.1.2. Le calcul de la valeur d'émission des emprunts remboursables par annuités constantes

Les conditions de l'émission relèvent du même principe que les conditions de l'émission de l'emprunt remboursable à l'échéance. Le prix d'émission est soit inférieur, soit supérieur à la valeur nominale selon que le taux d'intérêt effectif est supérieur ou inférieur au taux nominal. Un escompte ou une prime est alors dégagé. La valeur d'émission ou valeur nette de l'emprunt est égale à la somme des valeurs actuelles des annuités à verser au taux d'intérêt effectif pour assurer le remboursement de la dette.

Exemple 28 – Une entreprise émet un emprunt de 200 000 dollars sur une durée de 5 ans au taux nominal d'émission de 8 %. L'émission a lieu au début de l'année N. Les intérêts sont payables en fin d'année et les remboursements du capital sont constants chaque année soit de 40 000 dollars. Le taux d'intérêt sur le marché est de 10 %.

La valeur d'émission de l'emprunt est égale à la somme des valeurs actuelles *(proceeds)* des annuités au taux d'intérêt effectif de 10 % (tableau 37).

La valeur actuelle des annuités de remboursement au taux de 10 % est de 190 321 dollars, l'escompte à amortir de 9 679 dollars. Que l'emprunt soit remboursé à l'échéance ou par annuités, l'escompte accordé au souscripteur ou la prime prélevée fait l'objet d'un amortissement au moment du paiement des intérêts.

Tableau 37 – *Emprunt remboursable par versement d'annuités*
Valeur actuelle des annuités de remboursement
(proceeds of serial bonds issue) (dollars)

Date	Principal payment	Interest payment at 8 % of face amount	$(1{,}10)^{-n}$	Proceeds or present value of principal payment and interest
12/31/N	40,000	16,000	0.9090	50,904.0
12/31/N + 1	40,000	12,800	0.8265	43,639.2
12/31/N + 2	40,000	9,600	0.7513	37,264.4
12/31/N + 3	40,000	6,400	0.6830	31,691.2
12/31/N + 4	40,000	3,200	0.6209	26,823.0
	200,000	48,000		190,321.8

4.1.2. Le traitement comptable du coût financier

La différence entre le taux nominal d'émission et le taux d'intérêt effectif a des effets sur la charge annuelle d'intérêt [1].

Un emprunt émis à un prix inférieur à la valeur nominale est de toute évidence remboursable à la valeur nominale. La différence entre la valeur nominale et la valeur d'émission est une charge d'intérêt *(a discount)* à amortir chaque année sur la durée de l'emprunt en majorant la charge annuelle d'intérêt.

La situation inverse se produit si le taux du marché est inférieur au taux nominal. Le prix d'émission excède la valeur nominale de l'emprunt. L'excédent représente une prime *(premium)* considérée comme une charge anticipée d'intérêt. Elle est aussi amortissable sur la durée de l'emprunt et vient en diminution de la charge annuelle d'intérêt. La procédure d'amortissement *(amortization)* de l'escompte ou de la prime a pour effet de ramener la valeur nette de la dette *(carrying amount)* à la valeur nominale de l'emprunt au fur et à mesure du rapprochement de l'échéance. Les méthodes utilisées présentent quelques variantes selon que l'emprunt est remboursé à l'échéance ou par annuité.

1. Le projet de norme britannique, FRED 3 *Accounting for capital instruments*, précisait que le coût financier d'une dette est défini comme la différence entre le montant net encaissé lors de l'émission et le total des sommes payées jusqu'à l'extinction de la dette. Ce coût devait être réparti sur la durée de l'emprunt en fonction du taux effectif, c'est-à-dire du taux constant appliqué au capital non remboursé. Voir FRS 4, Capital instruments, décembre 1993.

4.1.2.1. Les méthodes d'amortissement de l'escompte ou de la prime des emprunts remboursables à l'échéance

Deux méthodes sont couramment utilisées : l'amortissement selon la méthode de l'intérêt composé et la méthode de l'amortissement linéaire.

- *L'amortissement selon la méthode de l'intérêt composé* (compound interest method)

Cette méthode est appliquée qu'il s'agisse de l'amortissement de l'escompte ou de la prime. Reprenons l'exemple 23. L'emprunt est émis au taux nominal de 8 % sur 10 ans. Le taux du marché au moment de l'émission s'élève à 10 %. En conséquence, la valeur nette de la dette n'atteint que 87 538 dollars. Pour chaque semestre, la charge d'intérêt est la charge effective d'intérêt obtenue par application du taux effectif d'intérêt à la valeur nette de la dette au début de la période. Au moment du paiement des intérêts, cette charge est comptabilisée dans un compte de charges d'intérêt pour emprunt *bond interest expense*, par le crédit du compte de trésorerie d'une part, et par le crédit du compte ouvert au moment de l'émission *discount on bonds payable*, d'autre part, pour la différence. Le premier versement au 1er août de l'année N sera ainsi comptabilisé :

August 1 year N + 1		
Bond interest expense	4,376.9	
Cash		4,000.0
Discount on bonds payable		376.9
To record interest expense including amortization of discount ($ 87,538 × 5 % = $ 4,376.9) ($ 100,000 × 4 % = 4,000)		

La valeur nette de l'emprunt augmente au fur et à mesure du paiement des intérêts et tend vers 100 000 dollars (tableau 38).

Le raisonnement est identique lorsque l'émission excède la valeur nominale. Le taux du marché n'atteint que 7 % et la valeur nette comptable de la dette est de 107 105 dollars. Lors de chaque versement des intérêts, la prime est amortie d'une somme égale à la différence entre la charge nominale de l'intérêt à 8 % et la charge d'intérêt de la valeur nette de l'emprunt à 3,5 % (tableau 39). L'amortissement s'impute sur le compte *premium on bonds payable* au moment du versement du coupon. Le traitement comptable du versement du premier coupon donne lieu à l'écriture suivante :

August 1 year N		
Bond interest expense	3,748.67	
Premium on bonds payable	251.33	
Cash		4,000
To record interest expense including amortization of premium		

Tableau 38 – *Emprunt remboursable à l'échéance émis à un prix inférieur à la valeur nominale. Amortissement selon la méthode de l'intérêt composé. Emprunt de 100 000 dollars au taux nominal de 8 % remboursable à terme. Taux de l'argent sur le marché 10 %. Prix d'émission de l'emprunt 87 538 dollars. Intérêts payables tous les 6 mois (dollars)*

Date	① Interest paid (4 % of face amount)	② Interest expense (5 % of bonds carrying amount)	③ Discount amortization ② – ①	④ Bonds discount balance ④ – ③	⑤ Carrying amount end of year $ 100,000 – ④
12/31/N				12,462.00	87,538.00
06/30/N + 1	4,000	4,376.90	376.90	12,085.10	87,914.90
12/31/N + 1	4,000	4,395.75	395.75	11,689.35	88,310.50
06/30/N + 2	4,000	4,415.53	415.53	11,273.82	88,726.18
12/31/N + 2	4,000	4,436.30	436.30	10,837.52	89,162.48
06/30/N + 3	4,000	4,458.12	458.12	10,379.40	89,620.60
06/30/N + 10	4,000	4,907.00	907.00	952.39	99,047.61
12/31/N + 10	4,000	4,952.39	952.39	0	100,000.00

Tableau 39 – *Emprunt remboursable à l'échéance émis à un prix supérieur à la valeur nominale. Amortissement selon la méthode de l'intérêt composé. Emprunt de 100 000 dollars au taux nominal de 8 % remboursable à terme. Taux de l'argent sur le marché 7 %. Prix d'émission de l'emprunt 107 105 dollars. Intérêts payables tous les 6 mois (dollars)*

Date	① Interest paid (4 % of face amount)	② Interest expense (3.5 % of bonds carrying amount)	③ Premium amortization ① – ②	④ Bonds premium balance ④ – ③	⑤ Carrying amount end of year $ 100,000 – ④
12/31/N				7,105.00	107,105.00
06/30/N + 1	4,000	3,748.67	251.33	6,853.67	106,853.67
12/31/N + 1	4,000	3,739.87	260.13	6,593.54	106,593.54
06/30/N + 2	4,000	3,730.77	269.23	6,324.31	106,324.31
12/31/N + 2	4,000	3,721.35	278.65	6,045.66	106,045.66
06/30/N + 3	4,000	3,711.59	288.40	5,757.26	105,757.26
06/30/N + 10	4,000	3,533.16	466.84	480.72	100,480.72
12/31/N + 10	4,000	3,519.28	480.72	0	100,000.00

Après chaque versement la valeur nette de la dette diminue pour être à l'échéance ramenée à 100 000 dollars.

Une autre méthode d'amortissement s'offre à l'entreprise, la méthode de l'amortissement linéaire.

- *La méthode de l'amortissement linéaire* (straight line method)

Reprenons l'exemple de base. Appliquons la méthode de l'amortissement linéaire à l'escompte et à la prime. L'émission est faite à un prix inférieur à la valeur nominale, la valeur de l'escompte est de 12 462 dollars et est amortissable sur 20 semestres à raison de 623,1 dollars. Chaque semestre, la valeur nette de l'emprunt augmente de ce montant pour atteindre 100 000 dollars à l'échéance (tableau 40).

Tableau 40 – *Emprunt remboursable à l'échéance. Amortissement de l'escompte. Méthode de l'amortissement linéaire (straight line method) (dollars)*

Date	① **Interest paid (4 % of face amount)**	② **Discount amortization (1/20 × 12,462)**	③ **Interest expense** ① + ②	④ **Bonds discount balance** ④ – ②	⑤ **Carrying amount end of year** **$ 100,000 – ④**
12/31/N				12,462.0	87,538.0
06/30/N + 1	4,000	623.10	4,623.10	11,838.9	88,161.1
12/31/N + 1	4,000	623,10	4,623,10	11,215.8	88,784.2
06/30/N + 2	4,000	623,10	4,623,10	10,592.7	89,407.3
12/31/N + 2	4,000	623,10	4,623.10	9,969.60	90,030.4
06/30/N + 10	4,000	623,10	4,623.10	623.10	99,376.9
12/31/N + 10	4,000	623,10	4,623.10	0	100,000

L'émission est faite à un prix supérieur à la valeur nominale, la prime payée par le souscripteur de 7 105 dollars est amortie par fractions égales de 355 dollars par semestre (tableau 41). Le compte enregistrant la prime est débité lors du paiement de chaque coupon d'une somme de 355 dollars et est soldé à l'échéance.

L'écriture de paiement de l'intérêt se présente comme suit :

August 1 year N + 1		
Bond interest expense	4,623.10	
Cash		4,000.00
Discount on bonds payable		623.40
To record interest expense including amortization of discount		

Tableau 41 – *Emprunt remboursable à l'échéance. Amortissement de la prime. Méthode de l'amortissement linéaire (dollars)*

Date	① Interest paid (4 % of face amount)	② Premium amortization 1/20 × 7,105	③ Interest expense ① – ②	④ Bonds premium balance ④ – ②	⑤ Carrying amount end of year $ 100,000 + ④
12/31/N				7,105.00	107,105.00
06/30/N + 1	4,000	355.25	3,644.75	6,749.75	106,749.75
12/31/N + 1	4,000	355.25	3,644.75	6,394.50	106,394.50
06/30/N + 2	4,000	355.25	3,644.75	6,039.25	106,039.25
12/31/N + 2	4,000	355,25	3,644.75	5,684.00	105,684.00
06/30/N + 10	4,000	355.25	3,644.75	355.25	100,355.25
12/31/N + 10	4,000	355.25	3,644.75	0	100,000.00

Cette méthode est souvent utilisée en raison de sa simplicité. Les résultats obtenus sont cependant erronés. L'amortissement par la méthode de l'intérêt composé est plus rigoureuse. Plus la durée de l'emprunt est longue, plus l'escompte ou plus la prime est importante et plus grand est l'écart entre la charge d'intérêt selon la méthode linéaire et selon la méthode de l'intérêt composé.

Qu'en est-il de l'amortissement de l'escompte et de la prime lorsque l'emprunt émis est remboursable par annuités ?

4.1.2.2. Les méthodes d'amortissement de l'escompte ou de la prime pour les emprunts remboursables par annuités

Nous limiterons l'étude à l'amortissement de l'escompte, l'amortissement de la prime relève des mêmes principes. L'amortissement de l'escompte peut être effectué de deux façons, soit en utilisant la méthode de l'intérêt composé *(compound interest method)* ou la méthode de l'amortissement de l'escompte proportionnellement aux obligations encore en circulation chaque année *(bonds outstanding method)*.

Les tableaux 42 et 43 indiquent la fraction de l'escompte amortie chaque année. La première méthode est tout à fait similaire à la méthode utilisée pour amortir l'escompte des emprunts remboursables à l'échéance. La méthode d'amortissement proportionnel aux obligations en circulation donne des résultats voisins des résultats de la méthode précédente, tout simplement parce que la durée de l'emprunt est courte. En fait, cette modalité de calcul est très proche de la méthode d'amortissement linéaire car chaque exercice une somme proportionnelle au nombre de milliers de dollars d'obligations en circulation est amortie. Dans l'exemple, la somme amortie par millier de dollars est de 16,13 dollars (c'est-à-dire égale au quotient de l'escompte 9 679 dollars sur la somme des valeurs des obligations encore en circulation après chaque échéance, soit 600 000 dollars) (tableau 43).

Tableau 42 – *Emprunt remboursable par annuité. Amortissement de l'escompte (interest method) (dollars)*

Year	① Carrying amounts 200,000 – ⑤ – ⑥	② Interest expense (10 % of 1)	③ Interest payment (8 % of bonds outstanding)	④ Discount amortization ② – ③	⑤ Bonds discount balance ⑤ – ④	⑥ Cumulative principal payment
N	190,321.00				9,679.0	
N + 1	153,353.10	19,032.1	16,000	3,032.10	6,646.9	40,000
N + 2	115,888.40	15,335.3	12,800	2,535.30	4,111.6	80,000
N + 3	77,877.20	11,588.8	9,600	1,988.80	2,122.8	120,000
N + 4	39,264.96	7,787.7	6,400	1,387.70	735.1	160,000
N + 5		3,926.4	3,200	726.40		200,000

Tableau 43 – *Emprunt remboursable par annuité. Amortissement de l'escompte proportionnellement au montant des obligations encore en circulation (bounds outstanding method) (dollars)*

Year	① Bond outstanding (face amount)	② Fraction of total bonds outstanding	③ Amortization of discount (9,679)	④ Interest payments (8 % of bonds outstanding)	⑤ Interest expense ③ + ④
N	200,000	10/30	3,227	16,000	19,227
N + 1	160,000	8/30	2,581	12,800	15,380
N + 2	120,000	6/30	1,935	9,600	11,535
N + 3	80,000	4/30	1,291	6,400	7,690
N + 4	40,000	2/30	645	3,200	3,845
	600,000	30/30	9,679		

Ainsi, le montant amorti de l'escompte à la 3e échéance est de 1 935 dollars [1]. Les versements périodiques conduisent logiquement à l'extinction de la dette.

4.1.3. L'extinction de la dette (extinguishment of long term debt)

Lorsque l'emprunt est remboursé à l'échéance ou par le versement d'annuités, l'emprunteur n'enregistre ni perte, ni bénéfice puisque la valeur nette de la dette et la valeur nominale de l'emprunt sont d'un même montant.

1. ($ 16.13 × 120).

Parfois, diverses raisons, telle l'existence de taux d'intérêt plus avantageux, incitent l'émetteur à retirer ces obligations avant l'échéance. Il dispose de plusieurs moyens pour y parvenir :

– soit racheter ses obligations *(call bonds)*. Les obligations rachetées ne peuvent pas être détruites. Sur le plan comptable, elles sont virées dans un compte d'obligations rachetées *(treasury bonds)*. Ce rachat donne lieu à un gain ou à une perte comptabilisée dans le compte de résultat comme un élément exceptionnel [1] ;

– soit échanger les obligations contre des actions *(debt equity swap)* non émises ou rachetées ;

– soit éteindre un emprunt en émettant un autre emprunt *(refunding)* ;

– soit transférer simultanément à un *trustee* la dette et des valeurs mobilières ou des liquidités permettant d'assurer sans risque pour les obligataires le remboursement de la dette [2]. Cette procédure porte le nom de *in substance defeasance*.

Les sociétés n'émettent pas que des emprunts-obligations ordinaires, elles ont la possibilité d'émettre des obligations présentant des caractéristiques particulières, offrant la possibilité à l'obligataire d'opter pour la qualité d'actionnaire. Ce sont les obligations émises avec des bons de souscription et les obligations convertibles.

4.2. *Les obligations émises avec des bons de souscription d'actions* (bonds issued with stock warrants attached)

Les droits attachés aux obligations donnent à l'obligataire le droit d'acquérir un certain nombre d'actions ordinaires émises par la société à un prix déterminé. Ce n'est pas une contrainte. Le droit est détachable et peut être cédé à un tiers. Les obligations sont émises à un taux nominal inférieur au taux d'intérêt normalement accordé à des émissions d'obligations de même titre. Cette pénalisation qui frappe l'obligataire a conduit les instances responsables de la normalisation comptable [3] à considérer qu'une partie du prix d'émission correspond à la valeur du droit. Le droit de souscription et l'obligation étant cotés séparément, on admet que la valeur du marché est la valeur de référence retenue pour enregistrer la valeur de ces droits dans un compte de passif de capitaux propres, *paid-in-*

---

1. FASB, statement n° 64, *Extinguishment of debt made to satisfy sinking fund requirements*, 1982, p. 2.

2. FASB, statement n° 76, Extinguishment of debt, 1983, p. 1-3. Cette technique utilisée en France fait l'objet de la publication d'un avis du CNC (15/12/88), document n° 76. La méthode comptable préconisée est identique à celle de la norme américaine.

3. APB, opinion n° 14, *Accounting for convertible debt and debt issued with stock purchase warrants*, AICPA, New York, 1969.

capital, stock warrants [1]. La contrepartie de ce compte est un compte de réduction sur émission d'obligations *(discount on bonds payable).*

Exemple 29 – La société Norbert émet le 1er juillet de l'année N + 5 des obligations avec bons de souscription d'actions pour un nominal de 10 000 000 de dollars (100 000 obligations de 100 dollars). Les bons de souscription d'action sont cotés 450 000 dollars et sont enregistrés au débit du compte *discount on bonds payable*. La contrepartie est un compte de dettes *(paid-in-capital stock warrants)*. L'émission est comptabilisée de la façon suivante :

July 1 year N + 5		
Cash	10,000,000	
Discount on bonds payable	450,000	
Bonds payable		10,000,000
Paid-in-capital, stock warrants		450,000
To record issuance of bonds with common stock warrants attached		

Dans le cas présent, le prix d'émission effectif des titres est de 95,5 dollars. Lorsque le droit de souscription est exercé, le compte *paid-in-capital stock warrants* est soldé au profit d'un compte de primes liées au capital *(paid-in-capital in excess of par common stock).*

Les sociétés ont une autre possibilité d'obtenir des fonds à des conditions moins onéreuses que les fonds d'emprunts ordinaires : les obligations convertibles.

4.3. Les obligations convertibles (convertible bonds)

Les obligations convertibles sont des obligations qui peuvent être converties en actions selon l'option de leur détenteur à des époques et à des conditions fixées dès l'émission de l'emprunt. Pour l'entreprise, l'émission d'obligations convertibles a pour effet de faciliter l'émission, de diminuer le coût de l'endettement (l'emprunt est émis à un taux inférieur au taux normalement pratiqué) et de réduire l'endettement de la firme au moment de la conversion de l'emprunt. Sur le plan comptable, le remboursement de la dette et l'augmentation de capital sont enregistrés simultanément.

1. En France, les bons de souscription attachés à un emprunt obligataire sont considérés par le CNC n'avoir aucune valeur. Ils ne sont pas comptabilisés et leur péremption n'a aucune incidence comptable. Il en est tout autrement pour l'émission de bons de souscription autonomes qui sont enregistrés dans un sous-compte du compte capital, primes liées au capital social et ce de façon définitive que le droit soit exercé ou pas.

Exemple 30 – La société Roper a émis des obligations à 9 % convertibles. La conversion s'effectuera à raison de 3 actions de 5 dollars contre une obligation de 100 dollars. Le 1er avril de l'année N + 3, les détenteurs des 20 millions d'obligations optent pour leur conversion. Le cours de l'action ordinaire est de 40 dollars et le dividende unitaire de 2 dollars au moment de la conversion.

Avant l'opération, les comptes d'emprunt et de capitaux propres figurent au bilan pour les montants suivants :

– emprunt convertible à 9 %	20 000 000 dollars
– escompte sur l'emprunt	1 246 221 dollars
– capital, actions ordinaires de 5 dollars, autorisées 2 000 000 actions, émises et en circulation 750 000	3 758 000 dollars
– prime d'émission	11 830 000 dollars

L'opération de conversion entraîne l'annulation du compte d'emprunt, du compte d'escompte correspondant et l'augmentation des comptes de capital et de prime d'émission par création de 600 000 actions [1].

Il existe deux méthodes de comptabilisation de la conversion : la méthode dite « à la valeur comptable » *(carrying amount method)*, sous entendu, de l'emprunt convertible et la méthode dite « au prix du marché » de l'action *(juste valeur)* [2].

4.3.1. La méthode de conversion à la valeur comptable (carrying amount method)

Au moment de la conversion, la valeur nette comptable de l'emprunt convertible représente le montant de l'augmentation des capitaux propres. Cette méthode est prévue dans la norme britannique FRS 4 [3].

April 1 year N + 3		
9 % convertible bonds payable	20,000,000	
Common stock $ 5 × 600,000		3,000,000
Discount on 9 % convertible bonds payable		1,246,221
Additional paid-in-capital		15,753,779
To record conversion of bonds payable to 600,00 shares of common stock (carrying amount method)		

4.3.2. La méthode de conversion au prix du marché de l'action

Les défenseurs de cette méthode considèrent que l'augmentation des capitaux propres qui résulte de la conversion des obligations s'effectue au cours de l'action au moment de la conversion.

1. 200 000 obligations × 3.
2. La juste valeur est la règle aux États-Unis, *Bulletin Comptable et Financier*, n° 61, septembre 1993, p. 63.
3. *Bulletin Comptable et Financier*, mars 1994, p. 70.

Dans le cas présent, les capitaux propres augmentent de 24 000 000 de dollars [1]. Compte tenu de l'escompte à amortir, l'entreprise doit comptabiliser une perte sur conversion d'emprunt égale à 5 246 221 dollars [2].

April 1 year N + 5		
9 % convertible bonds payable	20,000,000	
Loss on conversion of bonds	5,246,221	
Common stock		3,000,000
Discount on 9 % convertible bonds payable		1,246,221
Additional paid-in-capital		21,000,000
To record conversion of bonds payable to 600,000 shares of common stock with a market price of $ 40 a share		

La méthode de la conversion à la valeur comptable des obligations est plus conforme aux principes comptables généralement acceptés. La seconde méthode est plus fréquemment utilisée lors de l'émission d'actions ordinaires ou d'actions privilégiées pour éteindre une dette dans le but d'améliorer la structure financière du bilan.

Les obligations convertibles se trouvent à la frontière des capitaux propres et des dettes. Elles restent des dettes jusqu'à ce que l'acheteur ait pris l'option à l'époque et aux conditions fixées lors de l'émission. Recourir à l'endettement suppose une crédibilité suffisante de l'entreprise que les prêteurs apprécient à travers les capitaux propres.

1. ($ 40 × 600,000).
2. ($ 24,000,000 – $ 20,000,000 + $ 1,246,221).

Chapitre 4

LES CAPITAUX PROPRES *(STOCKHOLDERS' EQUITY CAPITAL AND RESERVES)*

C'est une notion essentiellement comptable. En France, l'article 22 du décret du 29/11/1983 [1] en énumère les éléments, ce qui ne signifie pas que leur existence et leur importance en valeur ne sont pas influencées par la loi sur les sociétés. Le même constat est à faire dans les pays anglo-saxons, à l'exception des États-Unis qui ne subordonnent pas la création d'une société de capitaux à la constitution d'un capital minimum. Leur classement au bilan respecte un certain ordre fondé sur un critère de répartition. Viennent d'abord les éléments qui ne peuvent pas être distribués, parce qu'ils ne sont ni un bénéfice, ni une réserve. Il s'agit :

– du capital *(capital stock or legal stock – called up share capital)* ;

– de la prime d'émission *(additional paid-in-capital – share premium account)* destinée à protéger les actionnaires contre une dépréciation de leurs titres (qu'ils bénéficient ou ne bénéficient pas du droit préférentiel de souscription) lors d'une émission d'actions. Cette prime peut également servir à compenser des dépenses afférentes à une émission d'actions ou d'obligations de la société, à attribuer des actions gratuites par incorporation, à rembourser une partie du prix d'émission des actions privilégiées au moment de leur remboursement [2]. Aux États-Unis, l'ensemble est regroupé sous le qualificatif *paid-in-capital.* Au Royaume-Uni, il faut rajouter la réserve de réévaluation *(revaluation reserve).* Celle-ci fait

---

1. Décret d'application de la loi du 30/04/1983 relative à la mise en harmonie des obligations comptables des commerçants et de certaines sociétés avec la IVe directive adoptée par le Conseil des Communautés Européennes.

2. Art. 130. Loi sur les sociétés (Companies Act 1985).

l'objet d'ajustements selon les besoins et elle n'est reprise au compte de résultat que lors de la cession du bien concerné ;

– puis, les réserves et le résultat qui, aux États-Unis, figurent sous une seule rubrique *(retained earnings)* et sous deux rubriques séparées dans les bilans anglais *(other reserves and profit and loss account)* avant répartition du résultat ;

– enfin, « *other comprehensive income* », dont les provisions pour dépréciation des immobilisations financières *(unrealized loss in value of long term investments in marketable equity securities)* [1] vient grossir les capitaux propres dans les bilans américains. Elles jouent le rôle d'une provision pour dépréciation.

Les spécificités comptables nous amènent à étudier successivement les capitaux propres non distribuables : capital et prime d'émission (section 1) et les capitaux propres distribuables, plus particulièrement le résultat (section 2).

1. Le capital et les primes d'émission *(paid-in-capital)*

Dans les pays anglo-saxons, les entreprises ont également à leur disposition pour exercer leurs activités commerciales plusieurs formes sociales qui vont de l'entreprise individuelle *(sole proprietorship)* à l'entreprise sociétaire *(corporation)*. La forme sociétaire est la plus répandue et répond au besoin de mettre en commun des moyens pour travailler ensemble en accordant à l'entité constituée la personnalité juridique.

La réglementation de cette forme sociale est régie en Grande-Bretagne par les lois successives sur les sociétés *(Companies Act)* dont la dernière en date est celle de 1989 *(Company Act of 1989)*. Les lois de 1985 et de 1989 constituent une véritable révolution dans le droit anglais qui cesse d'être traditionnellement souple pour s'harmoniser sur le droit communautaire. Aux États-Unis [2], la réglementation s'inspire du droit anglais et relève

1. Voir chapitre 3, section 3.

2. Après la grande crise de 1929, et jusqu'en 1946, le droit des sociétés, tel que nous le désignons en France, se divise aux États-Unis entre le droit des sociétés *(corporation law)* qui relève des États et le droit des valeurs mobilières *(securities regulation)* qui est le droit fédéral. Cette distinction a gagné le droit anglais qui a sa source dans le Common Law, l'equity et le droit législatif et le droit des valeurs mobilières réglementé par des organes créés par les milieux financiers de la City.

Depuis 1947, les États-Unis révisent leur droit et le simplifient. Parallèlement, le droit fédéral se renforce, tout en laissant aux États beaucoup de liberté par la publication d'un modèle de sociétés (modèle *business corporation Act*) qui propose aux États-Unis ce qui semble souhaitable pour la constitution d'une société. Ce modèle proposé en 1946 sera refondu. Une 3e édition est publiée en 1984. Une refonte du droit fédéral a été entreprise. Elle a donné lieu à la publication d'un code, le Federal Securities Code, document doctrinal dont s'inspirent la SEC et les tribunaux. A. Tunc, *Le droit américain des sociétés anonymes*, Economica, Paris, octobre 1985, pp. 33 et s.

essentiellement des lois d'États. Il existe deux grandes catégories d'entités juridiques proches des formes sociales françaises de société de personnes *(general partnership, unlimited companies)* et de société de capitaux *(corporations)*.

Dans les sociétés de personnes, la société a la personnalité morale et les associés restent responsables indéfiniment sur l'ensemble de leurs biens des dettes de la société. Aux États-Unis, une loi uniforme a été adoptée par les États pour régir leurs statuts [1]. La société de capitaux reste la forme sociale la plus fréquemment utilisée par les entreprises puisqu'elle offre à la fois la personnalité morale à la société et n'engage la responsabilité des associés que dans la limite de leurs apports. Désignées sous le nom de *limited company* ou *company limited by share (LTD)*, en Grande-Bretagne, elles se présentent sous deux formes selon les moyens financiers envisagés pour la constitution du capital social. C'est une *private limited company* lorsqu'elle ne fait pas appel à l'épargne publique et une *public limited company* dans le cas contraire [2].

Aux États-Unis, cette distinction n'existe pas juridiquement, mais, dans les faits, on distingue les *private corporations* et les *public corporations.* Les statuts des sociétés de capitaux *(corporations)* sont particuliers et, très longtemps, les lois anglaises s'en sont inspirées. En effet, le capital n'est pas, comme en France, la garantie des créanciers. À l'extrême, la notion de capital n'a pas de raison d'être. Il est en voie d'effacement et a disparu des *Model Business Corporation Act (MBCA).* Le droit des sociétés met seulement à la disposition des entrepreneurs les structures juridiques indispensables pour travailler ensemble. Il n'y a pas d'obligation de réserve légale. La protection de l'épargne publique est en revanche assurée par une réglementation importante de l'appel au public et du marché des valeurs mobilières [3] [4]. Le droit anglais, traditionnellement souple, s'aligne sur celui des États-Unis et accorde beaucoup de liberté aux entrepreneurs jusqu'en 1981. Jusqu'à cette date, la notion de capital était floue, les modifications aisées. Une simple décision de l'assemblée générale suffisait pour augmenter le capital autorisé émis en contrepartie d'apports en numéraires, mais aussi d'apports en nature ou de services dont la valeur n'était pas contrôlée. La réduction était effectuée selon des procédures voisines. Aussi d'éminents juristes s'interrogèrent-ils sur l'utilité de recon-

---

1. Uniform partnership Act. États-Unis, *Guide fiscal*, Dossiers internationaux, Francis Lefebvre, 3e édition, p. 41.
2. À ne pas confondre avec les « public corporations » qui sont créées par une loi du parlement mais en vue de gérer un service public.
3. A. Tunc, *Le droit anglais des sociétés anonymes*, Dalloz, 1987, 3e édition, p. 20.
4. La protection de l'actionnaire est assurée par les lois de 1933 (Securities Acts) et de 1934 (Securities exchange Acts), par la réglementation prise par la SEC, par application de ces lois et par les tribunaux.

naître aux actions une valeur nominale [1]. La seule garantie légale des actionnaires était l'émission des titres à une valeur qui ne pouvait jamais être inférieure à la valeur nominale. Peu de réglementation protégeait l'actionnaire. On estimait que la meilleure garantie dont il pouvait bénéficier était le bon fonctionnement du marché des valeurs mobilières. Or, ce bon fonctionnement était assuré par l'environnement, c'est-à-dire par la presse économique et financière qui n'hésitait pas à commenter les résultats des sociétés, à poser des questions par l'intermédiaire des maisons financières chargées des émissions et qui, pour des raisons de crédibilité, ne peuvent travailler qu'au profit des sociétés sérieuses offrant toute garantie aux actionnaires, enfin par la bourse qui requiert de la part des sociétés des engagements dont elle contrôle le respect.

Depuis 1980, l'adoption forcée des deuxième et quatrième directives européennes [2] a conduit à une transformation complète du droit des sociétés anglaises. La souplesse de la réglementation a été remplacée par une législation abondante, touffue, mal acceptée et non codifiée, calquée sur la législation continentale du capital minimum, d'une souscription intégrale, d'une libération du quart de la valeur nominale à la souscription, de la vérification des apports en nature et de l'interdiction des apports en industrie.

Les caractéristiques juridiques des sociétés permettent de mieux comprendre la structure du capital et le traitement comptable de son émission et de ses modifications.

1. Gower (L.C.B.), *The principle of modern company law* ; 3e edition 1969, présenté avec le concours de K.W. Wedderburn, O. Weaver et A.E.W. Park.

2. La deuxième directive européenne du 13/12/1976 tend à coordonner pour les rendre équivalentes les garanties qui sont exposées dans les États membres des sociétés au sens de l'article 58, 2e alinéa du traité en vue de la protection des intérêts tant des associés que des tiers en ce qui concerne la constitution de la société anonyme, ainsi que le maintien et les modifications de son capital. JO des communautés européennes du 31/01/1977, n° L26.

Quatrième directive européenne du 25/07/1978, concerne les comptes annuels de certaines formes de sociétés. JO des communautés européennes du 14/08/1978, n° L 222.

1.1. La structure du capital

Une des originalités du droit des sociétés américain est l'absence de dispositions subordonnant la création d'une société à l'existence d'un capital minimum [1]. Il appartient à chaque société l'obligation de décider librement du capital autorisé *(authorized)* et du capital émis *(issued)*. La distinction a son importance. L'entreprise est autorisée par l'assemblée des actionnaires à augmenter son capital d'un montant déterminé, mais elle n'est pas obligée, si elle l'estime, d'émettre la totalité des actions, ce qui lui donne la possibilité d'émettre à tout moment, dans la limite du capital autorisé. En Grande-Bretagne, depuis 1980, la loi sur les sociétés réglemente les modifications du capital. Jusqu'à cette date, l'assemblée autorisait l'augmentation de capital et la décision d'émettre appartenait au Conseil des Directeurs sans limitation dans le temps aux conditions qui lui semblaient bonnes et qui pouvaient entraîner une dilution du capital. Son pouvoir allait jusqu'à autoriser l'augmentation du capital. Ce pouvoir leur est maintenant retiré au profit de l'assemblée ; quant à celui d'émettre à concurrence d'un plafond fixé par ladite instance, il doit être exercé dans les 5 années qui suivent la décision d'autorisation [2] [3]. La même loi a fixé à 50 000 livres le capital minimum obligatoire de toute société anonyme publique *(public limited company)* qui se crée [4].

Le capital autorisé et le capital émis apparaissent distinctement dans les bilans américains (tableau 44) [5]. Une insertion en note ou dans l'annexe informe les actionnaires et les tiers sur le montant du capital émis figurant au bilan britannique (tableau 45).

---

1. Le capital minimum n'est pas exigé car il ne constitue la garantie de personne, ni des actionnaires, ni des créanciers. La garantie des actionnaires est assurée par des moyens officieux, mais aussi efficaces, notamment pour les émissions publiques. Elles sont confiées à des établissements financiers spécialisés les *investments bankers* dont la mission est de protéger l'épargne publique. La société émettrice est leur client pour qui elles doivent rechercher les modalités de l'émission les plus favorables à la société. D'un autre côté, l'épargne publique n'acceptera pas les yeux fermés les actions proposées. *L'investment banker* joue un rôle d'information et celui d'arbitre dans la détermination du cours qualifié de « raisonnable ». Il existe aussi une réglementation officielle, l'*Uniform Securities Act*, coordonnée avec le droit fédéral : A. Tunc, *op. cit.*, pp. 69 et s.

2. Position française (art. L. 18 dl 3). L'assemblée générale extraordinaire.

3. Pour les augmentations par des apports en numéraire (art. 80 et 121 de la loi sur les sociétés de 1985).

4. Art. 11. Loi sur les sociétés de 1985.

5. FASB, statement n° 129, *Disclosure of information about capital structure*, 1997.

Tableau 44 – *Capitaux propres – stockholders' equity (dollars)*

Éléments en capital *(paid-in capital)*	
– capital actions ordinaires, valeur nominale 10 dollars, autorisées 500 000 actions, émises et en circulation 200 000 actions *(common stock, $ 10 par value, 500 000 shares authorized, 200 000 shares issued)*	2,000,000
– prime d'émission *(paid-in-capital in excess of par value common)*	1,450,000
Total capital + prime d'émission *(total paid-in-capital)*	3,450,000
Réserves *(retained earnings)*	870,000
Capitaux propres *(stockholders' equity)*	4,320,000

Tableau 45 – *Capitaux propres – capital and reserves (dollars)*

– Capital *(called up share capital)*	190,000
– Prime d'émission *(share premium account)*	165,000
– Réserve de réévaluation *(revaluation reserve)*	22,000
– Autres réserves *(other reserves)*	215,000
– Résultat *(profit and loss account)*	135,000
– Capitaux propres *(total capital and reserves)*	727,000

Le capital autorisé et émis est composé d'une ou de plusieurs catégories d'actions émises selon le pays avec ou sans valeur nominale. Cette structure est susceptible de modifications futures dans la mesure où certains titres sont assortis du droit de souscription.

1.1.1. Les différentes catégories d'actions

Le capital est composé d'actions ordinaires *(common stocks – ordinary or equity shares)* ou d'actions ordinaires et d'actions privilégiées *(preferred stocks – preference shares).* La norme britannique FRS 4 distingue une autre catégorie d'actions, les actions de nature mixte *(non-equity shares)* telles que les actions émises avec une clause de remboursement ou d'intérêt liée au bénéfice. Les actions ordinaires et les actions à dividende prioritaire se distinguent par les droits qui leur sont attachés. Une très grande similitude existe entre la législation française et la législation anglo-saxonne sur ce point.

Les droits attachés aux actions ordinaires sont proportionnels au nombre d'actions possédées et se concrétisent dans le droit de vote aux assemblées, le droit de recevoir des dividendes, le droit préférentiel de souscription [1] avec la possibilité de le remettre en cause sous réserve de l'approbation des actionnaires, enfin le droit au partage en cas de liquidation.

Les actions privilégiées bénéficient de droits spécifiques et inversement voient leurs droits limités par rapport aux actions ordinaires sur certains points. Leurs caractéristiques et leurs droits varient d'une société à l'autre. Ils sont précisés dans les statuts *(articles of corporation – articles of association)*. Comme leur nom l'indique, elles bénéficient de privilèges par rapport aux actions ordinaires. D'une façon générale, clles bénéficient d'un dividende prioritaire cumulatif ou non cumulatif dont le montant constant est fixé dans les statuts ou découle de l'application d'un pourcentage à la valeur nominale du titre d'un remboursement par priorité [2]. Mais, elle est privée du droit de vote. Elles peuvent également :

– être convertibles lorsqu'elles comportent une option de conversion en actions ordinaires. Le détenteur accepte la conversion en action ordinaire si elle présente un avantage ; par exemple si le dividende octroyé aux actions ordinaires est plus élevé que celui octroyé aux actions privilégiées ;

– être rachetées par l'émetteur *(callable preferred stock – redeemable preference share)* ou à la demande de l'actionnaire sur exercice d'une option *(redeemable preferred stock)*. Le rachat à l'initiative de l'entreprise se fait à un prix fixé dans le contrat *(call price)* généralement supérieur au prix d'émission. Si l'action est aussi convertible, l'actionnaire a la possibilité de la convertir en action ordinaire plutôt que de la céder à la société. D'une façon générale, le prix de l'action privilégiée tend vers celui de l'action ordinaire. L'action ne peut être rachetée sans avoir préalablement distribué le dividende ;

– être remboursées *(redeemable preferred stock)*. Parfois, le contrat prévoit un remboursement obligatoire *(mandatory redemption)* par l'émetteur à une date et à un prix fixe. Pour ces actions, un certain nombre d'informations doivent être fournies [3] [4] : les conditions de remboursement, le montant des actions privilégiées qui doivent être remboursées dans les cinq années à venir ; les changements dans le montant des actions privilégiées remboursables durant la période comptable. Enfin, la com-

---

1. En Grande-Bretagne, la loi sur les sociétés qui réglemente les augmentations de capital prévoit que l'attribution d'equity securities (art. 89-96) ne sera possible que si les actions nouvelles ont été offertes aux anciens actionnaires à des conditions identiques et en proportion du nombre d'actions anciennes qu'ils détiennent. Cette réglementation légale n'est pas impérative, elle peut être écartée par une disposition spéciale de l'assemblée générale pour la période de validité de l'autorisation.

2. Ce double privilège tend à faire de l'action privilégiée un produit financier plus proche de l'obligation que de l'action.

3. FASB, Statement n° 47. *Disclosure of long term obligations. FASB*, Stamford, 1981, pp. 4-5.

4. *Codification of financial reporting policies*. Securities and Exchange Commission. Washington, 1982. SEC 211-04 et SEC 211-01.

mission des opérations boursières (SEC)[1] interdit de faire figurer sous l'intitulé *stockholders'equity* les actions privilégiées remboursables et de présenter sous une forme agrégée l'ensemble des actions ordinaires et actions privilégiées remboursables ;

– bénéficier du partage avec les actionnaires ordinaires des surplus des bénéfices. Ces actions sont dites participantes *(participating preferred stocks – participating preference shares)* ;

– bénéficier d'un droit préférentiel lors de la dissolution *(liquidation preference)*. Les créanciers sont d'abord désintéressés, viennent ensuite les actionnaires privilégiés à qui, par priorité, on distribue les arriérés de dividendes *(dividends in arrears)* et le dividende de l'année. Ce droit préférentiel doit être mentionné dans le bilan ou en note dans les documents financiers[2]. L'émission des actions se fait avec ou sans valeur nominale.

1.1.2. La valeur de l'action

Il y a peu de temps encore, toutes les actions émises avaient une valeur nominale *(par value)*. Actuellement, aux États-Unis, les lois des différents États autorisent les sociétés à choisir entre l'émission au pair ou sans pair *(no par value)*[3]. Cette disposition a été prise à la suite des abus qui ont été faits de l'émission d'actions au pair en rémunération d'apports non monétaires, difficilement évaluables comme les brevets, la survaleur et les autres actifs incorporels[4]. En autorisant l'émission de telles actions, les auteurs arguent que les investisseurs présumaient que le capital émis valait le pair et qu'avec cette autorisation, ils prenaient en considération d'autres facteurs comme les résultats, les dividendes et la valeur actuelle des actifs possédés par l'entreprise. Le capital cesse alors d'être le garant des tiers. Ces actions peuvent se voir attribuer une valeur fixe *(stated value)* par le conseil d'administration. Ce montant est enregistré au crédit du compte capital *(capital stock)* au moment de l'émission. Tout prix d'émission supérieur à cette valeur est enregistré pour l'excédent au compte prime d'émission *(additional paid-in-capital – share premium account)*. Cependant, depuis quelques années, les émissions se font à un prix très bas, un dollar, un demi-dollar. Cette tendance enlève de la véracité aux arguments avancés par les défenseurs de l'émission d'actions sans valeur nominale. En

---

1. *Codification of financial reporting policies.* Securities and Exchange Commission. Washington, 1982. SEC 211-04 et SEC 211-01.

2. APB, opinion n° 10, *Omnibus Opinion 1966*, AICPA, New York, 1966, p. 148.

3. En France, la valeur nominale des actions est librement fixée dans les statuts (art. L. 268, alinéa 1, modifié par la loi n° 88.15 du 05/01/1988). Toutefois, les sociétés ne sont pas autorisées à émettre des actions sans valeur nominale sous peine d'amende et d'emprisonnement (art. L. 434), à l'exception des sociétés d'investissement à capital variable.

4. Aux États-Unis, l'émission des actions sans valeur nominale a été décidée pour protéger les fondateurs contre les actions en responsabilité pour surévaluation des apports en nature.

Grande-Bretagne, la valeur nominale est aussi très faible en raison de la complexité de la procédure de réduction de la valeur de l'action (5 à 25 pences l'action) [1]. En revanche, certains États américains autorisent des émissions à un prix inférieur à la valeur nominale, ce que refuse de façon catégorique la loi britannique. Cependant, la libération totale des actions lors de la souscription n'est pas obligatoire. La libération des actions peut se faire en numéraire ou en nature sous réserve, au Royaume-Uni, que l'apport ait une valeur monétaire. Est exclue dans ce pays toute libération par apport en industrie. La libération en numéraire peut être totale ou partielle. Au Royaume-Uni, on exige, comme en France, le versement d'un minimum égal au quart de la valeur nominale majoré de la prime d'émission [2]. Aux États-Unis, cette exigence n'est pas imposée. À certaines de ces actions sont attachés des droits de souscription.

1.1.3. Les droits de souscription (stock warrants or stock rights)

Le droit de souscription est un droit *(right)*, octroyé par une société aux actionnaires, d'acquérir par priorité un certain nombre d'actions émises lors d'une augmentation de capital à un prix fixé et pendant une période de temps déterminée. Le droit de souscription attaché à une action ancienne n'est pas toujours limité à l'acquisition d'actions. Il confère parfois à l'actionnaire une priorité de souscription à l'émission d'un emprunt convertible en actions. Enfin, certaines émissions d'emprunt et certaines émissions d'actions privilégiées confèrent aux titulaires de ces valeurs mobilières le droit de souscrire, à des époques et dans des conditions fixées dès l'émission de l'emprunt, des actions ordinaires de la société émettrice.

1.1.3.1. Le droit préférentiel de souscription attaché à une action ancienne

Ce droit est reconnu aux actionnaires lors de la décision d'augmenter le capital et n'entraîne aucun échange entre la société et l'actionnaire. De son exercice, la société reçoit des liquidités pour un montant égal au prix d'émission du titre. L'émission est ouverte en priorité aux actionnaires proportionnellement au nombre de titres détenus. Ce droit est détachable et cessible aux États-Unis, lorsqu'il est reconnu [3], à toute personne étran-

---

1. Notamment quand elle doit entraîner le retour aux actionnaires d'une partie du capital libéré ou si elle dispense les actionnaires de verser tout ou partie du capital libéré (article 136 lois sur les sociétés 1985).

2. Article 101, Loi des sociétés.

3. Aux États-Unis et dans les États, une tendance s'affirme en faveur du rejet du droit de souscription. Cette solution est maintenant préconisée par le Model Business Corporation Act S.6.30. Le mouvement s'étend. De très grandes entreprises modifient leur statut pour en exclure le droit préférentiel de souscription (ATT et GE en 1975, IBM en 1982). Cependant, les tribunaux qui jouent un rôle essentiel dans l'élaboration du droit ont admis l'existence d'un droit préférentiel – A. Tunc, *op. cit.*, p. 67.

gère à la société qui peut ainsi souscrire à l'augmentation de capital [1]. En Grande-Bretagne, il est transmissible [2].

1.1.3.2. Le droit de souscription à l'émission d'un emprunt convertible ou à l'émission d'actions privilégiées

Il existe une très grande similitude entre cette procédure et la précédente. La société reconnaît aux actionnaires un droit de souscrire à l'émission d'obligations convertibles à un prix fixe et dans un délai déterminé au terme duquel le bénéficiaire qui n'a pas exercé son droit le perd. Dans l'un et l'autre cas, la reconnaissance du droit est purement juridique et n'a aucune traduction comptable.

Exemple 1 – La société Caldera reconnaît à ses actionnaires le droit de souscrire à l'émission d'un emprunt d'obligations convertibles échéant dans 10 ans, date d'émission : 2 décembre de l'année N. La possession de 8 droits plus le versement de 120 dollars (valeur d'émission de l'obligation) sont requis pour l'acquisition d'un titre. Les droits se négocient sur le marché entre 1,5 et 2,5 dollars. Sur le plan comptable, seule l'émission sera enregistrée au débit du compte de trésorerie *(cash)* par le crédit du compte de dettes *(convertible bonds)* pour la valeur nominale des obligations.

December 2 year N		
Cash	120 x	
Convertible bonds		120 x
To record issuance of x convertible bonds on exercise of stock warrants		

Cet exemple est une introduction au traitement comptable de l'émission et des modifications du capital.

1. Les termes de l'augmentation de capital décident du nombre de droits nécessaires pour souscrire une action nouvelle. Une note explicative mentionne sur le document financier ou en annexe les conditions de l'émission : nombre de droits émis, exercés et en circulation.

2. Article 90 de la loi sur les sociétés.

1.2. *Le traitement comptable de l'émission et des modifications du capital*

1.2.1. Le traitement comptable de l'émission du capital

Les actions émises sont uniquement des actions ordinaires ou des actions ordinaires et des actions privilégiées. Elles sont soit souscrites et libérées immédiatement, soit souscrites et libérées partiellement à la souscription.

1.2.1.1. Souscription et libération immédiate

Dans ce cas, seule la libération est enregistrée. Le compte trésorerie est débité du prix d'émission par le crédit des comptes de capital actions ordinaires *(common stock)* et actions privilégiées *(preferred stock)* ainsi que les comptes de prime d'émission *(additional paid-in-capital or paid-in-capital in excess of par value – common and preferred).*

Exemple 2 – La société Quill est autorisée à émettre :

- Le 1er janvier de l'année N,
- – 50 000 actions privilégiées de valeur nominale 50 dollars et assorties d'un dividende prioritaire et cumulatif de 10 %, 20 000 actions seront remboursées à la fin de l'année N + 3 au prix de 100 dollars. La société peut racheter des actions privilégiées non remboursables au prix de 75 dollars ;
- – 200 000 actions ordinaires sans valeur nominale.
- Le 15 janvier de l'année N :
- – 25 000 actions ordinaires sont émises à 20 dollars l'action ;
- – 2 000 actions privilégiées à 65 dollars.

La libération est immédiate.

La valeur d'émission de l'action privilégiée est ventilée entre le compte capital *(preferred stock)* pour la valeur nominale de l'action et la prime d'émission *(paid-in-capital in excess of par value)* pour l'excédent du prix d'émission. La totalité de la valeur d'émission de l'action ordinaire est imputée au compte de capital actions ordinaires *(common stocks).*

L'émission donne lieu à l'écriture suivante :

January 15 year N		
Cash	630,000	
Preferred stock		100,000
Common stock		500,000
Paid-in-capital in excess of par value		30,000
Issued 2,000 shares of preferred stock at $ 65 per share and 25,000 shares of common stock at $ 20 per share		

Imaginons que le conseil d'administration a décidé de fixer une valeur de base *(stated value)* pour l'action ordinaire, valeur qui se substitue à la valeur nominale, soit 10 dollars par action. La fraction du prix d'émission qui excède la valeur fixée par le conseil d'administration joue le rôle d'une prime d'émission. Elle est imputée au compte prime d'émission *(paid-in-capital in excess of stated value : common stock)*. L'émission accompagnée de la libération immédiate est enregistrée de la façon suivante :

January 15 year N		
Cash	630,000	
Preferred stock		100,000
Common stock		250,000
Paid-in-capital in excess of par value : preferred stock		30,000
Paid-in excess of stated value : common stock		250,000
Issued 2,000 shares of preferred stock at $ 65 per share and 25,000 shares of common stock at $ 20 per share		

1.2.1.2. Souscription et libération immédiate partielle

Il y a lieu de scinder l'enregistrement comptable en deux écritures. La souscription est enregistrée comme les promesses d'apport dans un compte de créance, proche des comptes 456-actionnaires, opérations sur le capital *(susbscription receivable : common)* par le crédit du compte capital souscrit : actions ordinaires *(common stock subscribed)* équivalent au capital souscrit appelé français. Elle est immédiatement suivie de la libération partielle.

Exemple 3 – Supposons que la société Quill émettant les actions ordinaires au 15 janvier de l'année N n'a exigé que le paiement de la moitié lors de la souscription. Le solde sera versé le 15 juillet. Les actions privilégiées sont remises en contrepartie d'un apport en nature, un terrain estimé à 130 000 dollars.

La souscription des actions ordinaires et la libération pour moitié donnent lieu aux écritures suivantes :

January 15 year N		
Subscriptions receivable : common	500,000	
Common stock subscribed		250,000
Paid-in-capital in excess of par value : common stock common		250,000
To record subscription for 25,000 shares of $ 10 stated value stock at $ 20 per share		
Cash	250,000	
Subscriptions receivable : common		250,000
To record collection of stock subscriptions receivable		

Aux États-Unis, contrairement à la loi française la prime d'émission n'est pas totalement libérée lors de la souscription. Le 15 juillet, les actionnaires libèrent la deuxième moitié :

July 15 year N		
Cash	250,000	
Subscriptions receivable : common		250,000
To record collection of stock subscriptions receivable		

Le compte *common stock subscribed* est alors soldé par le compte capital : *common stock.*

July 15 year N		
Common stock subscribed	250,000	
Common stock		250,000
To record the issue of a stock certificate for 25,000 shares of $ 10 stated value common stock		

Outre ces émissions successives, la structure du capital est susceptible de se modifier du fait de procédures spécifiques.

1.2.2. Les modifications de la structure du capital

La structure du capital se modifie par l'application des procédures spécifiques aux actions privilégiées ou aux actions ordinaires prévues par les statuts, décidées ou adoptées par l'assemblée des actionnaires.

1.2.2.1. Les modifications générées par les actions privilégiées

Les actions privilégiées peuvent être converties en actions ordinaires, sous réserve que cette conversion soit prévue au contrat, rachetées à la discrétion de la société, rachetées ou remboursées à une date et à un prix arrêtés dans le contrat.

- *La conversion*

Sur le plan comptable, la conversion se concrétise en une opération de virement des sommes des comptes d'actions privilégiées dans les comptes d'actions ordinaires et de prime d'émission sur actions ordinaires.

> *Exemple 4* – L'activité de la société Quill se développe et le cours de l'action ordinaire passe à 30 dollars à la fin de l'année N + 1. Le deuxième dividende s'élève à 3,5 dollars. L'action privilégiée cote 90 dollars. Les détenteurs des actions privilégiées émises le 15 janvier de l'année N et de 23 000 actions émises en octobre de la même année à 74 dollars, en demandent la conversion aux conditions prévues d'une action privilégiée pour trois actions ordinaires, soit par création de 75 000 actions ordinaires.

L'écriture de la conversion est la suivante :

December 31 year N + 1		
Preferred stock ($ 50 × 25,000)	1,250,000	
Paid-in capital in excess of par value preferred stock ($ 15 × 2,000 + $ 24 × 23,000)	582,000	
Common stock (stated value) ($ 10 × 75,000)		750,000
Paid-in excess of stated value-common stock		1,082,000
Converted 25,000 shares of $ 50 par value preferred stock into 75,000 shares of $ 10 stated value common stock		

Les cours sur le marché au moment de la conversion n'ont aucune incidence sur l'opération.

- *Le rachat des actions privilégiées à la discrétion de la société* (callable preferred stock)

Le rachat des actions privilégiées implique que la société ait suffisamment de réserves pour couvrir l'opération. L'opération se fait à un prix fixé à l'émission et à une date laissée à la discrétion de la société.

Exemple 5 – Le 31 décembre de l'année N + 1, la société Quill décide de racheter 5 000 actions privilégiées. Le prix prévu dans les statuts est de 75 dollars.

Le rachat des actions privilégiées sur le plan comptable oblige à débiter le compte capital-actions privilégiées du nominal des actions rachetées et le compte prime d'émission pour l'excédent du prix d'acquisition sur la valeur nominale.

December 31 year N + 1		
Preferred stock ($ 50 × 5,000)	250,000	
Paid-in capital in excess of par preferred stock ($ 25 × 5,000)	125,000	
Cash		375,000
To record repurchase of 5,000 shares at $ 75 per share		

Les opérations d'achat ou de vente d'actions n'engendrent jamais de profit ou de perte. La différence entre la valeur de rachat et la valeur de vente est imputée au débit du compte *paid-in- capital* lorsque le prix de rachat est supérieur au prix d'émission, au crédit de ce même compte lorsque la situation est inversée.

- *Le rachat ou le remboursement des actions privilégiées à une date fixée à l'avance* (redemption of preferred stock)

En Grande-Bretagne, le remboursement des actions ordinaires est également possible depuis 1985. Le remboursement entraîne systématiquement le retrait des actions et, en conséquence, le solde du compte capital-actions privilégiées pour la valeur nominale. Le compte *paid-in-capital* est débité de l'excédent du prix d'émission fixé dans le contrat sur la valeur nominale. Cette opération ne dégage ni perte, ni gain ; la différence entre le prix de remboursement et le prix d'émission est prélevée sur les réserves *(retained earnings)* (prix de remboursement > prix d'émission) ou vient majorer le compte *paid-in-capital* dans le cas contraire.

Exemple 6 – Sur les 50 000 actions privilégiées émises par la société Quill, 20 000 étaient obligatoirement remboursables au prix unitaire de 100 dollars au 31 décembre de l'année N + 3.

December 31 year N + 3		
Preferred stock $ 50 par ($ 50 × 20,000)	1,000,000	
Additional paid-in-capital ($ 24 × 20,000)	480,000	
Retained earnings ($ 26 × 20,000)	520,000	
Cash ($ 100 × 20,000)		2,000, 000
To record redemption of 20,000 shares of preferred stocks for $ 520,000 in excess of the original issuance price		

Si la société Quill ne remboursait qu'au prix de 70 dollars, la différence entre le prix de remboursement et le prix d'émission représenterait une fraction non remboursée de la prime d'émission. Elle ne constitue pas un gain, mais un élément des capitaux propres et augmente la part des capitaux propres revenant aux actions ordinaires.

December 31 year N + 3		
Preferred stock $ 50 par ($ 50 × 20,000)	1,000,000	
Additional paid-in-capital ($ 24 × 20,000)	480,000	
Cash ($ 70 × 20,000)		1,400,000
Additional paid-in-capital from redemption of preferred stock ($ 4 × 20,000)		80,000
To record redemption of 20,000 shares of preferred stocks at a price of $ 80,000 below the original issuance price		

1.2.2.2. Les modifications générées par les actions ordinaires

La structure du capital peut être modifiée lors du rachat des actions ordinaires *(treasury stock)*, lors de la division de la valeur de l'action *(split stock)* et lors de la conversion des obligations en actions ordinaires.

• *Le rachat des actions ordinaires* (treasury stock)

Le rachat des actions est effectué pour une série de raisons : écarter un actionnaire, augmenter les gains par action en réduisant le nombre d'actions en circulation, soutenir le cours en bourse, alimenter les plans d'achat d'actions par les salariés. Aux États-Unis, la procédure de rachat est souple. Certains États restreignent sévèrement et interdisent parfois l'usage du rachat par la société de ses propres actions. En Angleterre, le rachat par une société de ses propres actions est en principe interdit [1]. Cette règle souffre des exceptions, notamment si les articles l'autorisent, la société peut racheter ses propres actions aux conditions applicables au rachat d'actions remboursables. Ces actions sont alors annulées. Aux États-Unis, elles ne le sont pas, ce qui signifie que le rachat est suivi d'une nouvelle émission *(reissuance)* des titres rachetés dès que le besoin financier s'en fait sentir. Le rachat n'est pas une réduction du capital et n'entraîne pas en conséquence de *réduction* des capitaux propres en dessous du capital légal. Le rachat se fait donc par prélèvement sur les réserves.

En principe, une société ne peut pas posséder une partie d'elle-même. Pour cette raison, les titres rachetés ne sont pas des actifs. La propriété ne donne pas à la société le droit de recevoir des dividendes, de voter dans les assemblées, d'exercer un droit de préemption, de recevoir des actifs dans l'hypothèse d'une liquidation. Parfois, elle peut décider d'annuler les actions rachetées. Enfin, son rachat est souvent suivi d'une nouvelle émission ou distribution au profit des salariés dans le cadre des dispositions relatives à leur participation au capital. Quoiqu'il en soit et dans la mesure où le rachat n'est pas un actif et n'est pas destiné à réduire le capital, il doit être déduit des capitaux propres [2].

Il existe deux méthodes de comptabilisation du rachat par la société des actions ordinaires : la méthode dite du coût *(cost method)* et la méthode de la valeur nominale *(par or stated value method)*. La méthode dite du coût est la plus fréquemment utilisée.

a) La méthode du coût *(cost method)*

Le rachat est considéré comme une première étape dans une procédure financière qui s'achève par une nouvelle émission. Le rachat s'analyse donc en une situation d'attente dans laquelle la société s'est portée comme intermédiaire entre le premier actionnaire et le dernier. Au moment du

---

1. Loi sur les sociétés de 1985, article 143 et suivants. Comme en France, cette interdiction comporte un certain nombre d'exceptions. Rappelons qu'en France, la souscription ou l'achat par une société de ses propres actions sont interdits (art. L. 217 al. 1). Cette mesure est atténuée par un certain nombre de dérogations possibles (al. 1 et 2, art. 217).

2. APB, opinion n° 6, *Status of accounting research bulletins*, AICPA, New York, 1965, p. 40.

rachat, le compte achat d'actions *(treasury stock)* est débité du prix d'acquisition. Au bilan, ce compte vient en diminution des capitaux propres, sans entraîner de diminution du capital. Une note explicative doit être portée dans les documents de synthèse.

b) La méthode de la valeur nominale *(par or stated value method)*

Au moment du rachat, le compte *treasury stock* est débité de la valeur nominale de l'action et l'excédent du prix d'acquisition sur la valeur nominale vient en diminution du compte *additional paid-in capital*. La société peut ensuite émettre les actions achetées dans les mêmes conditions qu'une première émission ou éventuellement les annuler.

Exemple 7 – La société Lane présente au 30 septembre de l'année N + 4 les capitaux propres suivants :

Tableau 46 – *Lane corporation*

Stockholders' equity :	
Common stock, $ 10 par, authorized 1,000,000 shares, issued and outstanding 900,000 shares	$ 9,000,000
Additional paid-in-capital	2,700,000
Paid-in-capital	11,700,000
Retained earnings	1,800,000
Total stockholders' equity	$ 13,500,000

En octobre de l'année N + 4, la société Lane rachète 100 000 actions pour 1 400 000 dollars. En janvier de l'année N + 5, elle émet à nouveau 50 000 actions au prix unitaire de 13 dollars et elle annule le reste.

Nous procéderons à l'enregistrement dans les livres de la société du rachat de 100 000 actions, à l'émission de 50 000 d'entre elles et à l'annulation des 50 000 autres en retenant successivement la méthode de l'enregistrement du rachat au prix d'acquisition et à la valeur nominale.

a) Enregistrement du rachat au prix d'acquisition *(cost method)*

– Le rachat de 100 000 actions au prix unitaire de 14 dollars.

October year N + 4		
Treasury stock ($ 14 × 100,000)	1,400,000	
Cash		1,400,000
To record acquisition of 100,000 shares of common stock for the treasury at $ 14 a share		

Les capitaux propres se présentent alors de la façon suivante :

Tableau 47 – *Lane corporation*
Stockholders' equity section of balance sheet (dollars)

Stockholders' equity :	
– common stock, $ 10 par, authorized 1,000,000 shares of which 100,000 shares are in treasury	$ 9,000,000
– additional paid-in-capital	2,700,000
Paid-in-capital	$ 11,700,000
Retained earnings	1,800,000
Total paid-in-capital and retained earnings	$ 13,500,000
Less : Treasury stock, 100,000 shares at cost	1,400,000
Total stockholders' equity	12,100,000

– L'émission de 50 000 actions au prix unitaire de 13 dollars.

January year N + 5		
Cash ($ 13 × 50,000)	650,000	
Additional paid-in-capital ($ 1 × 50,000)	50,000	
Treasury stock		700,000
To record reissuance of 50,000 shares of treasury stock at $ 13 a share, or 50,000 below cost		

La différence entre le prix d'émission et le prix d'acquisition est prélevée sur le compte *additional paid-in capital* ou ajoutée à ce compte selon que le prix d'émission est inférieur ou supérieur au prix d'achat.

– L'annulation de 50 000 actions.

January year N + 5		
Common stock ($ 10 × 50,000)	500,000	
Additional paid-in-capital	200,000	
Treasury stock		700,000
To record cancellation of 50,000 shares of treasury stock carried at cost		

b) Enregistrement du rachat à la valeur nominale
(par or stated value method)

– Lors du rachat, l'excédent du prix d'acquisition sur la valeur d'origine investie par les actionnaires est prélevé sur les réserves.

October year N + 7		
Treasury stock ($ 10 x 100,000)	1,000,000	
Additional paid-in-capital ($ 3 x 100,000)	300,000	
Retained earnings ($ 1 x 100,000)	100,000	
Cash ($ 14 x 100,000)		1,400,000
To record acquisition of 100,000 shares of common stock for the treasury at $ 14 a share		

Cet enregistrement affecte les capitaux propres de la façon suivante (tableau 48) :

Tableau 48 – *Lane corporation*
Stockholders' equity section of balance sheet (dollars)

Stockholders' equity :	
Common stock, $ 10 par, authorized 1,000,000 shares issued 900,000 shares	$ 9,000,000
Less : treasury stock, 100,000 shares at par	1,000,000
	$ 8,000,000
Additional paid-in-capital	2,400,000
Total paid-in-capital	10,400,000
Retained earnings	1,700,000
Total stockholders' equity	$ 12,100,000

– L'émission des 50 000 actions.

January year N + 5		
Cash ($ 13 × 50,000)	650,000	
Treasury stock ($ 10 × 50,000)		500,000
Additional paid-in-capital		150,000
To record reissuance of 50,000 shares of treasury stock at $ 13 a share		

L'excédent du prix d'émission sur la valeur nominale est enregistré au crédit du compte *additional paid-in capital.*

– L'annulation des 50 000 actions.

January year N + 5		
Common stock ($ 10 × 50,000)	500,000	
Treasury stock		500,000
To record cancelation of 50,000 shares of treasury stock carried at par		

Le compte *treasury stock* est soldé et les capitaux propres se présentent ainsi (tableau) :

Tableau 49 – *Lane corporation*
Stockholders' equity section of balance sheet (dollars)

Stockholders' equity :	
Common stock, $ 10 par, authorized 1,000,000 shares, issued 850,000 shares	$ 8,500,000
Additional paid-in-capital	2,550,000
Total paid-in-capital	11,050,000
Retained earnings	1,700,000
Total stockholders' equity	$ 12,750,000

Le rachat d'actions est motivé par de nombreuses situations. Admise, interdite et acceptée dans des circonstances particulières, la procédure reste réglementée. Au contraire, la procédure de division de la valeur nominale des actions ne touche à aucun intérêt fondamental et n'est destinée qu'à faciliter le placement des actions.

- *La division des actions* (stock splits)

Lorsque le prix du marché ou le cours de l'action devient trop élevé, la société peut décider de diviser *(to split)* la valeur de l'action.

Exemple 8 – L'action de la société Putney cote en bourse 300 dollars. La société estime que la valeur intrinsèque de l'action est élevée dans l'absolu. Elle décide de la diviser par trois. Le titulaire d'une action de 300 dollars devient propriétaire de trois actions qui, sur le marché, cotent à peu près 100 dollars chacune. Le capital de la société et la prime d'émission dans les écritures de la société ne s'en trouvent pas modifiés dans leur montant. Ils représentent les droits d'un nombre d'actions multipliés par 3 dont la valeur nominale de chacune n'est plus que de 3,33 dollars.

Sur le plan comptable, cette opération entraîne l'annulation du compte actions ordinaires de valeur nominale 10 dollars en le débitant et l'ouverture d'un compte d'actions ordinaires de valeur nominale 3,3 dollars en le créditant.

Common stock $ 10 par ($ 10 × 100,000 actions)	1,000,000	
Common stock $ 3,3 par ($ 3,3 × 300,000)		1,000,000
To record a 3 for 1 stock split carried out by reducing par value from $ 10 to $ 3,3 a share and issuing 200,000 additional shares of common stock		

Le capital se transforme également sous l'effet de l'exercice des droits de souscription attachés à certains titres, aux obligations et aux actions privilégiées.

1.2.3. Procédures particulières : obligations et actions privilégiées émises avec un bon de souscription d'actions

Pour favoriser l'émission d'un emprunt ou l'émission d'actions privilégiées, une société peut émettre ces valeurs avec un bon de souscription détachable à des actions ordinaires à un prix déterminé. L'échéance de l'exercice du droit est lointaine et souvent sans limite.

Nous ne traiterons dans cette section que des actions privilégiées [1]. Le principe de comptabilisation du bon de souscription des actions ordinaires attachés aux actions privilégiées est aussi énoncé dans la norme APB n° 14. La valeur allouée au bon de souscription, c'est-à-dire la valeur actuelle sur le marché du bon de souscription sera comptabilisée au crédit d'un sous-compte du compte *paid-in-capital* : *paid-in-capital stock warrants.*

Exemple 9 – La société Tandy émet un million d'actions privilégiées de valeur nominale unitaire de 20 dollars, au prix de 22 dollars. À chaque action privilégiée est attaché un droit de souscription à des actions ordinaires de 5 dollars émises dans les 8 années à venir à 25 dollars. Actuellement, l'action ordinaire est cotée 18 dollars et le droit 1 dollar après l'émission. Ce qui signifie que l'action privilégiée vaut 21 dollars.

L'émission est enregistrée de la façon suivante :

Cash ($ 22 × 1,000,000)	22,000,000	
Preferred stock ($ 20 × 1,000,000)		20,000,000
Paid-in-capital in excess of par preferred stock ($ 1 × 1,000,000)		1,000,000
Paid-in-capital stock warrants ($ 1 × 1,000,000)		1,000,000
To record issuance of 1 million shares of $ 20 par preferred stock at $ 21 and 1 million detachable stock warrants with market price of $ 1 each		

1. Voir chapitre 3, section 4 : L'endettement à long terme.

Le compte *paid-in capital stock warrants* est inclus au bilan dans les capitaux propres et il est soldé lorsque tous les droits ont été exercés. Ces procédures de modifications du capital sont devenues fréquentes également en Europe.

2. Les réserves et le résultat *(retained earnings – reserves, profit and loss)*

Les réserves et le résultat représentent la partie distribuable des capitaux propres. Cela implique que l'actionnaire soit largement informé sur la signification du résultat ainsi que sur son utilisation et son partage.

On sait que la tradition anglo-saxonne est de garantir au maximum les intérêts des investisseurs. Des textes ont été adoptés en ce sens et reposent sur la philosophie fondamentale d'informer de façon aussi complète et aussi sûre que possible *(full disclosure)* les actionnaires et le public. C'est dans cet esprit qu'aux États-Unis le législateur a décidé de réglementer en 1933 l'émission des valeurs mobilières et de créer la SEC pour veiller entre autres au respect de la réglementation.

En Grande-Bretagne, le contenu des lois sur les sociétés de 1985 et 1989 ainsi que la réglementation des investissements en valeurs mobilières [1] répondent à cette préoccupation. Cette philososphie trouve ses prolongements dans la réglementation comptable. Dans ces deux pays, des normes, relatives à l'information sur le résultat, obligent les entreprises à publier un résultat par action. Cette information n'est pas requise en France. Elle a pour objectif de montrer à l'actionnaire la réduction maximum qui aurait pu se produire sur le résultat par action, compte tenu de la structure du capital.

La répartition du bénéfice est plus ou moins réglementée. Aux États-Unis, aucun texte fédéral ne s'impose. Tout au plus, quelques dispositions sont proposées dans le MBCA. Les procédures de répartition relèvent des États. En Grande-Bretagne, jusqu'en 1980, la distribution de dividendes était régie par un droit purement judiciaire que l'on jugeait plutôt laxiste. Depuis, l'harmonisation de la loi sur les sociétés aux directives européennes a donné naissance à un texte sur la distribution des profits et des actions *(distribution of profits and assets)* [2]. Le pouvoir de répartition appartient au Conseil des Directeurs. Cette disposition n'est pas sans risque. Si aucun texte ne confère officiellement de pouvoir à l'assemblée

1. Financial service act de 1986 et la création d'un bureau des investissements en valeurs mobilières (Securities and Investment Board – SIB).

La réglementation des activités boursières et la volonté de protéger l'épargnant, voir A. Tunc, *Le droit anglais des sociétés anonymes*, n° 56 et 57, pp. 84-101.

2. Companies Act of 1985, Party VIII, limits of company's power of distribution, art. 2 63 281.

des actionnaires, la plupart des sociétés connues le prévoient. Selon les articles 102 et 103 de la Table A de la loi sur les sociétés de 1985, l'assemblée peut par résolution ordinaire décider de distribuer des dividendes pour un montant qui ne peut excéder celui proposé par les directeurs.

La décision de répartition repose sur un certain nombre de principes. Aux États-Unis, le dividende ne peut être déclaré que sur des gains antérieurs *(earned surplus)*. C'est un principe dangereux. Une entreprise en difficultés, sans de sérieux espoirs de redressement, peut prélever des dividendes sur des réserves. La seule obligation se limite dans certains États à ne pas toucher au *stated capital*. Un second principe a été plus récemment adopté et peut s'ajouter ou se substituer au précédent. Dans le MBCA de 1984, il constitue le seul critère autorisant la répartition. Il impose que la société s'abstienne de distribuer un dividende si elle est insolvable ou si la distribution doit la rendre telle [1]. Le critère s'entend de l'impossibilité de payer les dettes à leur échéance dans le cours normal des affaires. Cette appréciation relève des directeurs qui peuvent se référer à des directives recommandées par le MBCA. Leur responsabilité est grande, une action en responsabilité civile pèse comme une véritable épée de Damoclès.

En Grande-Bretagne, la réglementation est légale et précise les conditions de distribution des dividendes. Le texte s'ouvre sur un principe fondamental : la société ne pourra procéder à une distribution que sur des profits disponibles à cette fin. Elle vise les profits accumulés et réalisés dans la mesure où ils n'ont pas été capitalisés ou distribués. Les sociétés faisant appel à l'épargne publique ne peuvent procéder à une distribution que dans la mesure où l'actif net excède le total de leur capital appelé et des réserves non distribuables, c'est-à-dire les primes d'émission, la réserve de rachat du capital et toute autre réserve que les statuts ont rendu non distribuables.

Ces quelques rappels de réglementation comptables, financières et juridiques nous ont semblé nécessaires avant de développer deux points dont l'incidence financière est importante : le calcul du résultat par action et le traitement comptable de la distribution des dividendes.

2.1. Le résultat par action (earnings per share)

Compte tenu de l'importance accordée au résultat par action par les investisseurs, les organismes de normalisation comptable anglo-saxons et international y ont porté une attention particulière en en précisant les modalités de calcul. Pour la première fois un consensus s'est établi entre l'IASC et le FASB sur le sujet du résultat par action. Cet accord a donné lieu à la publication des deux normes pratiquement semblables : IAS 33 et

1. MBCA de 1984 5-6-40 donne des directives, notamment concernant le mode de calcul de l'actif total et du passif total.

FAS 128 [1 2 3]. Officiellement de telles dispositions n'existent pas en France. Néanmoins, en août 1993, l'OEC a publié un avis [4], visant à combler cette lacune. Les recommandations contenues dans cet avis proposent la présentation de deux résultats par action au pied du compte de résultat : un résultat de base calculé à partir du nombre d'actions en circulation et un résultat dilué à présenter s'il est inférieur de plus de 5 % au résultat de base par action. Ce texte qui, par nature, n'a pas de caractère contraignant, peut servir de référence pour les groupes qui souhaitent publier le résultat par action. À partir de l'exercice 2000, le résultat par action doit être obligatoirement mentionné au pied du compte de résultat des comptes consolidés. Outre cette mesure, le résultat par action doit être publié dans certaines circonstances [5].

Les réglementations comptables imposent la publication du résultat par action à toutes les sociétés cotées [6] dans le compte de résultat de l'exercice en cours et de l'exercice précédent en Grande-Bretagne [7] et de l'exercice en cours et des deux exercices précédents aux États-Unis [8 9]. La commission des opérations boursières américaine ne prévoit aucune règle particulière sur ce point, mais exige que le résultat par action soit indiqué au

1. APB, opinion n° 9, *Reporting the result of operations*, AICPA, New York, 1966. FASB, Statement n° 21, *Suspension of the reporting of earnings per share... by non public enterprises*, 1978. FASB, Statement n° 55, *Determining wether a convertible security is a common stock equivalent*, 1982. FASB, Statement n° 85, *Yield test for determining wether a convertible security is a common stock equivalent*, 1985. FASB, statement n° 128, *Earnings per share*, 1997 (en remplacement de l'APB, opinion n° 15, *Earnings per share*, 1969). FRS 14, Earnings per share, octobre 1998. IASC norme 33, *Earnings per share*, London, January 1997.

2. Lord Bryan Carsberg s'est dit très satisfait du succès de l'harmonisation de la norme IAS 33 avec la norme américaine. Voir note suivante.

3. Résultat par action, Un exemple d'harmonisation entre l'IASC et le FASB, conséquences pratiques et tableaux comparatifs, *Bulletin Comptable et Financier*, mars 1998, pp. 27 et s.

4. Avis n° 27 – Résultat par action en France ; application du nouvel avis de l'OECCA, *Bulletin Comptable et Financier*, n° 62, mars 1994, p. 36 et s.

5. Dans le cas de suppression du droit préférentiel de souscription, les articles L-186-4 et D-155 prévoient que le rapport présenté par le conseil d'administration doit mentionner l'incidence de l'émission des actions nouvelles sur la situation de chaque actionnaire, en particulier en ce qui concerne la quote-part du bénéfice... même situation pour l'émission de valeurs mobilières ou de bons de souscription. Présentation obligatoire des résultats des cinq dernières années.

6. SSAP 3 (amendée par FRS 3) et FASB statement n° 21. L'APB n° 15 préalablement en imposait la publication à toutes les sociétés par action. Aux États-Unis, dans la pratique, toutes les sociétés par action, même non cotées, doivent publier ce résultat.

7. SSAP 3 (amendée par FRS 3), pp. 10 et s.

8. APB n° 15.

9. La SEC impose la même exigence aux sociétés qui sont sous son contrôle.

niveau des états financiers, du tableau des résultats des cinq derniers exercices [1] et que le détail de calcul et du nombre d'actions retenues soit donné sur un état annexe [2]. L'IASC impose la présentation de ce résultat par action, au pied du compte de résultat, à toutes les sociétés cotées [3].

Dans une première approche, le résultat par action est donné par le quotient du résultat *(net income)* par le nombre d'actions en circulation *(number of shares outstanding)*. C'est le résultat de base par action. Cette position est retenue par la France. En réalité, le calcul est plus complexe. Il faut définir de façon précise le contenu du résultat et la nature des actions retenues. Une des difficultés du calcul du résultat par action tient à l'existence des différents aspects du résultat. Aux États-Unis, le résultat retenu est le bénéfice net figurant en solde du compte de résultat diminué des dividendes distribuables aux porteurs d'actions prioritaires. Cependant, pour le FASB, la cession de certaines activités, l'existence d'éléments extraordinaires et/ou l'incidence d'un changement dans les principes comptables justifient la présentation de plusieurs résultats par actions *(earnings per share : EPS)*, par exemple :

- le résultat par action des activités qui se poursuivent ;
- le résultat avant éléments exceptionnels et/ou effet cumulatif du changement de principes comptables ;
- le résultat par action calculé sur le résultat net.

Au Royaume-Uni, le résultat retenu est le résultat consolidé après impôt, après intérêts minoritaires et dividendes alloués aux actions privilégiées et après éléments exceptionnels [4].

L'autre difficulté est liée à la nature des actions retenues. Les actions de référence sont les actions ordinaires en circulation *(common stocks outstanding)* et non les actions privilégiées. Le nombre d'actions retenu est un nombre moyen des actions réellement en circulation durant la période. Cette moyenne est d'un calcul plus ou moins complexe selon la structure simple ou complexe du capital, c'est-à-dire selon qu'il existe ou qu'il n'existe pas des potentialités d'émissions futures éventuelles d'actions ordinaires. Ces potentialités existent dès lors que la structure du capital comprend des actions privilégiées convertibles et/ou d'obligations convertibles, d'options et/ou de droits de souscription à exercer susceptibles d'être exprimés en équivalents actions.

L'exercice de ces droits, lors d'une émission future, peut avoir un effet de dilution sur le bénéfice par action, effet qui se traduit par une diminution du bénéfice par action ou par une augmentation de la perte. Il y a donc

1. Regulation, S.K. item 301, cité par *Bulletin Comptable et Financier* n° 43, juin 1989, p. 101.
2. Regulation, S.K. item 601, cité par *Bulletin Comptable et Financier* n° 43, p. 101.
3. IAS 33, Résultat par action.
4. FRS 3, *Reporting financial performance.*

lieu de présenter le résultat dilué par action, même si ce résultat égalise le résultat de base. Nous développerons successivement les méthodes de calcul du résultat de base par action et du résultat dilué par action.

2.1.1. La méthode de calcul du résultat de base par action

Dans la mesure où le capital n'est composé que d'actions ordinaires ou d'actions ordinaires et d'autres titres susceptibles de n'avoir aucun effet de dilution ou ayant un effet de dilution non significatif, la structure est dite simple (FAS 128). Le résultat par action *(basic earnings per share – basic EPS)* est alors égal au quotient du résultat net *(net income)* diminué des dividendes d'actions privilégiées de l'année ou cumulatif *(preferred stock dividends)* par le nombre d'actions en circulation durant la période. Ce nombre *(weighted-average number of common shares outstanding*) est une moyenne pondérée des actions en circulation au cours de l'année :

$$\frac{\text{Net income – Preferred stock dividends}}{\text{Weighted-average number of common shares outstanding}}$$

La structure du compte de résultat américain distingue le résultat après impôt et avant éléments exceptionnels, les éléments exceptionnels et l'impact des changements dans les principes comptables. Le calcul du résultat par action est aussi calqué sur cette structure. Le résultat est partagé entre les actions ordinaires et les actions à dividendes prioritaires. Les dividendes prioritaires sont connus des intéressés. L'information à fournir est uniquement destinée aux titulaires d'actions ordinaires. En conséquence les résultats par action publiés dans le compte de résultat sont les suivants :

- résultat avant éléments exceptionnels net des dividendes prioritaires [1] ;
- résultat sur éléments exceptionnels ;
- résultat sur changements dans les principes comptables ;
- résultat net des dividendes prioritaires [2] [3].

Exemple 10 – Les données suivantes sont extraites des documents financiers de la société Dickens pour l'année N + 5 (tableau 50).

1. Résultat sur activités qui se poursuivent net d'impôts et de dividendes prioritaires.

2. Le résultat par action, quelle que soit la structure du capital, est affecté à la baisse par toute augmentation du capital, qu'il s'agisse d'une distribution d'actions gratuites (bonus issue) ou d'une émission par exercice de droits *(rights issue)*. Afin de rendre comparables les résultats d'une année sur l'autre, le résultat par action de l'année précédente est corrigé par l'application d'un coefficient correcteur égal au quotient de la valeur de marché de l'action avant l'exercice des droits par la valeur de marché théorique après l'exercice des droits *(fair value per share immediately prior to the exercise of rights/Theorical ex-rights fair value per share)*. FAS 128 § 55,56 ; IAS 33 § 23 ; SSAP 3 (amendée)-FRS 14.

3. Cette distinction du résultat par action selon le niveau du résultat n'est pas requise par la norme IAS 33 qui se contente d'exiger l'inscription au pied du compte de résultat, le résultat net par action revenant aux actions ordinaires.

Tableau 50 – *Dickens corporation*

– Résultat net	850 000 dollars
– Profit extraordinaire net d'impôt	50 000 dollars
– Dividendes de 10 dollars par action privilégiées – 2 000 actions de valeur nominale 100 dollars	20 000 dollars
– Nombre d'actions ordinaires en circulation au 1er janvier de l'année N + 5	200 000 actions
– Nombre d'actions émises le 1er juillet de l'année N + 5	30 000 actions
– Nombre d'actions rachetées le 1er octobre de l'année N + 5	10 000 actions

Le nombre moyen pondéré des titres en circulation pour l'année N + 5 est déterminé en tenant compte du temps qui s'écoule entre le moment où les actions sont mises en circulation ou retirées de la circulation et l'échéance de l'année (tableau 51).

Tableau 51 – *Nombre moyen pondéré d'actions en circulation*

Nombre d'actions en circulation	Durée	Nombre d'actions × temps
200 000	1 an	200 000 × 1
30 000	6 mois	30 000 × 1/2
(10 000)	3 mois	(10 000 × 1/4)
Nombre moyen d'actions en circulation pendant l'année		212 500

Compte tenu des règles de calcul et de présentation du résultat par action des informations fournies dans les tableaux 50 et 51, l'information sur le résultat par action de Dickens Corporation, devant figurer au compte de résultat, se présente de la façon suivante (tableau 51 bis) :

Tableau 51 bis – *Résultat par action – basic earnings per share*

Income before extraordinary item and accounting change	$ 850,000
Less : Preferred stock dividends	$ 20,000
Income available to common stockholders	**$ 830,000**
Extraordinary items	$ 50,000
Accounting change	0
Net income available to common stockholders	**$ 880,000**
BASIC EPS	
Income before extraordinary items	**$ 3.90**
Extraordinary items	$ 0.23
Accounting change	$ 0
Net income	**$ 4.14**

2.1.2. La méthode de calcul du résultat dilué par action

Dès lors que des émissions potentielles futures et éventuelles existent, la structure du capital est dite complexe. Une société qui a émis des actions privilégiées convertibles, des obligations convertibles, des droits de souscription ou d'achat des options est susceptible de procéder dans les mois ou années à venir à de nouvelles émissions d'actions ordinaires. Ces nouvelles actions ont un effet de dilution sur le résultat par action. Aussi le résultat de base par action qui ne tient pas compte de ces éventualités donne une information incomplète. À tout moment, il est susceptible de diminuer par suite d'une augmentation de capital. Une valeur théorique du résultat par action tenant compte de ces éventualités d'émission doit être calculée en supposant que, durant l'exercice, toutes les conversions éventuelles, tous les droits susceptibles d'être exercés l'ont été. Ces hypothèses ne sont crédibles que dans la mesure où les éléments retenus remplissent deux conditions : il faut que les conversions, l'exercice des droits, les émissions éventuelles aient un effet dilutif significatif [1]. Que l'effet soit dilutif ou pas, la norme américaine FAS 128 et la norme internationale IAS 33 imposent aux entreprises l'obligation de présenter un résultat de base (basic EPS) et un résultat dilué *(fully diluted earnings per share – diluted EPS)* par action en circulation [2]. Le résultat dilué par action est le quotient d'un résultat global par un nombre de titres différent de celui retenu pour le calcul du résultat par action de base. Son calcul pose deux types de question : d'une part celles concernant la nature des titres à prendre en considération et d'autre part le résultat à partager.

2.1.2.1. Les titres concernés

Le calcul de ce résultat prend en considération le nombre moyen d'actions ordinaires et les titres équivalents à des actions ordinaires *(common stock equivalents)* [3] en circulation durant l'exercice. Par titres équivalents à des actions ordinaires, il faut entendre tous les titres qui peuvent être transformés en actions ordinaires : les options de souscription *(warrants) (stock options)*, les bons de souscription, les actions privilégiées convertibles *(convertible preferred stocks)*, les obligations convertibles *(convertible debt outstanding)* et les actions contingentes dont l'émission est subordonnée à la réalisation d'un certain nombre de conditions *(contingent stock agreements)*.

---

1. Aux États-Unis, l'effet de dilution est significatif si le résultat par action ordinaire a baissé d'au moins 3 % (APB opinion n° 15), en Grande-Bretagne si le cours a baissé de 5 % (SSAP 3).

2. IAS 33 précise que les actions ordinaires potentielles ne seront retenues dans le calcul du résultat par actions dilué que si elles ont pour effet de diminuer le résultat sur activités ordinaires et poursuivies *(continuing ordinary operations)* § 38.

3. On les appellera dans la suite du texte les équivalents actions.

- Les options de souscription et les bons de souscription sont équivalents à des actions ordinaires dans tous les cas et sont toujours retenus pour le calcul du résultat dilué *(primary EPS)*, sauf s'ils ont un effet antidilutif. Ils ont un effet dilutif si la valeur moyenne de marché de l'action excède le prix d'exercice de l'option ou de la souscription pendant les trois mois qui précèdent la clôture de l'exercice [1].

Le calcul de l'effet de dilution est effectué à l'aide d'une méthode dite *treasury stock method* [2]. Les options et les bons donnent le droit de souscrire à un nombre déterminé d'actions à un prix fixé à l'avance, en général inférieur au cours en bourse au moment de l'exercice de l'option ou du droit. La méthode consiste à calculer le nombre d'actions ordinaires qui pourrait être acquis au prix moyen du marché sur la période comptable (en principe le trimestre) à l'aide des fonds encaissés lors de l'exercice par les bénéficiaires des options ou de l'utilisation des bons de souscription, puis à dégager le nombre de titres non achetés. Le nombre de titres non achetés *(incremental shares)* est égal au nombre de titres susceptibles d'être émis lors de l'exercice des options ou des droits diminué du nombre de titres rachetables. Le nombre d'actions non rachetées vient s'ajouter aux actions ordinaires en circulation pour le calcul du résultat dilué. L'exercice des options et des warrants sera supposé être intervenu au commencement de la période ou au moment de l'émission de ces titres et les actions ordinaires seront supposées être émises à cette date.

> *Exemple 11* – La société Burke a en circulation 450 000 actions ordinaires et des options de souscription pour acquérir 60 000 actions ordinaires au prix de 10 dollars l'action au cours du quatrième trimestre de l'année N. Les options ont été accordées aux salariés il y a plusieurs années. Le cours moyen du titre sur le marché pendant le trimestre est de 30 dollars. Le résultat net sur la période est de 900 000 dollars. Il n'y a pas d'actions privilégiées.

Le résultat par action sans tenir compte des équivalents actions est de 2 dollars [3]. Le résultat dilué par action est de 1,84 dollar. En effet, le nombre d'actions susceptibles d'être achetées avec le produit des souscriptions par la levée d'option est de 20 000 actions [4].

Le nombre d'équivalents actions pris en considération, pour le calcul du résultat dilué est de 40 000 actions [5] et le résultat dilué par action est de 1,84 dollar [6]. Ces équivalents actions ont un effet de dilution puisque le résultat ajusté est inférieur de plus de 3 % au résultat net par action.

---

1. FAS 128, § 18.
2. Cette méthode comporte des limites. Le pouvoir d'acheter des actions en circulation à l'aide des fonds encaissés lors de l'exercice par les bénéficiaires de leurs options ou de leurs droits ne peut excéder 20 % des actions en circulation.
3. ($ 900 000 : 450 000).
4. ($ 600 000 : $ 30).
5. (60 000 actions – 20 000 actions).
6. ($ 900 000 : 490 000).

• Les obligations convertibles et les actions privilégiées convertibles sont considérées comme des équivalents actions dans la mesure où elles ont un effet dilutif. Elles ne l'ont pas toutes les fois que :

– pour les actions privilégiées convertibles, le montant du dividende déclaré ou accumulé pendant la période par action ordinaire obtenue par conversion excède le résultat de base par action *(basic EPS)* ;

– pour les obligations convertibles, les intérêts nets d'impôt par action obtenus par conversion excèdent le montant du résultat de base par action.

L'effet dilutif est mis en évidence en utilisant la méthode dite de *« if-converted method »*. Cette méthode consiste à apporter les redressements au résultat net d'impôt avant éléments exceptionnels, selon la nature des titres convertibles. Les titres convertibles sont des actions privilégiées, les dividendes prioritaires, qui leur sont attachés, s'ajoutent au résultat. Les titres convertibles sont des obligations, les charges d'intérêts nets d'impôts, afférentes à ces obligations viennent majorées le résultat [1].

Enfin comme précédemment les titres convertibles sont supposés avoir été convertis au commencement de la période ou au moment de l'émission si elle est ultérieure et les titres actions résultant de la conversion s'ajoutent au nombre moyen pondéré servant au calcul du résultat de base par action *(dilutive potential common shares)*.

> *Exemple 12* – [2] La société Riggs a dégagé, au cours de l'année N, un résultat disponible destiné aux titulaires d'actions ordinaires d'un montant de $ 10, 000,000. 2 000 000 d'actions sont en circulation au 31 décembre et l'ont été toute l'année. Au cours de cette même année la société a en circulation :
> – des options pour l'achat de 100 000 actions ordinaires au prix d'exercice de $ 60 l'action ;
> – 800 000 actions privilégiées convertibles bénéficiaires d'un dividende cumulatif de $ 8 par action ;
> – d'obligations convertibles pour un montant de $ 100,000,000, émises au pair de $ 1,000 l'obligation et au taux d'intérêt de 5 %. Chaque obligation est convertible en 20 actions ordinaires.
> Le taux d'imposition sur le résultat est de 40 %.

La première étape consiste à calculer le nombre d'équivalents actions correspondant aux options, aux titres convertibles (tableau 52), ensuite à redresser le résultat net d'impôt normalement destiné aux actions ordinaires (tableau 53).

Les actions privilégiées convertibles ne sont pas maintenues dans le calcul parce qu'elles ont pour effet d'augmenter la valeur du résultat dilué par action, elles sont donc exclues du calcul de ce résultat qui est publié pour le montant de $ 3,23.

---

1. FAS 128, § 26.
2. Exemple emprunté à la norme FAS 128.

Tableau 52 – *Nombre d'équivalents actions*

	Increase in Number of common shares
Options	20,000 [a]
Convertible preferred stock	1,600,000 [b]
5 % convertible debentures	2,000,000 [c]

a. ($ 75 – $ 60) × 100,000/$ 75.
b. 800,000 shares × 2.
c. 100,000 debentures × 20.

Tableau 53 – *Calcul du résultat dilué par action*

	Income available	**Common shares**	**Per share**	
As reported	$ 10, 000,000	2,000,000	$ 5.00	
options	0	20,000		
	$ 10,000,000	2,020,000	$ 4.95	Dilutive
5 % convertible debentures	(1) $ 3,000,000	2,000,000		
	$ 13,000,000	4,020,000	$ 3.23	Dilutive
Convertible preferred stock	(2) $ 6,400,000	1,600,000		
	$ 19,400,000	5,620,000	$ 3.45	Antidilutif

• Les émissions contingentes d'actions sont des émissions qui sont subordonnées à la réalisation de certaines conditions. Les actions seront considérées être en circulation et retenues pour le calcul du résultat dilué par action :

– si toutes les conditions nécessaires sont satisfaites à la fin de la période comptable. Ces actions sont incluses dès le début de la période au cours de laquelle les événements se sont produits ou à la date de l'accord sur cette émission si cette date est ultérieure ;

– si les conditions requises pour l'émission des titres ne sont pas réunies à la fin de la période comptable, le nombre d'actions émises, de façon contingente, inclus dans le calcul du résultat dilué par action, sera basé sur le nombre d'actions qui aurait été émis si la fin de la période comptable correspondait à l'échéance du délai de réalisation des conditions et si le résultat dilué était dilutif. Ces actions à émission conditionnelle seront incluses dans le calcul du résultat dilué en début de période ou à la date de signature de l'accord de cette émission contingente, si celle-ci est ultérieure. Les conditions auxquelles ces émissions sont subordonnées sont variées. La norme retient des conditions monétaires ou non monétaires : l'atteinte ou le maintien d'un certain résultat, l'atteinte d'un certain cours de l'action sur le marché, l'ouverture d'un certain nombre de magasin de détail [1].

2.1.2.2. Le résultat à partager

Le point de départ de calcul du résultat est le résultat courant net d'impôt (activités continues) disponible pour les actions ordinaires, c'est-à-dire déduction faite des dividendes accordés aux actions à dividendes prioritaires. Ce résultat est majoré des dividendes accordées aux actions privilégiées convertibles et des intérêts de la période des obligations convertibles, nets d'impôt [2].

Ce résultat est calculé chaque trimestre et en fin d'année. Le résultat de fin d'année prend en compte les éléments exceptionnels et les changements dans les principes comptables. Dans le bas du compte de résultat figurent successivement :

– le résultat dilué par action (activités continues). Il est calculé avant éléments exceptionnels et avant changement dans les principes comptables :

$$\frac{\text{Résultat courant revenant aux actions ordinaires + effets des conversions supposées} \; \textit{(Income available to common stockholders + Effect of assumed conversions)}}{\text{Moyenne pondérée des actions en circulation + actions ordinaires potentielles à effet dilutif} \; \textit{(Weighted-average shares + Dilutive potential common shares)}}$$

– le résultat sur activités abandonnées (s'il y en a) ;
– le résultat exceptionnel ;
– et le résultat pour changement dans les principes comptables.

L'exemple 13 illustre la procédure de cette méthode de calcul.

Exemple 13 – Les informations suivantes sur la société Elton vous sont communiquées pour l'exercice N :
• résultat net $ 9,750,000 ;
• résultat avant éléments exceptionnels et avant changements dans les principes comptables $ 7,500,000 ;
• prix de l'action ordinaire sur le marché, $ 71 du 1er juillet au 30 septembre :
• nombre d'actions ordinaires en circulation au commencement de l'année 3 300 000 ; 100 000 actions ordinaires émises contre de la trésorerie, le 31 mars ;
• au cours du dernier trimestre de l'année N – 1, émission d'obligations convertibles pour un montant de $ 10,000,000 au taux de 4 % et pour une durée de 20 ans, valeur d'émission de l'obligation $ 1,000, intérêts payables deux fois par an le 1er mai et le 1er novembre. Chaque action est convertible en 20 actions. Aucune ne l'a été en N – 1. L'émission a été totalement convertie le 1er avril de l'année N, sur décision de la société ;

1. FASB, statement n° 128 § 30 à 35, statement n° 128, § 30 à 35. Ces paragraphes détaillent les modalités de calcul des équivalents actions à retenir dans le calcul du résultat dilué.

2. IAS 33, § 26 et s.

- au cours du second trimestre de l'année N – 1, émission d'actions privilégiées convertibles. Le dividende trimestriel de chaque action est de $ 0,05 payable à la fin du trimestre. Chaque action est convertible en une action ordinaire. Des détenteurs de 500 000 actions privilégiées convertibles ont converti leurs actions en actions ordinaires le 1er juin de l'année N ;
- émission de warrants le 1er janvier de l'année N pour l'achat, sur une période de cinq ans, de 500 000 actions ordinaires à $ 60 l'action. Tous les warrants étaient exercés au 1er septembre de l'année N ;
- émission d'options le 1er juillet de l'année N, au prix d'exercice de $ 85 l'action sur une période de 10 ans, pour l'achat de 1 000 000 d'actions ordinaires ;
- prix moyen des actions ordinaires au cours de l'année N :
  - 1er trimestre $ 59,
  - 2e trimestre $ 70,
  - 3e trimestre $ 71,
  - 4e trimestre $ 72 ;
- taux d'imposition 40 % pour l'année N.

L'entreprise ayant une structure complexe est tenue de présenter à la fois un résultat de base par action *(basis EPS)* et un résultat dilué par action *(diluted EPS)*. L'obtention de ce résultat de base par action implique de connaître le nombre moyen pondéré d'actions en circulation au cours de l'année N et le nombre moyen pondéré supposé l'être par l'existence d'équivalents actions pendant la même période. Le tableau 54 présente le détail de calcul de ce nombre.

Tableau 54 – *Moyenne pondérée des actions en circulation (année N)*

Dates outstanding	**Shares outstanding**	**Fraction de période**	**Weighted-Average shares**
Common stocks *January 1 – December 31*	3,300,000	12/12	3,300,000
Issuance of common stocks on March 1 *March 1 – December 31*	100,000	10/12	83,333
Conversion of 4 % debenture on April 1 *April 1 – December 31*	200,000	09/12	150,000
Conversion of preferred stock on June 1 *June 1 – December 31*	500,000	07/12	291,666
Exercise of warrants on September 1 *September 1 – December 31*	500,000	04/12	166,666
			3,991,666

Le tableau 55 regroupe tous les éléments permettant le calcul des résultats par action. En ce qui concerne le résultat de base, le calcul est relativement aisé dès lors que le nombre moyen pondéré des actions en circulation est déterminé [1]. En revanche le calcul du résultat dilué implique des redressements à la fois au niveau du résultat à partager et au niveau du nombre d'actions à prendre en considération. En effet le nombre moyen précédemment déterminé est majoré des actions ordinaires à effet dilutif.

Tableau 55 – *Résultat par action (année N)*

	Basic EPS	**Diluted EPS**
Income before extraordinary item and accounting change	$ 7,500,000	
Less : preferred dividends	$ – 45,000	
Income available to common stockholders	**$ 7,455,000**	**$ 7,455,000**
Plus : Income impact of assumed conversions		
Preferred stock dividends		(1) $ 45,000
Interest on 4 % convertible debentures		(2) $ 60,000
Effect of assumed conversions		**$ 105,000**
Income available to common stockholders + assumed conversions		**$ 7,560,000**
Extraordinary items	$ 2,000,000	($ 2,000,000)
Accounting change	$ 4,250,000	$ 4,250,000
Net income available to common stockholder + assumed conversions	**$ 9,705,000**	**$ 9,810,000**
Weighted average shares	**3,991,666**	**3,991,666**
Plus : Incremental shares form assumed conversions		
– warrants		(3) 30,768
– convertible preferred stock		(4) 308,333
– 4 % convertible debentures		(5) 50,000
Dilutive potential common shares		**389,101**
Adjusted weighted-average shares		**4,380,767**
Earnings per share		
– Income before extraordinary item	$ 1.87	$ 1,73
and accounting change	($ 0.50)	($ 0,46)
– Extraordinary item	$ 1.06	$ 0,97
– Accounting change	$ 2.43	$ 2,24
Net income		

1. Le nombre moyen pondéré des actions ordinaires en circulation durant la période sera ajusté des événements intervenus au cours de la période autres que les ajustements liés à la conversion des actions ordinaires potentielles, qui ont affecté le nombre d'actions en circulation, sans qu'il y ait eu forcément une contrepartie monétaire. Voir IAS 33 § 20.

Le résultat courant disponible pour les actionnaires titulaires d'actions ordinaires est majoré des dividendes des actions convertibles soit $ 45 000 dollars, et des intérêts nets d'impôt, de la période, attachés aux obligations convertibles, soit $ 60 000 [1]. En effet les obligations convertibles ont été converties le 1er avril de l'année N. Les intérêts pris en compte sont les intérêts du premier trimestre.

Le nombre d'actions retenu est égal au nombre d'actions moyen pondéré calculé dans le tableau 54 auquel est ajouté le nombre d'actions attaché aux supposées converties *(incremental shares from assumed conversions)*. Sont prises en compte celles relatives :

– aux warrants. La méthode dite « *treasury stock method* » est appliquée. Les warrants sont supposés avoir un effet dilutif à partir du moment où le prix d'exercice est inférieur au prix de marché pendant la période trimestrielle. En l'espèce il faut se placer au deuxième trimestre et au troisième trimestre, puisque les droits ont été exercés le 1er septembre. Le nombre d'actions qui n'auraient pu être achetées avec les deniers susceptibles d'être dégagés de l'exercice des bons au deuxième et au troisième trimestre est de 30 768 titres [2]. C'est un nombre pondéré des périodes durant lesquelles ils étaient en circulation [3] ;

– aux actions privilégiées convertibles. Dans ce cas et en tenant compte d'une pondération, ce nombre d'actions potentiel est représenté par le nombre potentiel avant la conversion, soit 250 000 [4], et après la conversion, soit 58 333 [5] ;

– aux obligations convertibles. Le nombre potentiel d'actions est un nombre pondéré qui a précédé l'émission, soit 50 000 équivalents actions [6] [7].

---

1. ($ 10 000 000 × 0,04/4) × (1 – 0,40).

2. Deuxième trimestre, nombre d'actions susceptibles d'être achetées : ($ 60 × 500 000)/70 = 428 571 ; 71 429 actions ne peuvent pas être acquises, ramené au trimestre ce nombre n'est plus que de 71 429 × 3/12, soit 17 857,25.

Troisième trimestre le même raisonnement conduit à dégager un nombre d'actions qui ne peuvent pas être acquises, ramené au trimestre de 51 643 × 3/12 = 12 910,75. Le nombre d'actions à retenir au dénominateur est de 17 857,25 + 12 910,75 = 30 768.

3. FAS 128, § 19.

4. 600 000 actions × 5/12.

5. 100 000 actions × 7/12.

6. 200 000 actions × 3/12.

7. Il faut savoir que des titres convertibles peuvent être dilutifs lorsqu'ils sont seuls en cause. Associés à d'autres titres, contenant des actions ordinaires potentielles, retenus dans le calcul du résultat dilué, ils peuvent générer un effet antidutif. Pour refléter le maximum d'effet dilutif potentiel, chaque émission ou série d'émissions d'actions potentielles sera prise en compte du plus dilutif au moins dilutif. C'est-à-dire de : action potentielle à plus faible gain à celle à plus fort gain. Ainsi dans l'ordre on retient d'abord les warrants car ils n'ont aucune incidence sur le résultat figurant au numérateur du résultat. FAS 128 § 14.

2.2. La répartition des bénéfices

Le résultat dégagé *(net income)* à la fin d'un exercice comptable est net des éléments extraordinaires. Son montant est viré dans le compte de réserves *(retained earnings)*. Ces réserves sont ensuite majorées ou minorées pour deux événements survenus au cours des exercices antérieurs *(prior period adjustments),* à savoir la correction d'une erreur dans des états financiers d'une période précédente et l'économie d'impôts née de pertes réalisées par la filiale achetée avant son acquisition.

Exemple 14 – La société Caldera a dégagé un résultat de 20 000 dollars au 31 décembre de l'année N + 1. Cette somme est mise en réserves. La traduction comptable de l'opération est la suivante :

December 31 year N + 1		
Net income or income summary	20,000	
Retained earnings		20,000
To record net income in retained earnings		

Une étude des documents financiers de l'année N oblige le comptable à effectuer un redressement sur des opérations de l'exercice antérieur [1] sous forme d'un produit brut de 500 dollars. La charge fiscale correspondante s'élève à 200 dollars.

December 31 year N + 1		
Prior adjustments	500	
Retained earnings		300
Tax payable		200
To record prior adjustments		

Le résultat corrigé des redressements sur exercices antérieurs est le résultat distribuable. Ce résultat n'est affecté ni par le rachat d'actions ordinaires, ni par les dons d'actifs (terrains donnés par une commune qui souhaite favoriser l'implantation d'entreprises), ni par les subventions publiques *(gifts)*, ni par les sous-évaluations d'actifs *(secret reserves)*, ni par les surévaluations d'actifs *(watered stocks)*.

Ce résultat distribuable est réparti entre les actionnaires et les réserves. En effet, il n'est pas interdit d'affecter une partie des résultats à la constitution d'une réserve à laquelle une mission particulière est reconnue (remboursement d'un emprunt, remboursement d'actions privilégiées, expansion de l'entreprise). En principe, cette affectation ne fait pas l'objet de l'ouverture d'un compte de réserves spécifiques. Une note en annexe des documents en mentionne l'affectation.

1. Voir chapitre 2, section 3.

Quant à l'attribution des dividendes, elle résulte d'une décision du conseil des directeurs de distribuer des résultats aux actionnaires sous forme d'espèces ou d'actions.

2.2.1. *La décision de distribuer*

Il n'y a aucune obligation de distribuer des dividendes tant que le conseil ne s'est pas prononcé en ce sens. La décision prise comporte l'information suivante :

– le dividende par action,

– la date de déclaration de la distribution d'un dividende. À cette date, la société a une dette à l'égard des actionnaires, enregistrée au crédit du compte dividendes à payer *(dividends payable)* par le débit soit du compte dividendes *(dividends declared)* soit directement du compte de réserves *(retained earnings)*.

Exemple 15 – La société Caldera a décidé de distribuer, le 2 mai de l'année N + 2, un dividende total de 10 000 dollars.

May 2 year N + 2		
Retained earnings or dividends declared	10,000	
Dividends payable		10,000
To record the declaration of cash dividend $ 1 per share for 10,000 shares		

La date d'enregistrement *(date of record)* est spécifiée dans la décision. Elle suit en général la date de déclaration de quelques semaines. Ainsi, pour prétendre au dividende, il faut être actionnaire au jour de l'enregistrement. Tout actionnaire qui vend son action entre la date de déclaration et la date d'enregistrement perd son droit au dividende. La date de paiement *(date of payment)* est fixée quelques semaines après la date d'enregistrement. Supposons qu'elle soit fixée au 20 juin de l'année N + 2 pour la société Caldera. Le paiement des dividendes entraîne le solde du compte dividendes à payer.

June 20 year N + 2		
Dividends payable	10,000	
Cash		10,000
To record payment of dividends declared		

2.2.2. *Les formes d'attribution des dividendes*

Le dividende peut être distribué sous forme d'espèces, par fraction tous les trimestres *(regular quarterly dividend)* ou une fois dans l'année. Il peut aussi être attribué sous des formes non monétaires, soit par attribution d'actions d'une autre société.

2.2.2.1. Les dividendes versés par remise d'actions de la société

Ces dividendes s'appellent *stock dividends* [1]. Il s'agit de distribuer de nouvelles actions ordinaires *(dividend shares)* aux actionnaires proportionnellement au nombre des actions détenues. La décision de distribuer n'affecte ni les éléments d'actif, ni les dettes et n'entraîne qu'un transfert d'un compte de capitaux propres *(retained earnings)* à un autre ou plusieurs autres comptes de capitaux propres *(common stock and additional paid-in capital)* pour une somme qui varie selon que la distribution porte sur un nombre important d'actions *(large stock dividend)* ou sur un petit nombre d'actions.

La SEC, comme l'AICPA, considère que le transfert de fonds se fait au prix du marché toutes les fois que la distribution des actions entraîne une augmentation des actions en circulation de 20 à 25 % au plus *(small stock dividends)*. Si l'augmentation du nombre d'actions est supérieure à ce pourcentage, le transfert se fait à la valeur nominale ou à la valeur arrêtée *(large stock dividends)*. Ces organismes estiment qu'au-dessous de 25 %, il s'agit d'une vraie distribution de dividendes et qu'au-dessus, il s'agit d'une mesure destinée à faire baisser le prix des actions. En effet, l'effet d'une distribution de dividendes sous forme d'actions est double : favoriser la croissance de la firme en ne distribuant pas d'actif, mais aussi diminuer la part de chaque action dans les capitaux propres. Lorsque le nombre d'actions distribuées est important, le cours de l'action baisse et l'effet de distribuer des actions est identique à celui d'une division de la valeur de l'action.

Exemple 16 – Au 1er janvier de l'année N + 4, les capitaux propres de la société Naro se présentent ainsi (tableau 56) :

Tableau 56 – *Société Naro – Capitaux propres (dollars)*

– 5 000 actions privilégiées convertibles émises à la valeur nominale de 100 dollars sur 10 000 autorisées rémunérées à 12 %	500 000
– 350 000 actions ordinaires émises à la valeur nominale de 2 dollars sur 1 000 000 autorisées	700 000
– Prime d'émission sur actions ordinaires	350 000
– Réserves	5 262 600
Capitaux propres	6 812 600

Le résultat net de 1 050 000 dollars de l'exercice n + 4 est distribué aux détenteurs d'actions privilégiées aux conditions prévues lors de l'émission et aux détenteurs d'actions ordinaires par remise de nouvelles actions. Si le conseil d'administration décide de distribuer un nombre d'actions égal

1. On les qualifie aussi *ordinary stock dividends, or common on common.*

à 5 % des actions ordinaires en circulation *(small stock dividend)*, le transfert s'effectue au cours en bourse. Au moment de la prise de décision, le cours de l'action est de 25 dollars.

Le compte de réserves *(retained earnings)* est débité d'une somme de 437 500 dollars [1] au profit des comptes capital-actions ordinaires *(common stock $ 2)* pour 35 000 dollars [2] et prime d'émission *(additional paid-in capital)* pour 402 500 dollars [3].

December 31 year N + 4		
Retained earnings ($ 25 × 0,05 × 350,000)	437,500	
Common stock $ 2 par ($ 2 × 0,05 × 350,000)		35,000
Additional paid-in capital ($ 23 × 0,05 × 350,000)		402,500
To record the declaration and distribution of a 5 % common stock dividend consisting of 17,500 shares of $ 2 par common stock with a market price of $ 25 a share on the declaration date		

Si la société décide de distribuer au titre des dividendes de l'année un nombre d'actions égal à 50 % de celui en circulation *(large stock dividend)*, soit 175 000 actions nouvelles, le transfert de fonds s'effectue sur la base de la valeur nominale de l'action, soit 2 dollars. Le transfert de fonds porte alors sur 350 000 dollars [4] et n'affecte plus que le compte capital-actions ordinaires.

December 31 year N + 4		
Retained earnings ($ 2 × 50 % × 350,000)	350,000	
Common stock $ 2 par		350,000
To record the declaration and distribution of a 50 % common stock dividends consisting of 175,000 shares of $ 2 common stok		

2.2.2.2. Les dividendes versés par remise d'actions d'une autre société

Lorsque les dividendes non monétaires sont attribués, la valeur actuelle du bien distribué et non sa valeur comptable est retenue pour l'enregistrement des dividendes. En conséquence, un gain ou une perte sera dégagé [5].

1. ($ 25 × 0,05 × 350 000).
2. ($ 2 × 0,05 × 350 000).
3. ($ 23 × 0,05 × 350 000).
4. ($ 2 × 50 % × 350 000 actions).
5. APB, Opinion n° 29, *Accounting for non monetary transactions*, AICPA, New York, 1973, pp. 547-548.

Exemple 17 – La société Noko détient 20 % du capital de la société Norwalk. L'investissement représente au coût d'acquisition 500 000 dollars. Au 31 décembre de l'année N + 7, la valeur actuelle de l'investissement est de 800 000 dollars. La société Noko décide alors d'attribuer le dividende de l'année par remise aux actionnaires des actions de la société Norwalk.

L'enregistrement comptable de la décision de distribuer ne comporte aucune originalité. En revanche, le paiement du dividende entraîne la sortie des actions Norwalk du portefeuille de la société Noko à la valeur vénale par le crédit du compte actions Norwalk *(investment in Norwalk company – common stock)*. La plus-value constatée est enregistrée au crédit d'un compte de produit *(realized gain on disposal of investments)*.

December 31 year 5		
Dividends declared or retained earnings	800,000	
Dividends payable in common stock of Norwalk company		800,000
To record declaration of non monetary dividend		
Dividend payable in common stock of Norwalk company	800,000	
Investment in Norwalk company-common stock		500,000
Realized gain on disposal of investment		300,000
To record payment of non monetary dividend		

La solution serait identique si le paiement des dividendes se faisait par la remise de tout actif non monétaire.

Ce chapitre clôture l'essentiel des développements sur les actifs, le passif et les capitaux propres de l'entreprise. Il est utile pour faciliter la lecture d'un rapport d'activité de s'arrêter sur quelques rubriques particulières des documents financiers anglo-saxons, il s'agit du traitement des impôts différés, des plans de pension et des changements dans les principes comptables.

Chapitre 5

LES PROCÉDURES PARTICULIÈRES *(SOME TOPICS)*

L'inventaire des caractéristiques des comptabilités anglo-saxonnes serait incomplet si nous ne faisions pas état des traitements comptables de l'impôt sur les bénéfices (section 1) et des plans de retraite (section 2). Le souci d'informer au mieux les investisseurs implique que les informations contenues dans les documents financiers successifs soient comparables. Au cours du temps, le choix des principes comptables ou des méthodes d'évaluation peut être modifié parce que les responsables découvrent que l'emploi d'un autre principe comptable ou d'une autre méthode d'évaluation est préférable. Une telle modification rend difficile la comparaison des documents financiers. Pour éviter ce grief, les Américains ont instauré un traitement spécifique de ces modifications de façon à ce que la comparaison des documents dans le temps demeure significative (section 3).

1. Les impôts sur les bénéfices *(income tax – corporation tax)*

Le traitement comptable de l'impôt sur les bénéfices se révèle complexe et attire l'attention des organismes professionnels internationaux et nationaux. Depuis plus de 20 ans, des normes comptables sont venues préciser la position officielle de l'IASC et des organismes anglo-saxons sur le traitement des écarts existant entre le résultat comptable et le résultat fiscal. En France, le CNC n'a pas encore publié de réglementation officielle. Ce problème est réglé en se référant à la pratique et à la doctrine. Très longtemps, ce problème n'a pas été soulevé en France. La charge fiscale reste l'impôt dû. Il faut y voir une survivance de la primauté de la loi fiscale sur la loi comptable. La parution du nouveau plan comptable, les travaux qui y ont conduit, la publication des normes internationales et anglo-saxonnes sont autant d'événements et d'éléments qui ont suscité chez les experts français le besoin de rechercher une solution comptable mieux à même de présenter des documents financiers représentatifs d'une image fidèle.

Il y a tout lieu de penser que le traitement français s'alignera dans les années à venir sur la solution internationale. Celle-ci est énoncée dans la norme IAS 12 révisée, parue en octobre 1996 [1]. Les États-Unis avaient précédé l'IASC en publiant en 1967 l'APB opinion n° 11 [2]. Depuis lors, elle a été successivement remplacée par la norme FAS 96, jamais véritablement appliquée et par la norme FAS 109 publiée en février 1992, applicable aux exercices ouverts après le 15 décembre 1992 [3]. Cette norme introduit des changements importants dans la constatation et la comptabilisation des impôts différés. Ces textes traitent essentiellement des différences constatées entre le résultat comptable et le résultat fiscal. C'est en cela que l'APB 11 définissait les différences temporaires *(temporary differences)*. La position française est identique. Les normes américaine et internationale, dont l'approche des impôts différés est une approche bilantielle, calculent ces impôts sur les différences dites temporelles, celles-ci étant définies comme la différence entre la valeur fiscale et la valeur comptable des actifs et des passifs [4]. Ces différences temporelles reprennent les différences temporaires classiques entre résultat comptable et résultat fiscal, les reports déficitaires et les nouvelles différences temporelles (revenus des filiales non distribués, écart d'évaluation dans les comptes consolidés). Le champ d'étude est vaste. Nous limiterons les développements au traitement des différences temporaires classiques, c'est-à-dire émanant des écarts entre le résultat comptable et fiscal. Nous nous proposons d'énoncer les causes de ces écarts, d'étudier les principes retenus par les

1. IAS 12, *Accounting for taxes on income,* IASC, London, 1996.
2. APB, opinion n° 11. *Accounting for income taxes,* AICPA, New York, 1967.
3. Ce FAS 109, *Accounting for income taxes,* 1992.
4. La base fiscale d'un actif est la valeur attribuable à celui-ci par l'administration fiscale, c'est-à-dire le montant qui sera déductible le jour où la valeur de l'actif sera réduite, soit du fait de son utilisation, soit du fait de sa cession – la base fiscale d'un passif correspond à la valeur des flux nécessaires pour éteindre la dette ou utiliser la provision – « Impôts différés, ce que IAS 12 risque à terme de changer dans les règles françaises », *Bulletin Comptable et Financier,* janvier 1997, pp. 24 et s.

– FAS 109, paragraphes 10,11, 32. Exemples : les décalages nés d'une situation fiscale latente sur des plus-values de fusion et l'ajustement de base fiscale d'un actif dépréciable pour pallier les effets de l'inflation. En revanche, toutes les différences temporaires ne donnent pas lieu à une imposition différée. Enfin en 1993, l'ETIF a apporté des précisions à la norme 109 pour le calcul des impôts différés dans des cas particuliers. « Impôts différés – L'utilisation de la nouvelle norme américaine FAS 109 est-elle possible dans les comptes consolidés ? », *Bulletin Comptable et Financier,* n° 55, juin 1992, pp. 54 et s. et « Précisions sur l'application de la norme FAS 109 », *Bulletin Comptable et Financier,* n° 62, mars 1994, p. 67.

différents organismes pour leur traitement, enfin de présenter les techniques de comptabilisation des impôts différés dans les comptes sociaux des sociétés américaines [1].

1.1. Les causes de l'écart entre le résultat comptable et le résultat fiscal

Tout d'abord, on est à même de s'interroger sur l'existence de ces deux résultats. Le résultat fiscal est un concept légal, défini par les gouvernants à partir de choix de politiques économiques. Le résultat comptable *(pretax accounting income)* est déterminé par application, aux États-Unis, des principes généralement admis, en Grande-Bretagne par la loi sur les sociétés et par les principaux organismes professionnels. Il répond à des objectifs tout à fait différents dont le moindre n'est sans doute pas de donner aux investisseurs une information normalisée donc significative sur la rentabilité de l'entreprise.

Quelles sont les causes de ces écarts ? Elles sont de nature fiscale et peuvent être étudiées sous trois rubriques. Elles sont liées à des différences temporaires dans la reconnaissance des produits et des charges à des différences de report en arrière ou en avant des pertes d'exploitation, enfin à des différences permanentes prévues par des dispositions légales. Nous ne serions pas totalement exhausifs si nous ne parlions pas de la fiscalité latente.

1.1.1. Les différences temporaires (temporary differences – timing differences)

Il y a des différences temporaires lorsque pour une période comptable le produit taxable ou la charge déductible retenu pour le calcul du bénéfice fiscal ne l'est pas pour la détermination du résultat comptable. Ces différences sont compensées au cours des exercices ultérieurs. Il résulte de cette situation que le résultat comptable peut être supérieur au résultat fiscal, l'entreprise a alors une dette fiscale potentielle ou un crédit d'impôt différé *(deferred income tax credit)* à l'égard de l'État. Le résultat comptable peut être inférieur au résultat fiscal, l'entreprise a une créance sur le Trésor ou une dette d'impôt différé *(prepaid income tax result)*. Il est facile de penser que lorsque la loi fiscale offre une option, l'entreprise choisira la méthode qui, sur le plan fiscal, lui permettra de différer la reconnaissance des produits et d'accélérer la reconnaissance des charges. C'est pourquoi, le plus souvent, le résultat comptable est supérieur au résultat fiscal.

---

1. Au Royaume-Uni, le traitement comptable a fait l'objet de la publication de la norme FRS 19, Impôts différés *(Deferred tax)*, décembre 2000. L'objectif de la norme est de s'assurer que toutes les conséquences fiscales futures émanant de transactions et d'événements passés soient enregistrées comme des dettes ou des actifs dans les états financiers ; et que soient portées en annexe toutes les circonstances qui pourraient avoir un effet sur les charges fiscales futures.

1.1.1.1. Le résultat comptable supérieur au résultat fiscal

Cette situation se rencontre dans les cas suivants :

- *La reconnaissance du produit dans le résultat fiscal plus tardive que dans le résultat comptable*

Citons la vente à tempérament et les contrats à long terme. La vente aux États-Unis est effective au moment de la facturation, mais elle n'est imposable qu'au fur et à mesure des encaissements *(installment method of accounting)*. Pour les contrats à long terme, le résultat comptable est déterminé selon la méthode de l'avancement des travaux *(percentage of completion method)* et le résultat imposable n'est déterminé qu'au moment de l'achèvement des travaux *(completed contract method)*.

- *La prise en considération pour la détermination du résultat fiscal d'une année, d'une charge retenue sur le plan comptable pour une autre année*

L'exemple typique est celui de l'utilisation de la méthode de l'amortissement accéléré *(accelerated cost recovery system* [1], *accelerated capital allowances)* pour la détermination du résultat fiscal et de la méthode de l'amortissement linéaire pour la détermination du résultat comptable.

> *Exemple 1* – La société Slane achète le 1er janvier de l'année N un équipement pour 1,2 million de dollars. Le bien a une durée de vie de 5 années et sa valeur résiduelle est de 200 000 dollars. La société utilise la méthode de l'amortissement linéaire pour déterminer le résultat comptable et celle de l'amortissement accéléré (MARCS) [2] pour déterminer le résultat fiscal. L'équipement relève de la classe 5. L'exercice est clos au 31 décembre et le résultat de 900 000 dollars, avant amortissement et avant impôt, est constant durant les 6 années (N à N + 5).

Le montant des amortissements comptables et celui des amortissements fiscaux calculés chaque année sont différents (tableau 57).

Ces différences temporaires entraînent une incidence sur la détermination du résultat comptable et du résultat fiscal (tableau 58).

En supposant que le taux d'imposition s'élève à 40, les impôts calculés à partir du résultat comptable et du résultat fiscal diffèrent. Le premier représente la charge *(tax expense)* et le second l'impôt dû *(tax payable)* (tableau 59).

1.1.1.2. Le résultat fiscal supérieur au résultat comptable

Cette situation se rencontre lorsqu'un produit est reconnu plus tôt dans le résultat fiscal que dans le résultat comptable et qu'une charge est enregistrée plus tard dans le résultat fiscal que dans le résultat comptable.

---

1. Voir annexe 2 : L'amortissement fiscal américain.
2. Voir annexe 2 : L'amortissement fiscal américain.

Tableau 57 – *Slane corporation – Calculation of timing differences (dollars)*

Year ended December 31	Financial accounting depreciation expense – straight line depreciation	Tax return depreciation deduction	Timing differences
N	200,000	240,000	40,000
N + 1	200,000	384,000	184,000
N + 2	200,000	230,400	30,400
N + 3	200,000	138,240	– 61,760
N + 4	200,000	138,240	– 61,760
N + 5		69,120	69,120
	1,000,000 ; VR = 200,000	1,200,000	200,000

Tableau 58 – *Slane corporation – Pre-tax accounting and taxable income (dollars)*

Year ended December 31	Financial accounting income before depreciation and income taxes	Financial accounting depreciation expense	Tax return depreciation deduction	Pre-tax accounting income	Taxable income
N	900,000	200,000	240,000	700,000	660,000
N + 1	900,000	200,000	384,000	700,000	516,000
N + 2	900,000	200,000	230,400	700,000	669,600
N + 3	900,000	200,000	138,240	700,000	761,760
N + 4	900,000	200,000	138,240	700,000	761,760
N + 5	900,000		69,120	900,000	830,880

Tableau 59 – *Slane corporation – Calculation of deferred income tax (dollars)*

	Income taxe expense	Income taxe payable	Difference (2 – 3)
N	280,000	264,000	– 16,000
N + 1	280,000	206,400	– 73,600
N + 2	280,000	267,840	– 12,160
N + 3	280,000	304,704	24,704
N + 4	280,000	304,704	24,704
N + 5	360,000	332,352	– 27,648
	1,760,000	1,680,000	– 80,000 [a]

a. Cette différence est due à la valeur résiduelle de 200 000 dollars non amortie.

- *La reconnaissance d'un produit plus tôt dans le résultat fiscal que dans le résultat comptable*

On relève dans cette situation les produits constatés d'avance qui n'entrent pas dans le résultat comptable américain. En revanche, la loi fiscale s'appuie sur l'encaissement *(collection)* et retient ces produits pour la détermination du résultat fiscal.

> *Exemple 2* – Une société de leasing loue un bien pour cinq années à une autre société et exige du locataire au moment de la signature du contrat le versement du premier et du cinquième loyer. Sur le plan comptable, le premier loyer est exigible, le cinquième ne l'est pas et ne constitue pas un produit de l'exercice. Il est exclu du résultat de l'année N. Sur le plan fiscal, son encaissement le rend imposable.

- *L'enregistrement d'une charge plus tard dans le résultat fiscal que dans le résultat comptable*

Prenons l'exemple de la garantie donnée aux clients. L'équivalent de la constitution de la provision française *(estimated warranty expense)* est une charge imputable au résultat de l'année de la constitution. Sur le plan fiscal, cette charge n'est pas déductible l'année de la constitution. Elle est différée jusqu'à la réalisation effective de la charge *(actual servicing cost)*.

> *Exemple 3* – La société Igor vend des produits pour lesquels elle assure une garantie sur une période de trois ans. Chaque année, elle constitue une provision pour garantie donnée aux clients qu'elle détermine par application d'un pourcentage sur les ventes. Supposons que la charge annuelle sur les trois années à venir est de 100 000, 80 000 et 110 000 dollars. Les dépenses pour garantie accordées aux clients sont pour les mêmes années de 30 000, 100 000 et 10 000 dollars. Le résultat annuel avant la constitution pour provision est constant et égal à 900 000 dollars.

Les divergences entre les principes comptables et les dispositions de la loi fiscale apparaissent au niveau de la détermination du résultat comptable et du résultat fiscal (tableau 60).

Tableau 60 – *Igor corporation – Pre-tax accounting and taxable income (dollars)*

Year	Accounting income before warranty expense	Estimated warranty expense	Pre-tax accounting income	Actual servicing cost	Taxable income
1	900,000	100,000	800,000	30,000	870,000
2	900,000	80,000	820,000	100,000	800,000
3	900,000	110,000	790,000	10,000	890,000
	2,700,000	291,000	2,410,000	140,000	2,560,000

Avec un taux d'imposition de 40 %, les montants de l'impôt calculés respectivement sur le résultat comptable et le résultat fiscal, sont les suivants (tableau 61) :

Tableau 61 – *Igor corporation – Income tax (dollars)*

Year	Income taxes on pre-tax accounting income (1)	Income taxes on taxable income (2)	Difference (2 – 1)
1	320,000	348,000	+ 28,000
2	328,000	320,000	– 8,000
3	316,000	356,000	+ 40,000
	964,000	1,024,000	+ 60,000

Contrairement à l'exemple précédent, le cumul des différences constatées n'est pas nul au terme des trois années, mais on peut imaginer que dans les années à venir le solde de la provision pour garantie donnée aux clients sera compensée par les coûts engagés.

En Grande-Bretagne, tout bien réévalué au-delà de son coût laisse présumer l'existence d'une plus-value au moment de la cession. Les Anglais constituent une provision pour paiement différé d'impôt calculé sur la plus-value de réévaluation. D'autres effets de différences temporaires émanent du calcul des amortissements comptables sur la valeur réévaluée alors que la loi fiscale n'admet la déduction que des amortissements calculés sur la valeur d'origine.

Les différences temporaires ne sont pas les seules causes de divergences entre le résultat comptable et le résultat fiscal. Le report des pertes produit les mêmes effets.

1.1.2. Le report en arrière ou en avant des pertes d'exploitation (carry-back and carry-forward)

La loi fiscale américaine reconnaît aux entreprises la possibilité de reporter en arrière la perte d'exploitation *(operating loss)* d'une année sur le résultat imposable des trois années précédentes. Cette disposition donne droit à un remboursement *(repaid)* d'impôt. En Grande-Bretagne, cette imputation n'est exerçable que sur les bénéfices de l'exercice précédent de même durée. L'exercice de l'option doit avoir lieu dans un délai respectif de trois ans ou deux ans à dater de la clôture de l'exercice au cours duquel la perte a été enregistrée. Le report en avant est toujours possible sur les résultats des quinze années suivantes aux États-Unis, sans limitation en Grande-Bretagne, sous réserve que la demande d'imputation soit formulée dans les six ans à compter de la fin de l'exercice au cours duquel le déficit a été enregistré, que la société ait ou non réalisé des bénéfices. L'exercice du report des pertes en arrière ou en avant s'analyse en une forme un peu particulière des différences temporaires. Outre ces exemples, les écarts entre le résultat comptable et le résultat fiscal émanent de ce que certains éléments retenus pour le calcul de l'un sont définitivement exclus du calcul de l'autre. Ces différences sont dites permanentes.

1.1.3. Les différences permanentes (permanent differences)

La particularité des différences permanentes est qu'elles entraînent des augmentations ou des diminutions définitives de la charge d'impôt sur les bénéfices. Aucun redressement n'est à opérer dans les périodes futures. Ces différences sont dues soit à des produits retenus pour la détermination du résultat comptable mais non imposables (les intérêts encaissés sur emprunt émis par les États ou les municipalités aux États-Unis), soit à des charges non déductibles pour la détermination du bénéfice fiscal (l'amortissement du *goodwill* acquis, certaines pénalités).

Il y a fiscalité latente toutes les fois que l'entreprise aura à supporter une charge fiscale si certaines conditions se réalisent ou si certaines décisions sont prises. Il s'agit par exemple :

– des charges fiscales liées à la distribution éventuelle de réserves,

– des provisions dont l'imposition est différée mais qui ne seront réintégrées au résultat que si certaines conditions se réalisent (les provisions pour fluctuations des cours),

– des produits soumis à un taux réduit d'imposition (plus-value à long terme).

L'existence et la disparition des différences temporaires peuvent toucher plus d'un exercice. Il est utile de donner aux utilisateurs des états financiers une information sur la mesure et le montant de ces différences temporaires.

Pour en rendre compte et pour donner à l'information la fiabilité requise, des normes sur leur traitement comptable ont été rédigées.

1.2. Le traitement comptable des différences temporaires

Le traitement comptable a donné lieu à la publication de normes spécifiques dans les pays anglo-saxons qui l'alignent à quelques nuances près sur la norme IAS 12. Avant de développer le traitement comptable réservé par les États-Unis et la Grande-Bretagne aux différences temporaires, nous proposons de faire un inventaire des différents principes et méthodes existants.

1.2.1. Les principes et les méthodes de comptabilisation des différences temporaires

Il existe deux principes de comptabilisation de l'impôt, le principe de l'impôt exigible encore pratiqué essentiellement en France et le principe du report d'impôt.

1.2.1.1. Le principe de l'impôt exigible

Dans ce principe, la charge comptable de l'impôt sur les résultats de l'exercice est normalement égale au montant de l'impôt dû. Elle est en contradiction avec la norme IAS 1 [1] et avec la convention comptable sur la spécialisation des exercices aux termes de laquelle « les produits et les charges sont comptabilisés au fur et à mesure qu'ils sont acquis ou qu'elles sont engagées (et non lors de leur encaissement ou de leur paiement) et enregistrés dans les états financiers de l'exercice concerné. Son adoption requiert l'obligation de joindre des notes annexées aux états financiers indiquant le montant et l'incidence fiscale éventuelle des différences temporaires ».

Une tendance s'exprime en faveur du principe du report d'impôt.

1.2.1.2. Le principe du report d'impôt

Dans ce principe, les impôts sur les bénéfices sont considérés comme une charge subie par l'entreprise lorsqu'elle réalise un bénéfice. Ils sont donc comptabilisés au cours des mêmes exercices que les produits et les charges auxquels ils se rapportent et l'incidence des différences temporaires apparaît dans la charge fiscale de l'exercice au compte de résultat et dans le solde des impôts reportés au bilan. Cette méthode reconnue officiellement par l'IAS 12 [2] offre deux variantes pour l'application du principe : la méthode du report fixe *(deferred method)* et la méthode du report variable *(liability method)*.

- *La méthode du report fixe* (deferred method)

Selon cette méthode, l'impôt correspondant aux différences temporaires est calculé à l'aide des taux en vigueur au moment de la constatation de la différence sans modifications ultérieures. Cette approche dite de résultat considère que les comptes d'impôts différés figurant au bilan sont des comptes d'équilibre et non des comptes de créances ou de dettes. Ils n'ont pas besoin d'être redressés pour tenir compte des changements apportés aux taux d'imposition ou de la création de nouveaux impôts. En conséquence, ces soldes ne donnent pas une idée exacte du montant de l'impôt qu'il faudra payer ou inversement que l'entreprise pourra récupérer. Sur le plan du compte de résultat, la charge de l'exercice comprend le montant des impôts exigibles et l'incidence des différences temporaires provenant d'exercices antérieurs ou reportés sur des exercices futurs, ce qui implique que l'incidence des différences temporaires, apparues au cours des exercices antérieurs et résorbées au cours de l'exercice, soit déterminée en utilisant le taux d'imposition appliqué à l'origine.

---

1. IAS 1, *Disclosure of accounting policies IASC,* London, 1974, paragraphe 7.
2. IAS 12, paragraphe 42, « La charge fiscale de l'exercice doit être établie suivant le principe du report d'impôt ».

• *La méthode du report variable* (liability method)

Cette méthode, dite aussi bilantielle, a pour objectif la mesure correcte de la créance ou de la dette fiscale résultant des différences temporaires. Le taux d'imposition à retenir est alors prévu pour l'exercice où se produira l'inversion des différences temporaires. En conséquence, les impôts reportés sont redressés pour tenir compte des changements de taux d'imposition ou de la création de nouveaux impôts ou des changements futurs des taux d'imposition. La charge de l'impôt de l'exercice comprend le montant des impôts exigibles, le montant des impôts que l'on prévoit devoir payer dans les années futures ou que l'on considère comme étant payés d'avance, compte tenu des différences temporaires dégagées ou résorbées au cours de l'exercice, les redressements des soldes d'impôts différés figurant au bilan rendus nécessaires par la modification des taux d'imposition et la création de nouveaux impôts.

En principe, les méthodes de report d'impôt s'appliquent à toutes les différences temporaires. Dans certaines circonstances, cette application est partielle, notamment lorsqu'il est possible de prévoir que des différences temporaires ne se résorberont pas avant une longue période. Ces généralités nous permettent d'étudier plus attentivement les normes de traitement comptable de l'impôt sur les bénéfices dans les pays anglo-saxons.

1.2.2. Le traitement comptable de l'impôt sur les bénéfices dans les pays anglo-saxons

L'existence de différences temporaires et de déficits reportables engendre pour l'entreprise concernée une dette fiscale à payer ou une créance à recouvrer. Si la position débitrice de l'entreprise qualifiée d'impôts différés passifs ne soulève pas de difficultés particulières sur la crédibilité de l'information, la position créditrice, dite d'impôts différés actifs, est plus délicate. C'est sur ce point ainsi que sur le report des pertes que les normes américaines et anglaises (FRS 19 [1]) sont venues arrêter des principes précis quant aux modalités de calcul des différés d'impôt. Ces modalités ne sont pas totalement similaires. En se référant à la norme FAS 109, nous nous proposons d'en donner les caractéristiques essentielles, tant sur les principes retenus que sur les modalités de calcul arrêtées.

1.2.2.1. Les principes retenus

L'une et l'autre de ces normes ont adopté le principe du report d'impôt et la méthode du report variable, dans une conception étendue pour la norme américaine et restrictive pour la norme anglaise. La norme FAS 109 précise que le régime des impôts différés s'applique à tous les écarts temporaires y compris les reports fiscaux déficitaires. Le calcul est dit global. Les différences temporaires actives et passives ayant leur ori-

1. FRS 19, Impôt différé *(Deferred tax)* décembre 2000.

gine dans l'exercice concerné sont prises en compte quelle que soit la date à laquelle l'impôt deviendra exigible ou récupérable. La norme reprend les exceptions, au calcul global, prévues dans l'APB, opinion n° 23 et dans la FAS 96 ; il s'agit des bénéfices non distribués des filiales [1] et le *goodwill* dégagé d'une opération d'acquisition, lorsque leur amortissement n'est pas déductible [2].

La norme FRS 19 [3] est restrictive quant à son champ d'application. Tous les écarts temporaires ne sont pas pris en compte. L'impôt différé est calculé uniquement sur les différences temporaires pour lesquelles il est probable que le paiement ou l'économie d'impôt devienne exigible ou récupérable dans un avenir proche. Au-delà des principes, les modalités de calcul sont très précises.

1.2.2.2. Les modalités de calcul des impôts différés

Les modalités concernent le calcul des soldes annuels des différences temporaires et le calcul des impôts différés actifs et passifs.

- *Les modalités de calcul des soldes annuels actifs et passifs des différences temporaires*

La norme 109 a introduit plus de souplesse dans les modalités de calcul des soldes et particulièrement des soldes actifs. La norme 96 imposait aux entreprises un calcul strict des soldes selon un échéancier annuel (tableau 62). Ce tableau était établi à partir des données de base et projetait année par année les résorptions de chaque différence temporaire. Il devait figurer dans l'annexe et servait de justificatif aux montants d'impôts retenus par l'entreprise. La compensation année par année des différences temporaires se traduisait par des soldes annuels actifs ou passifs. Les

---

1. Pour lesquelles une différence temporaire positive sera prise en compte. Néanmoins, la société mère doit admettre que les bénéfices seront réinvestis dans la filiale et jamais versés, la différence temporaire se trouve repoussée à l'infini. En effet, dans la conception étendue, la différence temporaire correspondante devrait être prise en compte. À titre exceptionnel, elle ne l'est pas. « Impôts sur les bénéfices : FAS 96, la nouvelle norme américaine », *Bulletin Comptable et Financier,* n° 38, pp. 91-96.

2. Selon la norme américaine et la norme IASC, lorsque la déductibilité et l'amortissement du goodwill ou écart d'acquisition ne sont pas reconnus par l'administration fiscale en raison du caractère résiduel du goodwill et du manque de signification d'un ajustement, aucun impôt différé ne peut être constaté. En revanche l'écart d'évaluation, qui n'est pas non plus déductible du résultat fiscal, génère la constatation d'un impôt différé, parce qu'il n'a pas le caractère résiduel. La constatation du passif d'impôt différé aura pour contrepartie le goodwill.

3. Le principe général sous-jacent est que l'impôt différé sera reconnu comme un passif ou un actif si les transactions ou les événements qui obligent l'entité à payer plus d'impôt dans le futur ou lui donnent le droit d'en payer moins dans le futur se sont produits à la date du bilan.

soldes annuels passifs ne posaient pas de problèmes et n'en posent toujours pas. En revanche, les pertes reportables et les soldes annuels actifs, source de créance sur le Trésor, en soulèvent parce que la récupération n'est pas certaine. La norme 96 édictait des règles très précises à ce sujet. Le report des pertes de l'exercice ou des exercices antérieurs [1] sur les résultats futurs estimés n'était pas possible. La probabilité de réalisation de résultats futurs n'avait pas d'incidence. L'imputation s'effectuait selon le mécanisme du *carry-forward* en vigueur sur les soldes annuels passifs de différences temporaires résultant de l'échéancier (soit des 15 années postérieures) [2].

La norme 109 prend en compte les différences temporaires et les déficits fiscaux reportables. Pour le calcul de l'impôt différé, actifs et passifs, devant figurer au bilan, les différences temporaires actives (y compris les déficits fiscaux reportables) et les différences temporaires passives sont reprises sans compensation entre elles, contrairement à la réglementation française [3]. Il reste qu'au bilan des compensations d'impôts différés actifs et passifs courants sont obligatoires, lorsqu'ils relèvent de la même administration fiscale et de la même entité taxable. La même norme reconnaît le droit de constater toutes les impositions différées actives, quelles que

1. Il s'agit du solde des pertes dégagées après déduction des pertes imputées par *carry-back* sur les bénéfices ayant supporté l'impôt.

2. Le solde annuel actif de différences temporaires résultant de l'échéancier, son imputation selon la norme américaine s'effectue dans l'ordre suivant :

Le solde des différences est d'abord imputé en arrière sur les bénéfices des trois exercices précédents ayant supporté l'impôt selon le mécanisme du *carry-back*. Le solde actif des différences temporaires de l'exercice N + 1 de 350 dollars est reporté en arrière sur les bénéfices des exercices N, N – 1, N – 2, ... à concurrence de 220 dollars (tableau 62). Si cela est possible, il est imputé en arrière sur les soldes annuels passifs des différences temporaires selon le mécanisme en vigueur sur les trois exercices précédents. Le solde actif de l'année N + 7 n'est pas reportable en arrière à défaut de soldes annuels passifs les années N + 4, N + 5, N + 6 (tableau 62). Enfin, le solde actif est reportable en avant sur le restant des soldes annuels passifs de différences temporaires résultant de l'échéancier selon le système du carry-forward, c'est-à-dire sur les soldes des 15 années ultérieures. Le solde passif de l'année N + 8, 250 dollars vient en compensation du solde actif de l'année N + 7 à concurrence de son montant. Le solde actif de 90 est perdu parce qu'il ne peut pas être compensé par un solde passif de différences temporaires dans le délai de quinze ans.

Les soldes nets annuels des différences temporaires dégagées après imputation sont des soldes actifs de l'année ou des exercices antérieurs (120, 30 et 70 dollars), des actifs perdus dont la compensation selon les mécanismes du *carry-back* et du *carry-forward* est impossible (90 dollars), des soldes passifs des exercices futurs (70 et 180 dollars).

3. La compensation n'est possible en France qu'entre différences temporaires relevant du même taux d'imposition et se résorbant à des échéances suffisamment proches.

Tableau 62 – *L'échéancier des différences temporaires*

	Données historiques				*Estimations futures des différences temporaires*						
	Exercices				**Exercices**						
	N – 3	**N – 2**	**N – 1**	**N**	**N + 1**	**N + 2**	**N + 3**		**N + 7**	**N + 8**	**N + 24**
Bénéfice ayant supporté l'impôt	100	120	30	70							
≠ temporaires (taxables) passives ≠ temporaires (déductibles) actives					350 (700)	100 (300)	450 (50)		(340)	250	180
Soldes annulés actifs ou passifs de ≠ temporaires					(350)	(200)	400		(340)	250	
Imputation sur les biens ayant supporté l'impôt		120	30	70	220						
Carry-back 3 derniers exercices Imputation sur les soldes annuels passifs des 3 années antérieures carry-back Imputation sur les soldes annuels passifs des 15 années postérieures					130	200	(330)		340	(250)	Imputation permanente N + 7 impossible
Soldes nets annuels des ≠ temporaires après imputation		(120)	(30)	(70)	0	0	70		90 solde actif perdu	0	180

soient leurs origines dès lors que leur réalisation est « plus probable qu'improbable », la probabilité se situant au-dessus de 50 % [1]. La réalisation future d'impôts différés actifs dépend des profits imposables futurs réalisés dans la période légale de report en avant et de report en arrière des déficits fiscaux et du caractère plus probable qu'improbable des profits futurs.

Les sources de ces profits futurs sont, comme l'énonçait la norme 96 :

– l'existence d'impôts différés passifs ;

– la possibilité de reporter en arrière les déductions futures *(carry-back)* ; la norme 109 ajoute la réalisation dans le futur de produits autres que le reversement de différences temporaires et les reports déficitaires. Le caractère « plus probable qu'improbable » des profits futurs sera basé sur l'existence d'éléments probants à la clôture de l'exercice. Sont des éléments défavorables probants : l'existence de pertes au cours des exercices récents, un historique de pertes fiscales reportables ou non encore utilisées et venant à expiration, des comptes prévisionnels en perte, l'existence d'incertitudes sur des opérations. En revanche, sont des éléments probants favorables : l'existence d'un carnet de commandes fermes génératrices de bénéfices futurs et l'existence d'un historique de résultats bénéficiaires réguliers dans lequel l'existence de pertes éventuelles ne serait attribuable qu'à des événements exceptionnels. En conséquence, l'échéance des reversements des différences temporaires deviendra une exception plutôt qu'une règle. Son utilisation devrait en être moins contraignante. La connaissance des dates de reversement prévues des différences temporaires sera toujours nécessaire pour permettre la constatation des impôts différés actifs, mais l'échéance devrait être moins détaillée, permettre une évaluation plus globale et donner une approximation suffisante de la réalisation probable des impôts différés actifs [2].

Aux États-Unis, les soldes déterminés à partir des informations de base servent au calcul de l'impôt différé.

• *Les modalités de calcul de l'impôt différé et sa position au bilan*

Selon la norme 96, l'impôt différé actif était égal au produit des soldes nets annuels actif de l'exercice en cours et des exercices antérieurs, tels qu'ils se dégageaient de l'échéancier, par les taux d'impôt correspondant aux années de soldes.

Dans l'exemple retenu, le montant de l'impôt différé actif à comptabiliser en N + 1 aurait été de 220 dollars multipliés par le taux d'imposition de l'année N + 1 soit 88 dollars [3].

Le calcul est le même pour les soldes nets annuels passifs, les soldes sont multipliés par les taux d'impôt connus aujourd'hui, correspondant aux

1. FAS 109, paragraphes 92 à 98.
2. *Bulletin Comptable et Financier,* n° 55, juin 1992, pp. 54 et 55.
3. ($ 220 × 40 %).

années des soldes. Soit dans l'exemple, l'impôt différé passif est de 100 dollars [1] en supposant ignorés les taux des années N + 7 et N + 24. Dans le cas contraire, l'impôt aurait été calculé aux taux connus des années considérées (problème de l'actualisation des impôts différés).

Les créances ou les dettes fiscales générées par les différés d'impôts sont classées au bilan en court ou en long terme selon la date estimée de résorption de la distorsion correspondante. Dans le cas présent, l'impôt différé actif est à court terme *(current)* et l'impôt différé passif est à long terme *(non current)*.

Notons enfin qu'à défaut de l'obligation d'établir un échéancier, la norme anglaise impose aux entreprises la publication d'informations sur ces éléments soit dans les documents financiers, soit en notes. Ainsi, les composants du solde d'impôt différé, ainsi que les modifications qui lui ont été apportées durant l'exercice, devront être commentés dans une note.

Le traitement comptable impose, pour être complet, la présentation des enregistrements des flux qui en découlent dans les comptes sociaux. Nous limiterons la présentation aux comptes sociaux des entreprises américaines.

1.3. L'enregistrement des impôts différés dans les comptes sociaux des entreprises américaines

La norme préconise de constater les impôts différés actifs et passifs, quels que soient leurs sources et le caractère probable de réalisation. L'enregistrement concerne les différés d'impôts nés des différences temporaires et des reports de pertes.

1.3.1. La comptabilisation des différés d'impôts nés des différences temporaires

Enregistrons dans les comptes sociaux les impôts différés générés par les différences temporaires dégagées dans les exemples 1 et 3.

Le principe adopté étant celui du report d'impôt, la charge comptable *(income taxes expense)* est calculée sur le bénéfice comptable par application du taux d'imposition, alors que l'impôt exigible comptabilisé au crédit d'un compte de dettes impôts sur les résultats *(income taxes payable)* est calculé par application du taux d'imposition au résultat fiscal. La différence entre les deux comptes est un différé d'impôt comptabilisé dans un compte de bilan. Ces principes appliqués aux exemples 1 et 3 conduisent aux enregistrements comptables suivants.

L'exemple 1 fait apparaître lors de la naissance de la différence temporaire un avantage fiscal et donc une dette potentielle à l'égard de l'État. Cette dette est comptabilisée dans un compte de provisions pour impôts

1. ($ 250 × 40 %).

différés *(deferred income tax credit)*. Le crédit de ce compte augmente tant qu'il y a avantage fiscal et diminue ensuite pour être soldé lorsque le bien est totalement amorti. Au 31 décembre de l'année N, l'enregistrement de la charge fiscale s'effectue de la façon suivante :

December 31 year N		
Income taxes expense	264,000	
Income taxes payable		168,000
Deferred income tax credits		96,000
To record income taxes payable currently and expense		

Dans le compte de résultat, la charge d'impôt est ventilée entre l'impôt dû *(payable currently)* et l'impôt différé *(deferred)* (tableau 63).

Tableau 63 – *Slane company Partial income statement, December 31 year N (dollars)*

Income before income taxes		700,000
Income taxes expense		264,000
– payable currently	168,000	
– deferred	96,000	
Net income		436,000

Au 31 décembre de l'année N + 2, l'impôt exigible excède la charge fiscale. La différence est prélevée sur l'impôt différé passif.

December 31 year N + 2		
Income taxes expense	264,000	
Deferred income tax credits	26,880	
Income taxes payable		290,880
To record income tax payable currently and expense		

Au 31 décembre de l'année N + 4, le compte d'impôts différés sera soldé.

L'exemple 3 traduit un différé actif d'impôt. Sa comptabilisation est possible car il y a tout lieu de penser que des différences temporaires passives dans un proche avenir se produiront et que l'imputation selon le mécanisme *carry-forward* pourra jouer. Par rapport à la charge comptable, l'excédent d'impôt payé est comptabilisé dans un compte d'impôts payés d'avance *(prepaid income taxes)* (tableau 61).

December 31 year 1		
Income taxes expense	320,000	
Prepaid income tax	28,000	
Income taxes payable		348,000
To record income taxes		

L'année suivante, la charge fiscale est supérieure à l'impôt dû, un prélèvement de 8 000 dollars sera effectué sur le compte impôts payés d'avance.

Comme précédemment, la charge fiscale dans le compte de résultat est ventilée en un impôt exigible *(income taxes payable currently)* et un impôt payé d'avance *(prepaid income taxes)* (tableau 64).

Tableau 64 – *Igor company Partial income statement, December 31 year 2 (dollars)*

Income before taxes		900,000
Income taxes expense		
– payable currently	320,000	
add : prepaid income taxes	8,000	328,000
Net income		572,000

S'il est plus probable qu'improbable que le solde d'impôts différés actifs ne soit pas réalisé, une provision pour dépréciation totale ou partielle doit être constituée *(valuation allowance)*. La charge correspondante doit être enregistrée au compte impôts différés *(deferred expense)* du compte résultat [1]. Seul le montant des impôts différés actifs net de la provision apparaîtra au bilan. La provision sera mentionnée dans l'annexe.

Nous avons raisonné dans l'hypothèse d'un taux d'imposition constant. Il va de soi que si le taux d'imposition diminue, la charge fiscale de l'impôt diminue également si la société est en situation créditrice. Des observations de sens opposé sont rencontrées dans l'hypothèse d'une hausse des taux d'imposition. Des règles particulières de comptabilisation concernent le report des déficits.

1.3.2. La comptabilisation des impôts différés générés par le report des pertes

La position de la norme américaine FAS 96 sur les impôts, ayant trait à un exercice antérieur, reprenait celle de l'APB, opinion n° 11 et était conforme à la norme IAS 12. Ces impôts doivent être inclus dans le bénéfice net de l'exercice qui se solde par la perte [2].

1. FAS 109, paragraphes 12 et 226.
2. IAS 12, paragraphe 46.

Exemple 4 – La société TESS a subi au cours de l'exercice N une perte de 150 000 dollars. Elle décide de reporter cette perte en arrière et ne peut la compenser qu'à concurrence de 120 000 dollars. En admettant que le taux d'imposition constant soit de 40 %, l'entreprise bénéficie d'un différé d'impôt actif de 48 000 dollars[1] *(income tax refund receivable)*, c'est-à-dire une économie d'impôt qui doit être incluse dans le calcul du bénéfice net ou de la perte nette figurant dans les états financiers de cet exercice (tableau 65).

December 31 year N		
Income tax refund receivable	48,000	
Income tax benefit of operating loss carry-back		48,000
To record refund for income taxes previously paid ($ 120,000 × 40 %)		

En revanche, on ne tient pas compte de l'économie potentielle d'impôt liée à la perte fiscale reportable dans le futur sauf si elle est compensable avec des différences temporaires passives futures. Le compte de produit utilisé est *income tax benefit of operating loss carry-back.* Cette modification apparaît au compte de résultat.

Tableau 65 – *TESS company Partial income statement, December 31 year N (dollars)*

Operating loss before income tax effect of operating loss carry back	(150,000)
Less : income tax benefit of operating loss carry back	48,000
Net loss	(102,00)

Le traitement des impôts différés est un sujet délicat dont nous avons donné ici ce que nous estimons être essentiel.

La complexité du traitement des plans de retraite et l'importance qui leur est reconnue dans les rapports d'activité nous ont incité à démystifier un certain langage.

2. Les plans de retraite *(pension plans, pension schemes)*

Une enquête effectuée par l'AICPA en 1974[2] à partir des rapports annuels des sociétés a permis de constater, d'une part, que sur 600 entreprises 554 publiaient le montant des charges afférentes à des plans de pen-

1. ($ 120 000 × 40 %).
2. *Accounting trends and techniques,* 38th edition, AICPA, New York, 1984, p. 263.

sion, soit plus de 92 % et, d'autre part, que les charges de financement des retraites augmentaient plus vite que les profits des entreprises. Ces chiffres justifient l'importance donnée à la fois à la comptabilisation des plans de retraite et à leur impact sur la fiabilité des informations financières.

Les régimes de retraite sont nombreux et divers. Pour comprendre les positions des organismes de normalisation comptable, nous consacrerons quelques développements aux plans de retraite en général [1] en nous référant à la norme IAS 19 (révisée) [2] avant de présenter les caractéristiques comptables des régimes de retraite anglo-saxons.

2.1. Les plans de retraite

Les plans de retraite ont pour mission de garantir une rémunération aux salariés en cessation définitive d'activité pour raison d'âge. En France, les caisses de retraite gèrent des fonds destinés à assurer un complément de retraite sous forme soit d'un supplément de retraite, soit d'une garantie d'un niveau de retraite [3]. Les plans de retraite résultent tous d'un engagement formalisé ou non formalisé d'une entreprise *(employer)*, pris à

1. F. Lefebvre, *Retraites d'entreprises : juridique, fiscal, social, comptable, financier,* Éditions Francis Lefebvre, Paris, février 1995.

2. IAS 19 révisée – *Retraites et avantages salariaux,* janvier 1998. « Avantages accordés aux salariés, – Quelles sont les principales nouveautés de la norme IAS révisée ? Ses apports dans le contexte français », *Bulletin Comptable et Financier,* août-septembre 1998, pp. 19 et s. et G. Gélard, IAS 19 (révisée), « Prestations dues aux salariés : une norme définitive mais inachevée », *RFC,* n° 301, juin 1998, pp. 31 et s.

3. En France, les engagements pris par l'entreprise en matière de retraite relèvent des deux régimes habituels, le régime à prestations définies et le régime à cotisations définies. Ici, nous nous limiterons au régime à prestations définies, sachant que ce type d'engagement peut être géré en interne ou en externe. Pour ce qui est de la gestion interne, le Code de Commerce, art. 9 alinéa 3, précise que le montant des engagements en matière de pension, de compléments de retraite ou avantages assimilés… etc. est indiqué en annexe. Par ailleurs, les entreprises peuvent décider d'inscrire au bilan, sous forme de provisions, le montant correspondant à tout ou partie de ces engagements. La comptabilisation de provisions, en totalité pour les actifs et les retraités, conduisant à une meilleure information financière est considérée comme une **méthode préférentielle** par le Plan Comptable 1999. Des conditions doivent être respectées pour qu'une entreprise puisse se prévaloir de la méthode préférentielle (provision totale, non limitée aux avantages de retraites). Cette comptabilisation n'exclut pas d'indiquer en annexe le montant des engagements de l'entreprise… en ce qui concerne l'ensemble des engagements de retraite (art. 9 al. 3 du CC). Pour une gestion externe du régime, l'entreprise comptabilise en charges le coût de l'engagement et elle doit obligatoirement, comme pour une gestion interne, faire mention de ses engagements en annexe – « Avis 00-A du Comité d'urgence du CNC, règlement 99-02 sur les comptes consolidés », *Mémento Comptable Francis Lefebvre 2001* § 945 et s.

l'égard des salariés *(employees)* de leur payer une retraite *(benefits)* après leur mise à la retraite *(retirement)*, sous forme de versements de mensualités et de versements additionnels au moment du décès.

L'engagement est le plus souvent formalisé, soit par l'effet d'une loi, soit sous forme d'un contrat. Quand il ne l'est pas, il résulte d'usages de l'employeur qui l'obligent autant qu'un contrat écrit. Tout plan de retraite soulève deux types de problèmes, d'une part la couverture de l'engagement et son financement, d'autre part le coût de l'engagement.

2.1.1. La couverture de l'engagement et son financement

L'entreprise a le choix entre gérer elle-même le régime de retraite *(unfunded pension plan)* et en conférer la gestion à un établissement financier spécialisé *(funded pension plan or funding agency)* : une banque, une compagnie d'assurance ou à une caisse qu'elle crée *(trustee)*, ou souscrire un contrat d'assurance. Si elle opte pour une gestion externe, elle verse périodiquement des sommes à ces établissements. Le financement de la couverture peut être assuré à la fois par des versements de l'employeur et des salariés *(contributory pension plan)* ou seulement par l'employeur *(non contributory pension plan)*. Nous nous intéresserons à ce dernier mode de financement.

Les prestations sont versées par l'entreprise ou par l'organisme spécialisé. Elles résultent des dispositions du régime. Le plan peut être à contributions définies *(defined contribution pension plan)*. Le montant des prestations est déterminé en fonction du capital constitué par les contributions versées, appréciées par référence aux salaires versés et au résultat et par les revenus des placements de ce capital.

Il peut être également à prestations définies *(defined benefits pension plan)*. Le montant des prestations est déterminable en fonction des rémunérations et/ou des années de service et/ou de l'âge au moment de la retraite. Ces régimes les plus fréquemment utilisés présentent des difficultés importantes pour l'estimation de leur coût. L'étendue des engagements de l'employeur est le plus souvent aléatoire par suite de l'incertitude qui plane sur deux facteurs [1] entrant dans le calcul ainsi que par la longue période d'acquisition des prestations. Cette situation implique l'obligation de procéder à des ajustements sur les estimations des années antérieures, parfois significatifs par rapport au coût des services actuels.

Pour éviter toutes confusions dans les développements subséquents, il semble opportun de donner des précisions sur les différences qui existent entre les objectifs comptables et les objectifs de financement. Ces différences reposent sur le constat suivant [2] :

– d'une part, les contributions versées par les employeurs aux caisses de retraite au cours d'un exercice ne représentent pas forcément la charge

1. Revenus des placements de la caisse, rotation du personnel.
2. IAS 19 (révisée).

imputable à l'exercice. Les sommes versées le sont à des fins de capitalisation pour faire face aux obligations de paiement des prestations. C'est un moyen de financement tributaire des contraintes de trésorerie et des contraintes fiscales ;

– d'autre part, l'idée sous-jacente du droit à la retraite, et donc de l'obligation pour l'employeur de supporter le coût des prestations, est une dette que l'employeur contracte à l'égard des salariés en contrepartie des services rendus. En conséquence, la comptabilisation du coût doit être effectuée au cours de l'exercice des services rendus. C'est l'application du principe de séparation des exercices *(accrual basis concept).* Elle a pour objectif de « répartir la charge entre les diverses périodes comptables selon une méthode rationnelle qui la relie aux bénéfices retirés des services des employés » [1], en principe sur la durée de la vie active des salariés. Pour ces raisons, il n'y a pas forcément équivalence entre les sommes versées à l'organisme chargé de gérer le plan de retraites et le coût imputé chaque année au compte de résultat. Ainsi, par exemple, les droits acquis par les salariés, compte tenu des services rendus, s'élèvent à 120 000 dollars, ils constituent l'engagement ; l'annuité versée de 100 000 dollars constitue la couverture. La différence entre la capitalisation des sommes versées depuis l'entrée en vigueur du régime et les montants supportés par les résultats pendant la même période donne le niveau de la couverture [2]. Il reste à évaluer le coût de l'engagement.

2.1.2. L'évaluation du coût de l'engagement

La complexité de l'évaluation dépend du régime retenu. Dans un régime à contributions définies, le coût supporté par l'employeur est donné par une formule définie par le régime. Le montant annuel est donné avec un certain degré de certitude. Le calcul est beaucoup moins facile et le coût annuel plus aléatoire dans un régime à prestations définies. Le coût est toujours une estimation. Aussi des méthodes d'évaluation, dites méthodes d'évaluation actuarielles *(actuarial valuation),* ont été conçues par les actuaires pour permettre d'estimer les obligations des employeurs. Partant du principe que les prestations de retraite sont la contrepartie des services rendus par les salariés, la rémunération annuelle versée à ces employés constitue la meilleure évaluation des services rendus. Il est donc souhaitable que la méthode d'évaluation du coût des prestations de la retraite, imputable à la période pendant laquelle les salariés ont rendu les services, donne un coût annuel des services courants en rapport stable avec la rémunération.

Les méthodes d'évaluation actuarielles sont de deux types : rétrospectives et prospectives. Les méthodes rétrospectives *(accrued benefits cost method)*, ou méthodes d'évaluation des droits acquis, évaluent les prestations de retraite d'après les services rendus par les salariés à la date de

1. IAS 19, (révisée).
2. IAS 19, (révisée).

l'évaluation. Les méthodes prospectives *(projected unit credit method)*, ou méthodes d'évaluation des avantages projetés, évaluent les prestations de retraite d'après les services rendus et à rendre par les employés à la date de l'évaluation. L'utilisation de l'une ou l'autre de ces types de méthodes est assortie d'hypothèses en ce qui concerne les éléments variables (extrapolation des niveaux de salaire, prévision de taux de rotation du personnel *(turn-over)*). Ces éléments se modifient au cours du temps et entraînent dans les évaluations actuarielles des écarts de réalisation donnant lieu à des pertes ou à des gains actuariels *(actuarial losses and gains)* à comptabiliser. Les écarts entre les hypothèses et la réalité sont susceptibles de se produire et d'avoir des répercussions importantes. Ils justifient l'établissement d'évaluations à des intervalles de temps rapprochés. Enfin, notons que lors du calcul de la répartition du coût des prestations de retraite sur la durée de vie active, des charges sensiblement différentes peuvent être dégagées selon que l'un ou l'autre des types de méthodes est utilisé. C'est pourquoi la méthode d'évaluation choisie doit être publiée.

Quelles sont les composantes de la charge imputée au résultat de chaque période comptable ?

Dans le régime des prestations définies, le coût imputable à l'exercice comprend : le coût normal *(normal cost)* ou coût des services actuels qui, selon les méthodes rétrospectives, est égal à la valeur actualisée des prestations payables dans le futur au titre des services rendus ; le coût des services passés *(past services cost)* qui est égal à la valeur actualisée lors de la mise en place d'un régime des prestations payables dans le futur, relatives aux services rendus préalablement ; les pertes ou les gains actuariels tels qu'ils résultent des changements dans les hypothèses. Le coût des services passés et les pertes et gains peuvent être imputés au résultat de l'exercice où ils sont constatés ou étalés sur la durée de vie active des employés participant au régime.

Une information sur les éventualités concernant la couverture et le coût de l'engagement résultant de la mise en place d'un plan de retraite est recommandée par l'IASC. Leur présentation permet de mieux comprendre les positions retenues par les normes comptables anglo-saxonnes.

2.2. Les normes anglo-saxonnes

Le traitement comptable dans les états financiers des engagements pour retraite est précisé aux États-Unis dans la norme FAS 87 [1] et la norme FAS 132 [2] qui annulent et remplacent les deux textes précédents, l'APB opinion n° 8 [3] sur la comptabilisation des charges de retraite et la norme

1. FASB statement n° 87, *Employers' accounting for pensions*, 1986.
2. FASB statement n° 132, *Employers'disclosures about Pensions and other Postretirement Benefits (an amendment to FASB Statements)* n° 87, 88 and 106.
3. APB, opinion n° 8, *Accounting for the cost of pension plans*, AICPA, New York, 1966.

FAS 36 [1] sur l'information à porter en annexe aux états financiers en matière de retraites. Au Royaume-Uni, le texte de référence est la norme FRS 17 [2]. L'IASC a révisé en 1998 la norme IAS 19 consacrée aux prestations dues aux salariés (IAS 19 révisée) [3]. Ces textes statuent sur les choix d'organisation des plans de retraite (régime des prestations, couverture, coût des engagements) et le traitement comptable des charges.

2.2.1. L'organisation des plans de retraite

Dans les deux pays, la couverture des plans de retraite ne présente pas d'originalité par rapport aux principes généraux déjà énoncés. L'entreprise gère elle-même le plan ou en confère la gestion à un établissement spécialisé ou à un fonds qu'elle crée à cet effet, ou enfin souscrit un contrat d'assurance près d'une compagnie à laquelle l'entreprise verse des cotisations [4]. Aux États-Unis, le fonds, créé par l'entreprise, reste sous son contrôle, mais elle est dessaisie des sommes versées de façon définitive. L'actif de couverture figurant dans les comptes de l'entreprise est évalué à sa valeur véritable [5] qui peut être la moyenne des valeurs cotées en bourse en Grande-Bretagne ou à l'étranger [6] pour les investissements financiers *(investments)* ou la valeur fixée par un expert *(valuer)* en immobilisation pour les immobilisations corporelles. Les organismes, où l'entreprise verse les prestations de retraite, sont régis suivant les régimes à cotisations définies ou à prestations définies. Les régimes à cotisations définies ne posent pas de problèmes particuliers quant au coût de l'engagement puisque la charge annuelle de l'engagement est égale aux cotisations versées.

En conséquence, les normes FAS 87, IAS 19 révisée s'appliquent aux régimes à prestations définies dont elles arrêtent les principes de calcul du coût de l'engagement et les principes d'étalement de la charge.

---

1. FASB, statement n° 36, *Disclosure of pension information,* 1980.

2. FRS 17, *Retirements benefits,* novembre 2000.

3. IAS 19 (révisée), cette norme est très proche de la norme américaine et, comme celle-ci, elle recouvre l'ensemble des prestations accordées aux salariés pendant leur période d'emploi au moment de leur cessation d'emploi ou après leur emploi. Elles traitent l'une et l'autre : des congés, des primes, de la participation, des avantages en nature, des stocks options, des médailles du travail, des pré-retraites, des indemnités de départ, de la prévoyance, etc. et bien entendu des retraites.

4. Aux États-Unis, il existe deux types de contrat. Un premier type (annuity contract) où la responsabilité de l'engagement est totalement transférée à la compagnie d'assurance qui versera les prestations de retraites. Elle a une obligation de résultat. Dans le second type, la responsabilité reste à la charge de l'entreprise, l'assureur n'a qu'une obligation de moyens. Cette situation est jugée identique par la norme à la constitution d'un actif de couverture dans un fonds de retraite.

5. Pour les contrats d'assurance, la valeur vénale est la valeur de rachat ou de transfert ou le montant des provisions mathématiques constituées par l'assureur (FAS 87).

6. FRS 17.

Dans les régimes à prestations définies, le coût est une valeur estimée faisant intervenir des méthodes d'évaluation actuarielles. La norme anglaise n'impose aucune méthode actuarielle, alors que le FASB et l'IASC imposent la méthode prospective *(projected unit credit method)* pour augmenter les possibilités de comparaison et de compréhension des états financiers. Le calcul du coût de l'engagement (FAS 87) fait intervenir plusieurs paramètres dont la valorisation des droits acquis (D) par le personnel à la date de clôture [1]. Les droits (D) sont égaux au produit de la quantité des droits (Q) acquis à la clôture de l'exercice par le salaire estimé de fin de carrière S' $(D = Q \times S')$ [2]. Cette valorisation a pour effet d'augmenter la charge des entreprises par rapport aux autres méthodes d'évaluation actuarielles. D'autres paramètres entrent dans le calcul du coût de l'engagement, il s'agit de la probabilité (P) qu'a l'entreprise de verser ces droits, elle tient aux hypothèses retenues sur le taux de rotation du personnel et du taux d'actualisation. La norme FAS 87 ainsi que l'IAS 19 (révisée) retiennent, comme taux d'actualisation, le taux de marché sur obligations de première qualité *(rates of return on high quality fixed – income investments)*. Ce taux ne doit pas être confondu avec le taux de rendement des actifs de couverture *(return on investments or on plant assets)*. Il se peut qu'il puisse être le même [3].

La charge de retraite *(pension cost)*, en vue de la constitution du plan de pension, comptabilisée chaque année dans le compte charge de pension *(pension expense)*, comprend :

– le coût afférent à l'exercice ou coût des services rendus *(service cost)*. Il représente les droits acquis chaque année par les salariés, à savoir le montant D précédemment cité ;

– la charge financière *(interest cost)* correspondant aux intérêts des droits acquis chaque année ;

– le rendement des actifs du plan *(return on asset)*. Il représente les intérêts, les dividendes et les changements à leur valeur vénale qui affectent le plan. Il vient en diminution des coûts précédents. Le taux actuariel

---

1. « Engagements de retraite : ce qu'il faut savoir de la norme FAS 87 », *Bulletin Comptable et Financier* n° 39, juin 1988, pp. 93 à 109. L'auteur donne un état détaillé du calcul des engagements. Le salaire estimé de fin de carrière S' est égal au salaire S, dernier salaire commun à la date de clôture de l'exercice multiplié par le facteur de capitalisation $(1 + i)^n$ où n représente le nombre d'années restant à courir jusqu'à la date de départ en retraite et i le taux de revalorisation à déterminer par l'entreprise.

2. En France, les droits ne sont définitivement acquis que si le salarié est présent dans l'entreprise lors du départ à la retraite. Aux États-Unis, ils sont définitivement acquis au bout de 7 années.

3. « Avantages accordés aux salariés, – Quelles sont les principales nouveautés de la norme IAS révisée ? Ses apports dans le contexte français », *Bulletin Comptable et Financier,* août-septembre 1998, pp. 19 et s. et G. Gélard, IAS 19 (révisée), « Prestations dues aux salariés : une norme définitive mais inachevée », *Revue Française de Comptabilité,* n° 301, juin 1998, pp. 31 et s.

utilisé est le taux attendu ; il peut se faire que le taux réel soit sensiblement différent et génère un écart en perte ou en gain ;

– le coût des services rendus avant l'adoption du plan ou des améliorations apportées au plan plusieurs mois ou années après sa signature *(prior service cost or PSC)*. Cette nouvelle charge n'est pas supportée dans sa totalité dès l'année de son évaluation. Elle fait l'objet d'un étalement *(delayed recognition)* sur la durée probable de vie active résiduelle des salariés [1] ; le terme d'amortissement *(amortization)* est utilisé. La position de l'IAS 19 (révisée) est à peu près identique. Elle précise que ce coût est à étaler sur la durée restante moyenne d'acquisition des droits ;

– les gains et les pertes actuariels *(actuarial gain and loss)* – les engagements pris par l'entreprise à l'égard de ses salariés dans le domaine des retraites le sont sur la base d'hypothèses actuarielles qui touchent le salarié (taux de mortalité, le turn over, les incapacités, le départ anticipé en retraite) et l'économie (le taux d'actualisation, le niveau des salaires et des avantages futurs, le taux de rendement attendu des fonds). Chaque hypothèse doit être retenue de façon impartiale. Les changements dans les hypothèses obligent à procéder à des évaluations fréquentes dont la périodicité est annuelle, en principe à la date de clôture, la date retenue devant l'être de façon permanente (solution également retenue par IAS 19 (révisée)). Les variations dans les hypothèses actuarielles, les ajustements d'expérience, les écarts entre les rendements attendus et les rendements réels génèrent des écarts dits « écarts actuariels ». La norme FAS 87 en permet l'étalement *(delayed recognition)* sur la durée probable de vie active moyenne résiduelle des salariés du régime en utilisant le « principe du corridor ». À savoir, la fraction des gains et pertes qui doit être retenue est celle qui dépasse 10 % du plus élevé des deux montants : de la juste valeur de l'obligation d'ouverture *(projected benefit obligation ou PBO)* et de la juste valeur des actifs du plan *(plan assets)* ;

– amortissement de l'actif ou de la dette de transition *(amortization transition liability)*. La norme FAS 87 est devenue obligatoire pour les exercices ouverts après le 15 décembre 1986. Les actifs et dettes de transition correspondent aux ajustements que les entreprises ont dû opérer pour passer des dispositions contenues dans la norme APB opinion n° 8 aux dispositions contenues dans la norme FAS 87. Ces ajustements sont amortis et une fois amortis ils ne se reproduisent pas. La partie non amortie est dite « *unrecognized transition liability* ».

Cette charge ou coût de l'engagement, pour l'entreprise, donne lieu à des versements à un fonds de pension *(contribution employer or funding amount)*, indépendant de l'entreprise, et sert à l'acquisition d'actifs par le fonds et à la couverture de ses frais de fonctionnement. Ces actifs valorisés à la valeur vénale *(at fair value)* ou à une valeur dite « *Marked Related Value* » (qui est soit la valeur de marché soit une valeur calculée prenant

1. Voir note précédente.

en compte les fluctuations de la valeur de marché du plan d'une manière rationnelle sur une période n'excédant pas 5 ans) figurent dans les livres du fonds et non dans ceux de l'entreprise ou sponsor. En revanche, le sponsor a l'obligation de donner en annexe sous forme de notes *(footnotes)* les informations concernant la constitution et l'évolution de ce plan.

Enfin, la norme américaine souligne que l'obligation d'étaler les coûts des services passés et antérieurs et la possibilité d'étaler les gains et les pertes actuariels occultent l'engagement total qui ainsi n'apparaît pas au bilan [1]. En conséquence, elle considère qu'un engagement minimum doit figurer au bilan. Il est calculé par application de la méthode rétrospective, c'est-à-dire, par valorisation des services aux salaires de fin d'exercice et non de fin de carrière (tableau 66), sans étalement, diminué de la valeur vénale de l'actif de couverture.

Tableau 66 – *Étude comparative du calcul de l'engagement de retraite et de l'engagement minimum*

	Engagement de retraite	**Engagement minimum**
1° Détermination des services rendus (de l'exercice, passés, antérieurs)		
	Méthode rétrospective avec	
– Facteur D	salaire de *fin de carrière* $D = Q \times S\,(1 + t)^n$	salaire de *fin d'exercice* $D = Q \times S$
– Facteur P	identiques quel que soit le calcul	identiques quel que soit le calcul
2° Calcul de la charge de retraite		
– Coût des services rendus (droits acquis de l'exercice)	en totalité	
– Coût des services passés (mise en place ou amendement du régime)	*étalement* obligatoire	*en totalité* sur l'exercice
– Coût des services antérieurs (première application de la norme)	*étalement* obligatoire	*en totalité* sur l'exercice
– Pertes ou gains actuariels (en cas de changement d'hypothèses actuarielles) dont gains sur actif de couverture	*étalement* possible	*en totalité* sur l'exercice
3° Prise en compte (négative) de l'actif de couverture		
	Valeur vénale	Valeur vénale

Source : *BCF* n° 39, p. 105.

1. C'était la situation prévue par l'APB n° 8.

La complexité des régimes de retraites, l'importance des sommes qu'ils engagent, la volonté de dissocier le coût de l'engagement de son financement ont conduit les organismes de normalisation à édicter des règles précises de comptabilisation et d'information afin que l'adoption des plans de retraite n'affecte pas la signification des documents financiers. Le traitement comptable appréhendé porte sur une gestion externe de l'engagement de l'entreprise en matière de retraites.

2.2.2. *Le traitement comptable des plans de retraite*

Le traitement comptable comporte :

– d'une part, l'enregistrement proprement dit de la couverture et du coût de l'engagement, il respecte le principe de la spécialisation des exercices *(accrual basis concept)* ;

– d'autre part, la publication d'informations en annexe.

2.2.2.1. L'enregistrement comptable des plans de retraite

L'enregistrement comptable respecte la volonté expressément affirmée par les normes anglo-saxonnes [1] et aussi retenue par l'OEC [2] de distinguer la charge de retraite annuelle afférente à l'entreprise du financement de la couverture, c'est-à-dire du montant effectivement cotisé. L'obligation d'un engagement minimum nous conduit à distinguer l'enregistrement comptable du coût de l'engagement proprement dit, d'une part, et de l'engagement minimum, d'autre part.

- *Le calcul et l'enregistrement comptable du coût de l'engagement*

Le coût de l'engagement affecte le compte de résultat qui enregistre la charge de retraite dont les composantes ont été énoncées.

La charge est comptabilisée dans un compte de charges de retraites *(pension cost expense)* et la contrepartie est un compte de charges à payer *(accrued pension cost).*

Exemple 5 – Dans son plan de pension, la société X nous fournit les informations suivantes :

– plan de pension est un plan *Noncontributory*, seul l'employeur cotise ;

– point de départ du plan : 1er janvier N ;

– date d'entrée du salarié John dans la société : 1er janvier N ;

– salaire de départ de John : 50 000 dollars ;

– âge de John au 1er janvier N : 30 ans ;

– estimation de la date de départ de John à la retraite le 31 décembre 2030 ; taux moyen annuel d'augmentation de salaire de 5 %. Ce qui signifie que le salaire annuel de fin de carrière s'élèvera à 216 000 dollars environ [3] ;

---

1. ED 39 de juin 1986, FAS 87, position conforme à la norme internationale, IAS 19, paragraphe 45.

2. OECCA, Recommandation du 16 janvier 1985, « Engagements de retraite », *Bulletin Comptable et Financier* n° 28, septembre 1985, p. 17.

3. 50 000 $(1{,}05)^{30}$.

– la formule des avantages retraite *(pension benefit formula)* est de : droits acquis par année = 2 % (nombre d'années de service) × salaire annuel final ;
– la société accorde une rémunération des droits acquis de 10 % après la première année, de 15 % après la troisième année ;
– le taux d'intérêt et le taux de retour estimé à long terme sur les actifs du plan sont de 10 % (en espérant que ce taux égalise le taux de retour des actifs du plan) ;
– John a une espérance de vie de 20 ans ;
– les apports, au fonds de retraite, s'effectuent chaque année au 31 décembre N pour la première contribution et au 31 décembre N + 29 pour la dernière et les annuités de retraite seront aussi versées en fin d'année, la première le 31 décembre N + 30 et la dernière le 31 décembre N + 49.

À l'aide de cet exemple, nous allons rechercher les différentes composantes du coût d'engagement et les comptabiliser :

a) Coût des services rendus *(service cost)*

La première année représente la somme des valeurs actuelles (au 31 décembre N) des droits acquis à l'arrêté de l'exercice.

Au 31 décembre N, les droits acquis par John s'élèvent à :

0,02 (1 année) × 216 000 = 4 320 dollars ;

– le coût à comptabiliser *(service cost)* est égal à la valeur actuelle de ces droits acquis au 31 décembre, soit 404,80 dollars [1] ;

– la société X verse, au 31 décembre N, 380 dollars au fonds *(employer contribution or funding amount)* au titre des droits acquis par John. En conséquence, elle a une dette vis-à-vis du fonds de 24,80 dollars.

Cette charge est comptabilisée au débit du compte charge « *pension expense* » par le crédit du compte de trésorerie pour la somme cotisée et le solde est saisi dans un compte de dette « *accrued pension cost* ».

December 31 year N		
Pension expense	404,80	
Cash		380
Accrued pension cost		24,80
To record pension cost		

Le *service cost*, pour la première année, correspond à l'obligation annuelle de l'employeur en matière de pension. Cumulés chaque année, les coûts d'engagement annuels représentent les droits cumulés des salariés ou engagement de retraite *(projected benefit obligation ou PBO)*.

Chaque année, à l'arrêté des comptes, une situation du fonds est dressée en notes *(funded status)* afin de savoir s'il est surdoté *(overfunded)* par rapport aux obligations de l'employeur ou sous-doté *(underfunded)*. Selon

1. $4\,320\,((1-(1{,}10)^{-20})/0{,}10)\,(1{,}10)^{-29}$.

l'une ou l'autre de ces hypothèses, l'employeur bénéficie d'une créance sur le fonds *(prepaid pension cost)* ou est débiteur vis-à-vis de ce fonds *(accrued pension cost)*. Ainsi à la fin de l'année N, la situation du fonds *(reconciliation of funded status)* se présente de la façon suivante :

Tableau 67 – *Reconciliation of Funded Status, December 31 year N (dollars)*

Project benefit obligation	(404,80)
Plan assets, fair value	380
Underfunded PBO (funded status)	(24,80)
Balance in accrued pension cost	(24,80)

b) Charge financière *(interest cost)*

Au 31 décembre N + 1, le coût de l'engagement comporte les droits acquis l'année N + 1 et les intérêts financiers des droits acquis l'année N *(interest expense)*. Cet intérêt majore d'autant le coût de l'engagement annuel *(pension cost)* de l'exercice.

Tableau 68 – *Pension cost, December 31 year N + 1 (dollars)*

Service cost	445,28 [a]
Interest cost at 10 %	40,48
Pension cost	485,76

a. 4 320 $((1 - 1{,}10)^{-20})\ (1{,}10)^{-28}$.

Cette seconde année, la société X verse sa contribution au fonds soit 400 dollars. La société accroît sa dette vis-à-vis du fonds.

Tableau 69 – *Projected benefit obligation, December 31 year N + 1 (dollars)*

Service cost	850,08
Interest cost through N + 1	40,48
Benefit paid to John through 12/31/N + 1	0
PBO au 31/12/N + 1	890,56

c) Rendement des actifs du plan *(return on assets)*

Les changements qui affectent le plan d'une année à l'autre sont les versements annuels de l'employeur au fonds *(employer contributions)*, les retraites versées aux bénéficiaires *(benefit paid)* et le rendement des capitaux investis *(return on assets)*. Celui-ci comporte les intérêts, les dividendes et les changements à leur valeur vénale qui affectent le plan, réalisés ou non au cours de l'année et diminue la charge annuelle de l'entreprise. En supposant, compte tenu des informations données dans l'énoncé, que ce taux de rendement est de 10 %, les sommes versées au fonds rapporteront à l'entreprise 38 dollars à la fin de l'année N + 1. Compte tenu de ces informations, le coût de l'engagement pour la société X au 31 décembre N + 1 s'élève à :

Tableau 70 – *Pension cost, December 31 year N + 1 (dollars)*

Service cost	445,28
Interest cost	40,48
Return on assets	(38)
Pension cost	447,76

Compte tenu de la charge financière, du rendement des actifs du fonds et des versements effectués par l'entreprise, l'écriture de prise en charge pour l'année N + 1 est la suivante :

December 31 year N + 1		
Pension expense	447,76	
Cash		400
Accrued pension cost		47,76
To record pension cost		

À cette date, le fonds de pension *(fund balance)* s'élève à :

Tableau 71 – *Fund balance, December 31 year N + 1 (dollars)*

Fund balance 01/01/N + 1	380
Return on assets	38
Employer contributions N + 1	400
Fund balance 12/31/N + 1	818

Quant à la situation du fonds, elle se présente de la façon suivante :

Tableau 72 – *Reconciliation of Funded Status, December year N + 1 (dollars)*

Projected benefit obligation	890,56
Plan assets at fair value	(818)
Underfunded PBO (funded status)	72,56
Balance in accrued pension cost	72,56

d) Coût des services rendus sur les exercices antérieurs *(prior service cost orPSC)* avant l'adoption du plan *(before the inception of the plan)* ou des améliorations apportées au plan plusieurs mois ou années après sa signature.

Supposons que, le 1er janvier N + 1, la société X veuille avantager John pour sa retraite en versant au fonds un complément de 50 dollars chaque année. Il lui reste 29 années de service à effectuer et espère pouvoir profiter de sa retraite pendant 20 années.
Le coût des services passés au 1er janvier N + 1 est majoré d'une somme égale à la somme des valeurs actuelles des avantages consentis dans l'accord, soit 4,68 dollars [1].

En général, cet avantage n'est pas forcément accordé qu'à un salarié. Le surplus de charge risque d'être élevé. Aussi la charge n'est pas supportée dans sa totalité l'année de sa constitution, elle est étalée dans le temps sur la durée des services des bénéficiaires, jusqu'à leur départ à la retraite. Il s'agit d'un amortissement *(amortization recognized)* pratiqué de façon linéaire sur une durée moyenne des services des salariés *(straight line method)* ou par affectation d'une somme constante par année et pour chaque salarié *(service method)*. La dotation annuelle vient augmenter le coût de l'engagement annuel *(pension expense)*. Les sommes à amortir les années suivantes sont dites « *unrecognized PSC* ».

Exemple 6 – Au 1er janvier de l'année N, Sierra Corporation décide d'améliorer les avantages consentis à ses salariés en matière de retraite pour les services accomplis avant cette date. Au 1er janvier le PSC de cette année s'élève à 48 000 dollars. Les salariés concernés doivent respectivement assurés les années d'activité suivantes : Jim 1 an, Franck 2 ans, Susan 2 ans, Katherine 3 ans, Bill 4 ans. Le tableau de synthèse des années d'activité pour les cinq salariés se présente ainsi :

Employee	**N**	**N + 1**	**N + 2**	**N + 3**	**Total**
Jim	1				1
Franck	1	1			2
Susan	1	1			2
Katherine	1	1	1		3
Bill	1	1	1	1	4
Années de service par année fiscale	5	4	2	1	12
Durée moyenne d'activité	12/5 = 2,4 années				

En utilisant la méthode d'amortissement au prorata des années de service, au 31 décembre des années N à N + 3, il y a lieu de prendre en charge

1. $50\,(1-(1{,}10)^{-20})/(0{,}10)\,(1{,}10)^{-29}$.

(en dollars) au titre de chacune des années un amortissement du coût des services rendus les années précédentes *(amortization recognized)* égal à :

Year	**Amortization recognized**	**Unrecognized PSC at December 31**
N	20,000 = 48,000 × 5/12	28,000 = 48,000 – 20,000
N + 1	16,000 = 48,000 × 4/12	12,000 = 28,000 – 16,000
N + 2	8,000 = 48,000 × 2/12	4,000 = 12,000 – 8,000
N + 3	4,000 = 48,000 × 1/12	0

le solde étant amortissable sur les exercices ultérieurs *(unrecognized PSC)*.

Au 31 décembre de l'année N, les données suivantes complètent l'information concernant les avantages de retraite accordés aux salariés :
– coût des services rendus dans l'année : 300 000 dollars ;
– charge financière : 80 000 dollars ;
– rendement actuel et attendu de l'investissement : 90 000 dollars ;
– PBO 1 200 000 dollars y compris les 48 000 dollars lié à l'avantage consenti sur les exercices antérieurs ;
– valeur des actifs du plan : 962 000 dollars ;
– dette de la société après l'enregistrement de la charge annuelle pour le plan : 210 000 dollars ;
– compte tenu des calculs précédents, il reste à amortir en PSC 28 000 dollars.

Ces informations nous permettent de calculer le montant du coût de l'engagement pour l'année N,

Tableau 73 – *Pension cost, December 31 year N (dollars)*

Service cost	300,000
Interest cost	80,000
Actual return	(90,000)
Amortization of PSC	20,000
Pension expense	310,000

de présenter la situation du fonds au 31 décembre de l'année N, et

Tableau 74 – *Reconciliation of Funded Status, December 31 year N (dollars)*

Projected benefit obligation	(1,200,000)
Plan assets at fair value	962,000
Underfunded PBO (funded status)	(238,000)
Unrecognized PSC	28,000
Balance in accrued pension cost	(210,000)

de reconstituer l'écriture d'enregistrement de la charge correspondante, sachant que la contribution de l'employeur *(funding amount)* pour cette année a été de 300 000 dollars :

December 31 year N		
Pension expense	310,000	
Cash		300,000
Accrued pension cost		10,000
To record pension cost		

e) Gains et pertes actuariels *(actuarial gains and losses)*

Ils peuvent affecter le PBO mais aussi les actifs du plan par l'effet des variations du taux de rendement des actifs du plan. On parle alors de « *PBO gains and losses* » et de « *asset gains and losses* ». On sait que la norme FAS 87 autorise l'étalement des écarts détectés, c'est-à-dire un amortissement annuel sur plusieurs années. Ce qui signifie que pour amortir en fin d'année, il faut avoir constaté un écart en début d'année. Aussi pour mettre en valeur l'existence de ces écarts et procéder à leur prise en charge, nous nous appuierons sur les données des deux exercices N et N + 1.

Exemple 7 – Sont extraites des documents de Witney Company : (en dollars) les informations concernant la situation du fonds au 31 décembre de l'année :

– Engagement de retraite (PBO)	(100 000)
– Actifs du plan à la valeur vénale	70 000
– Sous-dotation du plan (PBO)	(30 000)
– PSC à étaler	10 000
– Dette de l'employeur	20 000

et les informations diverses relatives au coût de l'engagement de l'année N + 1

– Coût des services	12 000
– Charge financière	9 000
– Rendement des capitaux investis dans le plan	6 000
– Contribution de l'employeur	12 000
– Taux à long terme attendu	10 %
– Amortissement annuel du PSC	1 000
– Perte actuarielle déterminée au 31/12	25 000

Comme l'indiquent les informations précédentes, la société n'a pas de charge à étaler au titre de gains et pertes actuariels au 1er janvier de l'année N + 1 et donc, pas de charge à étaler le 31 décembre *(unrecognized gain or loss)*. En revanche en cette fin d'année, elle doit constater que la rémunération des actifs du plan n'est que de 6 000 dollars alors qu'elle aurait dû être de 7 000 dollars [1]. Si sur le court terme, le coût de l'engagement doit refléter le taux attendu, sur le long terme, il faut prendre en

1. 0,10 × 70,000.

compte le taux réel. Aussi dans ce cas, la société doit retenir dans les charges à étaler la perte de 1 000 dollars qu'elle subit. Cette somme ne sera amortie qu'en N + 2. À ce montant, il faut ajouter les 25 000 dollars de pertes actuarielles, qui nous sont données au départ et qui ont été dégagées à la fin de l'exercice N + 1. En conséquence pour l'année N + 1, le montant des charges à étaler au titre des gains et pertes actuarielles et le coût de l'engagement s'élèvent à :

Tableau 75 – *Net unrecognized gain or loss, December 31 year N + 1 (dollars)*

Net unrecognized gain or loss, January 1	0
Asset loss	1,000
Actuarial loss 12/31	25,000
Amortization of net unrecognized amount 01/01	0
Net unrecognized amount	26,000

Tableau 76 – *Pension cost, December 31 year N + 1 (dollars)*

Service cost	12,000
Interest cost	9,000
Expected return	(7,000)
PSC amortization	1,000
Amortization of net unrecognized amount	0
Pension expense	15,000

Ce calcul permet d'enregistrer le coût de l'engagement pour l'année N + 1.

December 31 year N + 1		
Pension cost	15,000	
Cash		12,000
Accrued pension cost		3,000

Compte tenu des informations précédentes, nous sommes à même de présenter la situation du fonds *(reconciliation of funded status)* au 31 décembre N + 1.

Si les cotisations versées par l'entreprise restent ce qu'elles sont, la possibilité d'étaler le PSC (9 000 dollars) et les gains et pertes actuarielles (26 000 dollars) a pour effet de réduire la dette de la société à l'égard du fonds de pension pour cette année d'un montant de 35 000 dollars.

Tableau 77 – *Reconciliation of funded status, December year N + 1 (dollars)*

PBO	(146,000) [a]
Plan assets at fair value	88,000 [b]
Underfunded PBO	(58,000)
Unrecognized PSC	9,000 [c]
Net unrecognized loss	26,000
Accrued pension cost	(23,000) [d]

a. 100,000 (beginning balance) + 12,000 (service cost) + 9,000 (interest cost) + 25,000 (actuarial loss).
b. 70,000 (beginning balance) + 6,000 (actual return) + 12,000 (funding amount).
c. 10,000 (beginning balance) – 1,000 (2001 amortization).
d. 20,000 (beginning balance) + 3,000 (2001 increase).

Les données pour l'année N + 2 sont les suivantes :

– Coût des services	16 000
– Charge financière	13 000
– Rendement des capitaux investis	10 000
– Contribution de l'employeur	19 000
– Durée moyenne des années restant à courir	10 ans
– Amortissement annuel PSC	1 000
– Gain actuariel déterminé au 31/12	24 000

Witney company ouvre l'exercice N + 2 avec une perte à étaler de 26 000 dollars au titre de l'année précédente. Ce montant va être partiellement amorti au cours de cet exercice. La norme FAS 87 requiert un amortissement minimum dans certaines circonstances. Cette méthode est dite du « *corridor* », mais elle n'est pas la seule.

Dans la méthode du « *corridor* », il n'y a lieu d'amortir que dans la mesure où le montant à étaler dépasse les limites d'un espace défini en plus ou en moins de 10 % de la plus grande des deux valeurs en début d'exercice : le PBO ou les actifs du fonds. Au début de l'exercice N + 2, la plus grande des deux valeurs est le PBO. Le corridor est défini par 10 % × 146 000, l'une des limites est un gain de 14 600 dollars, l'autre est une perte de 14 600 dollars. Tous gains ou toutes pertes actuariels à l'intérieur de ce corridor ne font pas l'objet d'amortissements. Dans le cas présent, en N + 2, le montant de la perte actuarielle retenue est de 26 000 dollars. Elle est à étaler sur 10 ans. En appliquant la règle du corridor, la somme à amortir chaque année est de :

$$\frac{\text{(Net unrecognized gain or loss at beginning of year – Corridor limit)}}{\text{(Average remaining service period of active employees expected to receive benefits under the plan)}}$$

soit 1 140 dollars [1].

1. (26, 000 – 14, 600)/10.

Le coût de l'engagement pour l'année N + 2 comprend les éléments suivants :

Tableau 78 – *Pension Expense, December 31 year N + 2 (dollars)*

Service cost	16,000
Interest cost	13,000
Expected return on assets 10 % (88,000)	(8,800)
PSC amortization	1,000
Amortization of net unrecognized loss	1,140
Pension expense	22,340

En prenant l'hypothèse que la contribution de l'entreprise est pour l'année N + 2 de 19 000 dollars, la prise en charge dans les comptes du coût de l'engagement est la suivante :

December 31 year N + 2		
Pension expense	22,340	
Cash		19,000
Accrued pension cost		3,340
To record pension expense		

Le rendement réel des capitaux au cours de l'année N + 2 a été un gain de 10 000 dollars au lieu des 8 800 dollars attendus. Un gain actuariel sur actif du plan de 1 200 dollars s'est dégagé. La société est alors en mesure de calculer le montant des charges à étaler pour l'année N + 3 :

Tableau 79 – *Unrecognized gain or loss December 31 year N + 2 (dollars)*

Net unrecognized loss, 01/01/N + 2	26,000
N + 2 asset gain	(1,200)
Actuarial gain 12/31/N + 2	(24,000) [a]
Amortization of net unrecognized loss at 01/01/N + 2	(1,140)
Net unrecognized gain, at December 31 N + 2	(340)

a. Data of year N + 2.

L'amortissement de 1 140 dollars constitue un minimum, la norme autorise également un amortissement linéaire sur 10 ans. Dans ce cas, l'amortissement s'élève à 2 600 dollars par an.

Au 31 décembre N + 2, la situation du fonds de pension se présente ainsi :

Tableau 80 – *Reconciliation of Funded Status, December 31 year N + 2 (dollars)*

PBO	(151,000) [a]
Plan assets	117,000 [b]
Underfunded PBO	(34,000)
Unrecognized PSC	8,000 [c]
Net unrecognized gain	(340)
Accrued pension cost	(26,340) [d]

a. 146,000 + 16,000 + 13,000 – 24,000.
b. 88,000 + 10,000 + 19,000.
c. 9,000 – 1,000.
d. 23,000 + 3,340.

• *Le calcul et la comptabilisation de l'engagement minimum*

Le report de certains éléments du coût de pension affecte la signification de la dette figurant au bilan, aussi la norme FAS 87 requiert la reconnaissance au bilan d'une dette minimum *(minimum pension liability)*. Cet engagement minimum, qui n'est pas requis par l'IAS 19 révisée, est calculé de la façon suivante :

Minimum pension liability = ABO – Plant assets at fair value

ABO *(accumulated benefit obligation)* est la somme des valeurs actuelles des droits acquis par les salariés à l'arrêté des comptes, calculée comme le PBO sur la base non pas du salaire annuel de fin de carrière, mais sur la base du salaire annuel courant. En conséquence, la dette minimum est égale à la sous-dotation de l'ABO. Chaque année après le calcul de la charge pour le plan de pension, la dette « *accrued pension cost* » ou la créance « *prepaid pension cost* » est mise en évidence. Si le solde du compte « *accrued pension cost* » est inférieur à la dette minimun, la différence éventuellement est à enregistrer dans un compte de dette complémentaire *(additional minimum pension liability ou AMPL)*.

AMPL = [Total minimum Liability] – Accrued pension cost
+ Prepaid pension cost

AMPL représente l'insuffisance de la comptabilisation de la dette par rapport au minimum requis. Si AMPL est nulle ou supérieure à la dette minimum, aucune écriture complémentaire n'est à passer.

Exemple 8 – Les informations sur la situation du fonds *(reconciliation of funded status)* ainsi que quelques données complémentaires, concernant la dette minimum, de Peach Incorporated au 31 décembre sont données ci-après.

a) La situation du fonds

– Engagement retraite (PBO)	(100 000)
– Actifs du fonds à la valeur vénale	65 000
– Sous-dotation PBO	(35 000)
– PSC à étaler	2 000
– Perte actuarielle à étaler	18 000
– Dette de l'employeur	(15 000)

Informations complémentaires au 31 décembre

– AMPL	0
– Engagement de retraite (ABO)	85 000

b) Le total de la dette minimum et le montant de l'AMPL

– Engagement de retraite (ABO)	85,000
– Actifs du fonds	65,000
– Dette minimum	20,000
– Dette réelle de l'employeur	(15,000)
– Solde de AMPL requis	5,000

Peach doit maintenant une somme de 20 000 dollars qu'elle maintient pour le moment dans deux comptes séparés, le compte « *accrued pension cost* » pour 15 000 dollars et le compte « AMPL » pour 5 000 dollars. En réalité, la sous-dotation du fonds est de 35 000 dollars et la dette originelle est de 15 000 dollars seulement sous l'effet du report du PSC pour un montant de 2 000 et des pertes actuarielles de 18 000 dollars. L'enregistrement de l'AMPL a lieu après la prise en charge du coût de l'engagement dans le compte « *pension expense* ». AMPL est enregistré dans un compte d'actif incorporel « *intangible pension asset* » pour une somme plafond égale à « *unrecognized PSC + unrecognized transition liability* ». (Dans l'exemple, nous n'avons pas de coût de transition, le plafond se limitera à la charge à étaler du PSC). L'excédent est imputé à un compte « *unrealized pension cost* », ce compte est un countra – acompte des comptes de capitaux propres ; on le retrouvera au bilan dans la rubrique « *comprehensive income* ».

Dans le cas présent, l'écriture suivante est passée :

December 31, year N		
Intangible pension asset	2,000	
Unrealized pension cost	3,000	
AMPL		5,000
To record AMPL		

Le compte « *intangible pension asset* » n'est pas amorti comme les autres immobilisations incorporelles mais au même rythme que le PSC et que la dette de transition.

Chaque année, les entreprises déterminent l'AMPL requis et ajustent les comptes « *intangible pension asset* » et « *unrealized pension cost* ». Ainsi en reprenant l'exemple, nous illustrons ce qui peut se passer l'année N + 1.

Tableau 81 – *Peach Inc, Reconciliation of funded Status, December 31 year N + 1 (dollars)*

PBO	(130,000)
Plants assets at fair value	79,000
Underfunded PBO	(51,000)
Unrecognized PSC	1,000
Net unrecognized loss	30,000
Accrued pension cost	(20,000)
Additional data, December 31	
ABO	116,000

Tableau 82 – *Total Minimum Liability and AMPL, December 31 year N + 1 (dollars)*

ABO	116,000
Plan assets	79,000
Total minimum liability (Underfunded (ABO))	37,000
Accrued pension cost	20,000
Required endind AMPL balance	17,000
AMPL from year N	5,000
Increase in AMPL for year N + 1	12,000

L'écriture d'ajustement au 31 décembre de l'année N + 1 est la suivante :

December 31, year N + 1		
Unrealized pension cost	13,000	
Intangible pension asset		1,000 [a]
AMPL		12,000
To record AMPL		

a. *Intangible pension asset* doit être égal au montant du compte « unrecognized PSC » N + 1 soit 1 000 dollars. En N, il était de 2 000 dollars, il diminue de 1 000 dollars.

Au 31 décembre de l'année N + 1, le total de la dette minimum pour le plan de pension *(total minimum liability underfunded ABO)* est de 37 000 dollars [1], le solde du compte « *intangible pension asset* » de 1 000 dollars et celui du compte « *unrealized pension cost* » de 16 000 dollars [2].

2.2.2.2. La publication des informations en annexe (disclosures)

La publication des informations en annexe a donné lieu aux États-Unis à la publication d'une nouvelle norme en 1998 ; il s'agit de la norme FAS 132 [3] qui remplace sur ce point les normes FAS 87, sur les retraites, FAS 88 sur les fermetures de régimes et la norme FAS 106 sur la prévoyance. Par rapport à la norme FAS 87, la FAS 132 exige la publication d'informations qui facilite l'analyse financière notamment l'indication concernant l'engagement minimum repris dans le « *comprehensive income* » au bilan dans les capitaux propres et toute modification importante relative à l'engagement brut ou aux fonds de couverture. D'une façon générale, l'IAS 19 révisée exige moins d'informations que la norme IAS 132.

Les informations publiées portent sur :

– les caractéristiques du ou des régime(s) de retraite, à savoir des informations sur les catégories de salariés concernés, la formule d'acquisition des droits du régime, la politique du financement des fonds, les types de placement effectués, les événements survenus dans l'exercice qui affectent la comparaison des informations données d'une période à l'autre, les hypothèses actuarielles retenues (taux d'actualisation, taux de rendement des actifs de couverture), la méthode d'évaluation actuarielle retenue par les entreprises anglaises,

– le montant de la charge nette globale de l'exercice indiquant de manière distincte : le coût normal des services rendus dans l'exercice *(service cost)*, les intérêts sur l'engagement des exercices passés *(interest cost on projected benefit obligation)*, les amortissements du coût des sercices passés *(amortization of unrecognized prior service cost),* le rendement des actifs de couverture *(expected return on plan assets)*,

– l'état de rapprochement notamment dans le cas d'une gestion par un fonds entre la valeur vénale des actifs de couverture et le montant de l'engagement de retraite évalué selon la méthode d'actualisation choisie pour les Anglais et selon la méthode prospective pour les Américains. Pour ces derniers, la part relative à la revalorisation des salaires et celle correspondant aux droits irrémédiablement acquis doivent être détaillées, ainsi que le montant du coût des services passés, du coût des services anté-

1. *Accrued pension cost* 20,000 dollars + AMPL 17,000 dollars.

2. Augmentation N : 3 000 dollars ; augmentation N + 1 : 13 000 dollars.

3. FAS 132 – Informations à donner par les employeurs en matière d'engagements de retraite et assimilés *(Employers'Disclosures about Pensions and Other Postretirement Benefits)* (an amendment to FASB statements n° 87, 88, 106).

rieurs et des pertes et gains actuariels restant à étaler et du détail des sommes enregistrées au bilan.

Les informations sur cet état de rapprochement peuvent être présentées de la façon suivante (tableau 83).

Tableau 83 – *État de rapprochement de l'État du fonds d'une gestion par un fonds de retraite* (Reconciliation of Funded Status) *(dollars)*

	N	N + 1	N + 2
Vested benefit obligation [a]	(42,000)	(67,000)	(125,000)
Accumulated benefit obligation ABO	(96,000)	(167,000)	(177,000)
Projected benefit obligation, PBO	(120,000)	(194,000)	(221,400)
Plan assets at fair value	95,000	116,000	(139,200)
Underfunded PBO	(25,000)	(78,000)	(82,200)
Unrecognized PSC	0	18,000	16,000
Unrecognized, gains or losses	(1,000)	26,650	13,509
Unrecognized transition liability	9,333	8,666	7,999
Accrued pension cost	(16,667)	(24,684)	(44,692)
Additional minimum pension	0	(26,316)	0
Net pension liability, disclosed in balance sheet	(16,667)	(51,000)	(44,692)

a. La publication de cette information n'est pas obligatoire.

L'engagement de retraite selon la méthode prospective a été évalué selon les taux actuariels attendus de 10 %, 9 %, 8 % respectivement pour les années N, N + 1, N + 2. Le taux de croissance des salaires est de 6 %.

Enfin, la position actuarielle doit faire l'objet d'un rapport dont la date d'établissement ne coïncide pas forcément avec la date du rapport annuel, ce qui revient à dire que la périodicité de la rédaction n'est pas forcément annuelle.

Dans les points particuliers de la comptabilité anglo-saxonne figure le traitement des changements dans l'utilisation des principes comptables. L'incidence de cette modification fait l'objet d'un enregistrement comptable spécifique destiné à respecter une des qualités de l'information comptable contenue dans les documents financiers : sa comparabilité.

3. Les changements comptables *(Accounting changes)*

Au cours du temps, les comptables se sont interrogés sur la façon d'enregistrer les modifications opérées dans le temps, dans l'utilisation des principes comptables, de façon à ne pas affecter significativement la présentation de la situation financière de la firme ni celle de ses résultats et de maintenir une cohérence des états dans le temps.

Les solutions ont donné lieu, en 1971, à la publication d'une norme par l'APB, opinion n° 20 [1]. L'IASC y a consacré un texte IAS 8 [2] et la France par un avis du CNC [3] a défini les changements comptables et le traitement comptable applicable à chacun d'eux.

L'APB s'est intéressée à deux types de problèmes : les changements comptables et leur impact sur la signification des documents financiers d'une part, et la comptabilisation des corrections d'erreur commises dans des états financiers déjà publiés d'autre part. Les erreurs sont, soit des erreurs de calculs, ou des omissions, ou des fautes commises dans l'application des principes comptables. Elles n'affectent que les comptes de résultat ou que les comptes de bilan ou à la fois les deux. Dans certains cas elles se compensent et il est alors difficile de les déceler.

Les modalités de redressement ne présentent pas d'originalité particulière. Cependant, dans le souci de donner une information la plus pertinente qui soit aux investisseurs, la correction d'erreur doit faire l'objet d'une note, mise en annexe, au document financier concerné.

Dans la comptabilité américaine, les changements comptables et leur impact sur les documents financiers présentent des spécificités qui justifient les développements que nous leur consacrons. L'APB les a classées en 3 catégories :

- le changement du principe comptable,
- le changement de l'estimation comptable,
- les corrections d'erreurs.

3.1. Le changement du principe comptable (Change in accounting principle)

La préparation des documents financiers reposent sur la présomption que les principes comptables, une fois adoptés, ne seront pas modifiés de sorte que les comparaisons significatives des documents successifs puissent être faites. En conséquence, un changement dans l'application des principes comptables n'est envisageable que si l'adoption du principe

1. APB, opinion n° 20, Les changements comptables *(Accounting changes)*, AICPA, New York, 1971.

2. IAS 8, Éléments inhabituels, éléments sur exercices antérieurs, changements de méthodes comptables *(Unusual and prior period items and changes in accounting policies)* octobre 1977.

3. CNC avis n 97-06 intégré dans le plan comptable 1999. L'avis distingue quatre types de changements comptables : les changements de méthodes comptables, les changements d'estimations et de modalités d'application, les corrections d'erreurs et les changements d'options fiscales. Pour chaque type de changement, il en précise l'impact sur le bilan ou sur le compte de résultat et son traitement comptable, voir *Mémento pratique, Comptable 2001*.

généralement accepté est nettement préférable. Le changement est toujours approprié dans deux cas :

– le premier cas est un changement d'une méthode différente d'un principe généralement accepté. L'exemple typique est le changement de la méthode d'évaluation des stocks. Cependant, l'entreprise n'est autorisée à cette modification que si elle peut démontrer que le changement rend les présentations de la position financière de l'entreprise et des résultats plus claires ;

– le deuxième cas, où le changement dans l'utilisation d'une méthode est considéré comme approprié, est celui de l'émission d'une déclaration par le FASB, qui crée un nouveau principe, exprime une préférence pour un nouveau principe ou en rejette un en particulier [1].

Dans l'un et l'autre cas, les causes et les effets de la modification sur le résultat sont mentionnés dans une note figurant dans l'état financier établi au cours de la période où le changement s'est produit. L'APB a classé les changements qui ont un impact sur le résultat en deux catégories :

– ceux qui entraînent l'enregistrement des effets cumulatifs des changements dans le compte de résultat de l'exercice au cours duquel la modification a été adoptée ;

– et ceux qui entraînent la correction des documents financiers précédemment émis.

3.1.1. L'effet cumulatif du changement divulgué dans les documents de l'exercice en cours au moment de la modification (Cumulated effect of change in accounting principle or current approach)

L'APB [2] précise que des changements comptables seront imputés au résultat de la période de la modification. Sont concernés les changements dans le temps de la méthode de calcul des amortissements des actifs immobilisés (par exemple le passage de la méthode d'amortissement linéaire à la méthode d'amortissement accéléré d'un bien acquis déjà depuis plusieurs années) ainsi que les changements de méthode d'évaluation des stocks d'une année sur l'autre. Pour rendre compte de cette modification, la procédure est la suivante :

– les états financiers des exercices précédents restent en l'état ;

– l'effet cumulatif des changements dans les principes comptables sur les réserves au début de la période comptable où le changement intervient, est inclus dans le résultat de cette période. Le montant de l'effet cumulatif est égal à la différence entre le montant actuel des réserves au début de la période de modification et le montant des réserves tel qu'il aurait dû être

1. Ne constituent pas des changements de principes comptables :

– l'adoption d'un principe comptable pour divulguer des opérations qui se sont produites pour la première fois ;

– l'adoption d'un principe pour divulguer des opérations qui sont substantiellement différentes de celles qui se sont déjà produites.

2. Opinion n° 20, pp. 391-392.

à cette date si le nouveau principe comptable avait été appliqué rétroactivement à toutes les périodes précédentes. Cette somme est incluse dans le compte de résultat après les éléments exceptionnels.

Est mentionné en annexe au compte de résultat :
– le résultat par action avant les éléments exceptionnels et successivement les incidences des éléments exceptionnels et de l'effet cumulatif des changements comptables sur le résultat net par action ;
– un calcul pro forma du résultat total et par action avant les éléments exceptionnels et du résultat net total et par action de toutes les périodes comptables précédentes en considérant que le nouveau principe comptable a toujours été appliqué.

Exemple 9 – La société Texas a acquis, au début de l'année N + 1, une immobilisation de 100 000 dollars qu'elle entend amortir sur dix ans selon la méthode linéaire. Au début de l'année N + 4, elle décide d'adopter l'amortissement dégressif pour présenter les documents financiers. Le taux d'imposition est de 45 %.

Au 1er janvier de l'année N + 4, les amortissements linéaires cumulés s'élèvent à 30 000 dollars ; les amortissements dégressifs cumulés sont de 48 800 dollars. L'économie d'impôts, résultant des amortissements dégressifs, 8 460 dollars [1], est comptabilisée au débit d'un compte d'impôts différés *(deferred income tax credit)*.

Lors du changement du principe comptable, le redressement des comptes s'opère de la façon suivante :
– ajuster le compte de dépréciation *(accumulated depreciation)* qui passe de 30 000 à 48 800 dollars,
– mettre en évidence la créance fiscale *(deferred income tax credits)*,
– équilibrer l'écriture par une imputation à un compte de charges de l'effet cumulatif du changement *(cumulative effect of change in accounting principle)*.

L'écriture suivante concrétise ces modifications :

January year N + 4		
Cumulative effect of change in accounting principle	10,340	
Deferred income tax credit	8,460	
Accumulated depreciation		18,800
To record effect of change in accounting principle (a change from straight-line method to accelerated method of depreciation)		

1. $ 18,800 × 45 %.

Le compte *cumulative effect of change in accounting principle* est repris dans le compte de résultat après les éléments exceptionnels (tableau 84).

Cette procédure ne peut pas être utilisée lorsque l'enregistrement de l'effet cumulatif des redressements des exercices précédents est susceptible, compte tenu de son importance, d'affecter la signification du résultat de la période de modification. Un redressement rétroactif des résultats est préférable.

Tableau 84 – *Texas Company, Partial income statement for years ended December 31 year N + 4 and year N + 3 (dollars)*

	N + 4	N + 3
Income before extraordinary item and cumulated effect of change in accounting principle	3,905,620	3,600,000
Add : extraordinary item		60,000
Less : cumulative effect (to end of year N + 3) of change in accounting principle [a]	(10,340)	
Net income	**3,895,280**	**3,660,000**
Earnings per share of common stock		
Income before extaordinary item and cumulated effect of change in accounting principle	$ 3.9	3.60
Add : extraordinary item		0.06
Less : cumulative effect (to end of year N + 3) of change in accounting principle [a]	(0.01)	
Earnings per share (1,000,000)	**3.89**	**3.66**
Pro forma amounts assuming the change in accounting is applied retroactively [a]		
Income before extaordinary item	3,905,620	3,598,460
Earnings per share before extraordinary item	$ 3.9	3.6
Net income	3,895,280	3,658,460
Earnings per share	$ 3.9	3.65

a. During the year ended December 31, Year N + 4, the Company changed its accounting for depreciation from the straight-line method to an accelerated method. The new method is a generally accepted method used in the industry, and it is believed the new method will cause the company's operating results to be more comparable with operating results of other companies in the industry. The adjustment of $ 10,340 (after reduction of $ 8,460 for deferred income tax credits) to apply retroactively the new method is included in net income of Year N + 4. The pro forma amounts for Year N + 3 have been adjusted for the effect of retroactive application of the change of depreciation expense and related income taxes. The effect of the change for the year ended December 31, Year N + 3 was to decrease income before extraordinary items by $ 1,540.

3.1.2. Le redressement rétroactif des résultats des périodes précédentes (restatement of prior period financial statement or retroactive approach)

Le redressement s'impose dans les cas suivants :

– une modification de la méthode d'évaluation des stocks telle que le passage de la méthode LIFO à la méthode FIFO,

– un changement dans la comptabilisation des contrats de longue durée,

– un changement dans la comptabilisation des coûts de développement dans les industries extractives,

– un changement dans la comptabilisation des amortissements des voies ferrées des chemins de fer,

– un changement d'un principe comptable accepté pour un autre principe comptable lorsque la société émet des titres dans le public pour la première fois.

Ces redressements sont opérés rétroactivement, mais la nature de la modification du principe comptable ainsi que la justification du changement figurent en annexe, soit dans le compte de résultat, soit en note dans les états financiers de l'exercice au cours duquel le changement est intervenu.

> *Exemple 10* – La société Corb a opté pour la comptabilisation de ses contrats à long terme selon la méthode de l'achèvement des travaux. Au début de l'année N + 2, elle a amélioré ses procédures d'estimation et décide d'adopter la méthode de comptabilisation de l'avancement des travaux. En prenant un taux d'imposition de 45 % et en imaginant les résultats avant impôt selon les deux méthodes de comptabilisation, le passage de la première méthode à la seconde aura les effets suivants sur le résultat net d'impôt (tableau 85).

Tableau 85 – *Effect of change from completed-contract method to percentage of completion method of accounting for construction-type contracts*

Year	Income before income taxes		Differences		
	Completed-contract method	percentage-of-completion method	Before income tax effect	Income tax effect 45 %	Increase in net income
1	400,000	600,000	200,000	90,000	110,000
2	500,000	750,000	250,000	112,500	137,500
3	700,000	880,000	180,000	81,000	99,000

Le changement dans la méthode de comptabilisation justifie l'enregistrement d'une écriture au journal. Les comptes utilisés sont les suivants :

– le compte gains estimés sur contrats à long terme en cours [1] *(estimated earnings on contracts in progress ledger account)*. C'est un compte de bilan

1. Voir : chapitre 2, section 3, paragraphe 3.

qui enregistre les gains estimés sur les encours des exercices antérieurs. Son montant est ajouté au coût de production des contrats en cours en stock à la fin de chaque exercice comptable. Le compte est débité de l'augmentation des bénéfices bruts qui résultent du changement de méthode ;

– le compte d'impôts différés *(deferred income tax credits)* qui est crédité du montant de l'impôt potentiellement dû sur les gains estimés du contrat et qui ne sera payé que lorsque le contrat sera totalement achevé et livré ;

– le compte de réserves *(retained earnings)* qui enregistre les bénéfices estimés des exercices antérieurs nets d'impôts ;

– aussi au cours de l'exercice où le changement de méthode comptable a été décidé, soit année N + 2, l'écriture suivante a été passée :

Year N + 2		
Estimated earnings on contracts in progress ($ 200,000 + $ 250,000)	450,000	
Deferred income tax credits ($ 90,000 + $ 112,500)		202,500
Retained earnings ($ 110,000 + $ 137,500)		247,500
To record effect of change in accounting principle (a change from completed-contract method to percentage-of-completion method of accounting for construction-type contracts)		

Compte tenu de ces modifications, les comptes partiels de résultat des années N + 2 et N + 1 se présentent ainsi (tableau 86).

Les états des réserves des années N + 2 et N + 1 sont modifiés en conséquence.

Le deuxième exemple de changement entraînant l'obligation de la mention d'une information dans les documents comptables, est constitué par les modifications qui affectent l'estimation comptable.

3.2. Le changement de la méthode comptable d'estimation (Change in accounting estimate)

Dans la majorité des cas, le comptable fixe des estimations concernant la durée de vie d'un bien, sa valeur résiduelle à l'échéance de la période d'amortissement, le risque qui pèse sur la créance d'un client, l'obsolescence qui menace des stocks. Dans toutes ces hypothèses, l'appréciation est faite en tenant compte des effets d'événements futurs. Les événements et les effets attendus sont entachés d'incertitude et il peut se faire que l'actualisation de ces estimations soit nécessaire au cours du temps, parce que de nouvelles informations l'exigent.

Tableau 86 – *Corb Company, Partial income statement for years ended December 31, year N + 2 and year N + 1 (dollars)*

	N + 2	**N + 1 restated** [a]
Income before income taxes	880,000	750,000
Income taxes expense – payable currently 45 % × 700,000 and 45 % × 500,000 – deferred	 (315,000) (81,000)	 (225,000) (112,500)
Total income taxes expense	396,000	337,500
Net income	484,000	412,500
Earnings per share of common stock (100,000 shares)	$ 4.84	4.12

a. The company accounted for construction-type-contract by the percentage of completion method in Year N + 2, whereas in all prior years the completed-contract method was used. The new method of accounting was adopted to report the result of operations in a manner that more closely portrays the economic activities of the company. The company's management is of the opinion that it has the expertise to make reasonably accurate estimates of costs to compute the percentage of completion on contracts. Financial statements of prior years have been restated to apply the new method of accounting retroactively. For income tax purposes, the completed-contract method will be continued. The effect of the accounting change on net income and earnings per share of Year N + 2, and on net income and earnings per share previously reported for Year N + 1 follow :

Increase in :

Net income	99,000	137,500
Earnings per share of common stock	$ 0.99	1.375

The balance of retained earnings for Year N + 1 and Year N + 2 have been adjusted for the effects (net of income taxes) of retroactive restatement of the new method of accounting.

Exemple 11 – La durée de vie d'une immobilisation nouvellement acquise au prix de $ 15,000 est estimée à 10 ans, sa valeur résiduelle à zéro. Pendant 6 ans, le bien est amorti sur cette base selon le mode linéaire. À la fin de la sixième année, le comptable estime que le bien peut encore servir 6 ans et qu'au terme de cette période, il aura encore une valeur résiduelle de $ 1,000. La charge annuelle d'amortissement sur les années restant à courir est modifiée et est calculée de la façon suivante :

– coût de l'immobilisation	$ 15,000
– amortissement annuel durant les 6 premières années	$ 1,500
– valeur nette comptable à la fin de la sixième année	$ 7,500
– valeur résiduelle	$ (1,000)
– somme à amortir	$ 6,500

– soit amortissement annuel $ 6,500 : 6 = $ 1,083

Ainsi la décision de modifier les conditions de calcul de l'amortissement n'affecte les résultats que des années postérieures à la décision et n'a aucun impact sur les réserves antérieurement constituées. En conséquence, cette modification ne donne lieu à aucune mention dans le compte de résultat de l'année de la décision, de l'effet cumulatif du changement, ni au redressement des états financiers des périodes précédentes. En revanche, si le changement a un effet significatif sur le résultat par action, l'information doit être mise en annexe au document financier sous forme d'une note.

3.3. Les corrections d'erreurs

Il s'agit d'erreurs affectant le résultat. Ces erreurs sont des erreurs commises au cours de la période précédente. Elles peuvent se compenser au niveau du résultat sur une période de deux ans ; elles sont dites « *counterbalancing errors* ». Inversement elles peuvent ne pas se compenser ; elles sont dites « *noncounterbalancing errors* ». Dans l'un et l'autre cas, elles donnent lieu à un redressement par le jeu du compte « *prior period adjustment* » [1].

3.3.1. Le redressement des erreurs « counterbalancing »

Exemple 12 – Supposons qu'à l'inventaire au 31 décembre de l'année N – 1, le stock de pièces détachées est surévalué de 10 000 dollars à la suite d'une erreur commise dans le calcul du coût moyen pondéré. Taux d'imposition 40 %.

Au 31 décembre de l'année N – 1, le résultat net d'impôt est surévalué de 6 000 dollars et inversement du fait de cette erreur, le résultat net d'impôt de l'année N sera minoré d'autant.

Afin de respecter le principe de permanence des méthodes et de maintenir à l'information financière toute sa fiabilité, l'entreprise constatant cette erreur se doit de la corriger. Le redressement du résultat de l'exercice précédent étant impossible, la correction est opérée en début d'exercice N sur les réserves en tenant compte de l'incidence fiscale. Le compte utilisé est le compte « *prior period adjustment* » qui est débité d'une somme nette d'impôt de 6 000 dollars. En l'espèce, le stock de début de période *(Inventory)* va diminuer de 10 000 dollars. Le taux d'imposition étant toujours de 40 %, l'entreprise dispose d'une créance sur le Trésor de 4 000 dollars *(income tax receivable)*, le redressement de l'erreur donne lieu à l'écriture suivante :

January 1, year N		
Prior period adjustment	6,000	
Income tax receivable	4,000	
Inventory		10,000
To record error		

1. FASB n 109, *Accounting for income taxes,* qui a considérablement réduit le champ d'application du compte « *prior period adjustment* » (prévu par FAS 16) pour le limiter à la correction des erreurs affectant le résultat de l'exercice précédent.

3.3.2. Le redressement des « noncounterbalancing »

Les erreurs peuvent concerner les années précédentes et non seulement l'année précédente.

> *Exemple 13* – Au 1er janvier de l'année N – 1, Coe paie 1 000 dollars pour la réparation d'une machine et impute cette somme directement au compte d'immobilisation concernée. Il découvre l'erreur au début de l'année N. Cette erreur a eu un double effet : d'une part, elle a augmenté le résultat de 1 000 dollars ; d'autre part, elle l'a diminué de l'excès d'amortissement de 100 dollars (l'immobilisation est amortissable sur 10 ans). Taux d'imposition 40 %.

L'écriture de redressement de l'erreur diminue les comptes d'amortissements et de l'immobilisation. L'équilibre est assuré par le compte « *prior adjustments* » :

January 1, year N		
Accumulated depreciation	100	
Prior period adjustment	900	
Machinery		1,000
To correct prior error		

Il y a lieu ensuite de réduire le compte « *prior period adjustment* » de l'impôt et de faire apparaître la créance sur le trésor.

Cet ouvrage n'impose pas de conclusion.

Il reste un document de travail qui ne se veut pas exhaustif. Certains développements sont volontairement limités afin que l'ouvrage reste d'un volume raisonnable pour en faciliter l'usage. Des références sur certains points spécifiques donnent la possibilité aux utilisateurs, désirant des précisions, de s'y reporter.

ANNEXES

ANNEXE 1
États-Unis

1. Éléments de législation du travail

The Federal Fair Labor Standards Act (appelé aussi *Wages and Hours Law*) fixe :

– la durée hebdomadaire du travail à 40 heures ;

– le salaire minimum garanti à 3,35 dollars dans le commerce (depuis 1985) ;

– la rémunération des heures supplémentaires à une fois et demie la rémunération de l'heure normale ;

– la rémunération des heures effectuées pendant le week-end ou pendant les vacances à deux fois la rémunération de l'heure normale ;

– enfin, elle énonce l'égalité des rémunérations des hommes et des femmes à égalité de compétence, d'efforts et de responsabilité.

2. Éléments de législation fiscale et sociale [1]

Aux États-Unis, les employeurs doivent retenir sur les salaires payés :
– une provision pour certains impôts fédéraux et des États dus par le salarié au titre de l'année en cours (code fiscal américain section 3102 L) ;
– les cotisations du régime général de la sécurité sociale en application du *Federal Insurance Contribution Act (FICA)* ;
– les cotisations d'assurance chômage fixées par les États et imputables sur les cotisations dues au titre d'une loi fédérale similaire : le *Federal Unemployment Tax Act (FUTA).*

Outre ces retenues obligatoires, l'employeur peut retenir les cotisations au plan de retraite, les cotisations syndicales et les reverser aux organismes concernés.

2.1. Prélèvement pour l'impôt sur le revenu des personnes physiques [2]

Il y a lieu de distinguer :
- l'impôt fédéral,
- l'impôt d'État,
- l'impôt prélevé au profit des collectivités locales.

2.2. Les prélèvements pour versement des cotisations Sécurité sociale (FICA Taxes), régime des salariés [3]

Les cotisations au régime général de Sécurité sociale sont obligatoirement retenues à la source par les employeurs en application du *Federal Insurance Contribution Act.* La charge est identique pour les employeurs et les salariés. Le régime couvre moins de prestations que les régimes européens. À l'exception des prestations médicales assurées aux personnes âgées et aux personnes dont les revenus sont inférieurs à un certain montant, le régime n'assure pas la couverture médicale, mais essentiellement des pensions de retraite.

L'assiette servant de base au calcul des cotisations est le salaire brut avant déductions des abattements ou déductions retenues pour le calcul du revenu imposable.

---

1. Les régimes sociaux et fiscaux abordés dans le chapitre 2 ne concernent que les citoyens américains et les étrangers résidents. Les étrangers non résidents relèvent des régimes spéciaux.
2. *Source* : *Explanation of the Tax Reform Act of 1986 for individual.* Publication 320 (August 1987). Department Treasury Internal Revenue Service. P. Smith, Ephraïm, Federal Taxation advanced TOPICS, 1988, CCA, Inc. Chicago, Illinois 60646.
3. Voir dossiers internationaux, Francis Lefebvre.

2.3. Prélèvements pour cotisations assurance-chômage

Un régime d'assurance chômage a été instauré par le *Federal Unemployment Tax Act (FUTA)*. Le texte fédéral est destiné à encourager les États à gérer leurs propres régimes d'assurance-chômage.

Ces cotisations versées par l'employeur au titre du FICA ou du FUTA sont déductibles.

ANNEXE 2

L'amortissement fiscal aux États-Unis [1]

La loi fiscale *(Accelerated Cost Recovery System – ACRS)* a été adoptée en 1981, modifiée en 1984 et 1987 (réforme fiscale de 1987). Cette loi est devenue the *Modified Accelerated Cost Recovery System – MARCS*. Elle fixe impérativement la durée d'utilisation des biens et ignore la valeur résiduelle.

La loi distingue huit classes d'actifs corporels selon la durée d'utilisation et précise les modalités de calcul de la charge d'amortissement déductible.

a) Les durées d'utilisation (tableau 1)

Tableau 1 – *Durées types d'utilisation des biens amortissables*

Durée d'utilisation	Actifs corporels
3 ans	Petits outils
5 ans	Véhicules automobiles
7 ans	Équipement industriel
10 ans	Propriété d'utilité publique
15 ans	
20 ans	
27 ans et demi	Logement
31 ans et demi	Bâtiment industriel

b) Les modalités de calcul

L'amortissement linéaire se substitue à l'amortissement dégressif pour les immeubles. Les autres biens sont amortissables selon le système dégressif. Depuis 1987, pour simplifier les calculs, les services du Trésor *(Internal Revenue Service)* publient pour chaque catégorie de biens amortissables, des tables de pourcentages applicables à la valeur d'origine du bien et destinés à l'évaluation de l'amortissement déductible chaque année. Les calculs d'amortissement appliquent la convention de la demi-année *(half-year convention)*. Selon cette convention, le bien amortissable est supposé acquis à la moitié de l'année d'acquisition et vendu à la moitié de l'année de cession, sans tenir compte ni de la date d'acquisition, ni de la date de cession. En conséquence un bien ayant une durée d'utilisation de 5 ans sera amorti sur 6 exercices fiscaux (tableau 2).

1. Publication 542 (cat. n° 150720), *Corporations* (for use in preparing 1996 returns), Department of the Treasury, Internal Revenue Service.

Tableau 2 – *Accelerated depreciation rates under MARSC using the half year convention – for assets*

Year	Three year Class	Five year Class	Seven Year Class
1	0,3333	0,2	0,1429
2	0,4445	0,32	0,2449
3	0,1481	0,192	0,1749
4	0,0741	0,1152	0,1249
5		0,1152	0,0893
6		0,0576	0,0892
7			0,0893
8			0,0446
	1	1	1

ANNEXE 3

Normes britanniques

A. *Statements of Standard Accounting Practice (SSAP)*

SSAP 2 – Publicité des méthodes comptables
(Disclosure of accounting policies), November 1971

SSAP 4 – Subventions
(Accounting for government grants), April 174, revised July 1990, amended October 1992

SSAP 5 – Taxe à la valeur ajoutée
(*Accounting for value added tax),* April 1974

SSAP 8 – Traitement comptable du précompte d'impôt
(The treatment of taxation under the imputation system in the accounts of companies), August 1974, appendix 3 added December 1977, amended October 1992

SSAP 9 – Stocks et contrats à long terme
(*Stocks and long term contracts),* May 1975 part 6 added August 1980, revised September 1988

SSAP 12 – Les dépréciations
(*Accounting for depreciation),* December 1977, amended November 1981, revised 1987

SSAP 13 – Frais de recherche et de développement
(*Accounting for research and development),* December 1977, revised January 1989

SSAP 15 – Impôts différés
(*Accounting for deferred tax)*, October 1978, revised May 1985 ; amended October and December 1992

SSAP 17 – Événements survenus après la date de clôture de l'exercice
(*Accounting for post balance sheet events)*, August 1980

SSAP 19 – Comptabilisation des placements immobiliers
(*Accounting for investment properties),* November 1981, amended October 1992 and July 1994

SSAP 20 – Comptabilisation des opérations en monnaies étrangères
(*Foreign currecy translation)*, april 1983

SSAP 21 – Comptabilisation des contrats de leasing
(*Accounting for leases and hire purchase contracts, guidance notes on SSAP 21)*, August 1984, amended February 1997

SSAP 24 – Comptabilisation des charges de retraite
(Acc*ounting for pension costs),* May 1988, amended October 1992

SSAP 25 –Information sectorielle
(Segmental reporting), June 1990

B. *Financial Reporting Standards (FRS)*

FRS 1 – *Tableau des flux de trésorerie*
(Cash flow statements), revised October 1996

FRS 2 – Comptabilité des filiales
(*Accounting for subsidiary undertakings)*, July 1992

FRS 3 – Nouvelle norme sur la présentation de compte de résultat
(Reporting financial performance), October 1992, amended June 1993

FRS 4 – Instruments financiers de financement à long terme
(*Capital instruments),* December 1993

FRS 5 – Comptabilisation de la réalité d'une opération
(Reporting the substance of transactions), April 1994, amended December 1994 and September 1998

FRS 6 – Acquisitions et fusions
(*Acquisitions and mergers)*, September 1994

FRS 7 –La juste valeur dans la comptabilisation de l'acquisition
(*Fair values in acquisition accounting*), September 1994

FRS 8 – Annexes sur les sociétés liées
(Related party disclosures), October 1995

FRS 9 – Associations et joint ventures
(*Associates and joint ventures)*, November 1997

FRS 10 – Goodwill et immobilisations incorporelles
(Goodwill and intangible assets), December 1997

FRS 11 – Dépréciation des actifs immobilisés et du goodwill
(Impairment of fixed assets and goodwill), July 1998

FRS 12 – Provisions, dettes éventuelles et actifs éventuels
(*Provisions, contingent liabilities and contingent assets*), September 1998

FRS 13 – Produits dérivés et autres instruments financiers
(*Derivatives and other financial instruments : disclosures*), September 1998

FRS 14 – Résultat par action
(Earnings per share), October 1998

FRS 15 – Actifs immobilisés
(Tangible fixed assets), February 1999

FRS 16 –Impôt
(Current tax), 2000

FRS 17 – Prestations de retraite
(Retirement benefits), November 2000

FRS 18 – Méthodes comptables
(Accounting policies), December 200

FRS 19 –Impôts différés
(Deferred tax), December 2000

ANNEXE 4

Normes comptables internationales de l'IASC[1]

1. La publicité des méthodes comptables
   (« Disclosures of accounting policies »)
   Londres, 1974
2. L'évaluation et la présentation des stocks dans le contexte du système du coût historique
   (« Valuation and presentation of inventories in the context of the historical cost system »)
   Londres, juillet 1975
3. Les états financiers consolidés
   (« Consolidated financial statements »)
   Londres, mars 1976
4. La comptabilisation des amortissements
   (« Depreciation accounting »)
   Londres, juillet 1976
5. Les informations que doit fournir l'entreprise dans ses états financiers
   (« Information to be disclosed in financial statements »)
   Londres, juillet 1976
6. Supprimée
7. Le tableau de financement
   (« Statement of changes in financial position »)
   Londres, mars 1976
8. Éléments inhabituels, éléments sur exercices antérieurs et changements de méthodes comptables
   (« Unusual and prior period items and changes in accounting policies »)
   Londres, octobre 1977
9. La comptabilisation des activités de recherche et de développement
   (« Accounting for research and development activities »)
   Londres, mars 1978
10. Éventualités et événements survenant après la date de clôture de l'exercice
    (« Contingencies and events occuring after the balance sheet date »)
    Londres, juin 1978

1. Devenu depuis 2001 l'IASB *(International Accounting Standards Board).*

11. La comptabilisation des contrats de longue durée
(« Accounting for construction contracts »)
Londres, novembre 1978

12. La comptabilisation des impôts sur les bénéfices (révisée)
(« Accounting for taxes on income »)
Londres octobre 1996

13. La présentation de l'actif à court terme et du passif à court terme
(« Presentation of current assets and current liabilities »)
Londres, juin 1979

14. La présentation d'une information sectorielle
(« Reporting financial information by segment »)
Londres, mars 1981

15. L'information reflétant les effets de variations de prix
(« Information reflecting the effets of changing prices »)
Londres, juin 1981

16. La comptabilisation des immobilisations corporelles
(« Accounting for property, plant and equipment »)
Londres, octobre 1981

17. La comptabilisation des contrats de location
(« Accounting for leases »)
Londres, octobre 1981

18. La constatation des produits
(« Revenue recognition »)
Londres, juin 1982

19. La comptabilisation des prestations de retraite dans les états financiers de l'employeur
(« Accounting for retirement benefits in the financial statements of the employers »)
Londres, janvier 1998

20. La comptabilisation des subventions publiques et les informations à fournir sur l'aide publique
(« Accounting for government grants and disclosure of government assistance »)
Londres, novembre 1982

21. La comptabilisation des effets des variations du cours des monnaies
(« Accounting for the effects of changes in foreign exchange rates »)
Londres, novembre 1983

22. La comptabilisation des regroupements d'entreprises
(« Accounting for business combinations »)
Londres, décembre 1993 et 1998

23. La capitalisation des charges de l'emprunt
(« Capitalisation of borrowing costs »)
Londres, octobre 1983

24. L'information concernant les parties liées
(« Related party disclosures »)
Londres, novembre 1984

25. La comptabilisation des placements
(« Accounting for investments »)
Londres, octobre 1985

26. Comptabilité et rapports financiers des régimes de retraite
(« Accounting and reporting by retirement benefit plans »)
Londres, juin 1986

27. Les comptes consolidés et la comptabilisation des participations dans les filiales
(« Consolidated financial statements and accounting for investments in subsidiaries »)
Londres, juin 1988

28. La comptabilisation des participations dans les entreprises associées
(« Accounting for investments in associates »)
Londres, avril 1989

29. La présentation des comptes dans les économies hyperinflationnistes
(« Financial reporting in hyper inflationary economics »)
Londres, juillet 1989

30. L'information dans les états financiers des banques et établissements financiers assimilés
(« Disclosures in the financial statements of banks and similar financial institutions »)
Londres, juin 1990

31. Comptabilisation des participations dans des co-entreprises
(« Financial reporting of interests in joint-ventures »)
Londres, février 1991

32. Les instruments financiers, informations et présentation
(Financial instruments : disclosure and presentation)
Londres, mars 1995

33. Le résultat par action
(Earnings per share)
Londres, janvier 1997

34. Informations intermédiaires
(« Interim financial reporting »)
février 1998

35. Activités abandonnées
(« Discontinuing operations »)
avril 1998

36. Dépréciation des actifs
(« Impairment of assets »)
avril 1998

37. Provisions, actifs et passifs éventuels
(« Provisions, contingent liabilites and contingent assets »)
juillet 1998

38. Immobilisations incorporelles
(« Intangibles assets »)
septembre 1998

39. Instruments financiers
(« Financial instrument, recognition and measurement »)
mars 1999

40. Placements immobiliers
(« Investment property »)
mars 2000

41. Agriculture
(« Agriculture »)
février 2000

ANNEXE 5

Éléments exceptionnels et éléments non exceptionnels
Extraordinary items and non extraordinary items

Éléments exceptionnels	Éléments non exceptionnels
1. Cas de force majeure (c'est-à-dire tremblement de terre ou tornade dans les pays où cela n'est pas coutumier).	1. Provision ou inscription à pertes et profits des clients douteux, stocks, immobilisations incorporelles.
2. Conséquences d'une interdiction provenant d'une nouvelle loi.	2. Perte ou gain de change, quelle que soit son importance.
3. Perte liée à une expropriation par un pays étranger.	3. Perte ou gain survenu lors de l'aliénation d'une branche d'activité.
4. Remboursement anticipé d'une dette.	4. Perte ou gain sur cession d'immobilisation.
5. Paiement de l'impôt provenant d'un report des pertes survenues lors de l'exercice précédent.	5. Conséquence d'une grève ou ajustement de contrat à long terme.
6. Perte ou profit lors de la vente de terrains ou titres détenus depuis très longtemps.	6. Effet cumulatif d'un changement de principe comptable.

Source : F. Bussac, Éléments financiers anglo-saxons et français, p. 50 (extrait).

BIBLIOGRAPHIE

Ouvrages

Accounting Trends and Techniques, 38th edition, AICPA, New York, 1984.

AINSWORTH P., DEINES D., PLUMLEE R.D., LARSON C., *Introduction to accounting : An integrated approach*, Irwin, Inc, États-Unis, 1997.

BELKAOUI A., *Accounting theory*, Harcourt Brace, Jovanovich, Inc., New York, 1981.

BURLAUD A., *Comptabilité et Inflation*, éditions Cujas, Paris, 1979.

BUSSAC F., *États financiers anglo-saxons et français. Comparaison des pratiques et normes comptables,* éditions Hommes et Techniques, Boulogne-Billancourt, 1983.

DYCKMAN R.T. and DAVIS J.C. and DUKES E.R., *Intermediate accounting,* Irwin, McGraw – Hill, 5th, New York, 2001.

GENDROT G., *Les états financiers anglo-saxons et leur interprétation,* 2e édition, Dunod, Paris, 1983.

GRADY P., « Inventory of generally accepted accounting principles for business enterprises », *Accounting Research Study*, 2nd edition, AICPA, New York, 1965.

HARIED A., IMDIEKE L.F., SMITH R.E., *Advanced accounting*, 3rd edition, John Wiley and Sons, New York, 1982.

HELMKAMP J.G., IMDIEKE L.F., SMITH R.E., *Principles of accounting,* 2nd edition, John Wiley and Sons, 1986.

IASC, *Normes Comptables internationales,* Éditions Francis Lefebvre, Paris, 1995.

KUHN T.S., *Anomaly and emergences of scientific discoveries, The structure of scientific revolution,* Chicago, University of Chicago Press, 1962.

LARSON K.D. and MILLER P.W., *Financial accounting,* 6e édition, Irwin, INC, États-Unis, 1995.

Lois sur les sociétés (Companies Act) de 1967, 1985, 1989.

Mémento pratique comptable, Francis Lefebvre, 1990.

Mémento pratique, Comptable 2001, Éditions Francis Lefebvre, Paris, 2000.

MEUNIER H., BAROLET F. de et BOULMER P., *La trésorerie de l'entreprise,* Dunod, Paris, 1970.

MOONITZ M., *The basis postulates of accounting,* AICPA, New York, 1961.

MOSICH A.N. and LARSEN F.I., *Intermediate accounting,* 6th edition, McGraw-Hill, New York, 1986.

MUELLER G., GERMON H., MEEK G.K., *Accounting international perspective,* Irwin, 1997.

PATON A.W., *Accounting theory,* Ronald Press Co, 1922.

PATON A.W. and LITTLETON A.C., *An introduction to corporate accounting standards,* American Accounting Association (AAA), monograph n° 3, 1940.

TUNC A., *Le droit américain des sociétés anonymes,* Economica, Paris, 1985.

TUNC A., *Le droit anglais des sociétés anonymes,* Dalloz, Paris, 1987.

WALTER P., *La comptabilité anglo-saxonne*, La Découverte, Paris 1996.

Articles

BOISSELIER P., « Recherche et développement : la contradiction de la normalisation comptable », *Revue Française de Comptabilité,* n° 209, février 1990.

BOUSSARD D., « Les principes anglo-saxons », *Revue du financier,* août-septembre 1989.

BOUSSARD D., « Les comptabilités d'inflation. Des méthodes aux politiques », *Économies et Sociétés,* cahiers ISMEA, Sciences de gestion, n° 3, 1983.

Bulletins comptables et financiers :

« La hiérarchie des principes comptables », n° 28.

« FASB, norme n° 86, Comptabilisation des coûts des logiciels destinés à être vendus, loués ou commercialisés sous une autre forme », n° 28.

« Réaffirmation du principe de prééminence de la réalité sur l'apparence », n° 30.

« La prééminence de la substance sur la forme n'est pas un principe comptable », n° 31.

« Norme n° 95, Tableau des variations de trésorerie » (Statements of cash flows n° 37).

« Impôt sur les bénéfices : FAS 96, La nouvelle norme américaine », n° 38.

« Comparaison entre le tableau de variations de trésorerie aux États-Unis (FAS 95) et le tableau des flux de la centrale des bilans de la Banque de France », n° 40.

« La comptabilisation des marques commerciales au Royaume-Uni. Quel enjeu économique dans le cadre européen ? », n° 42.

« Adoption du cadre conceptuel de l'IASC », n° 44.

« FAS 105 : Publication de l'information relative aux instruments financiers présentant des risques hors bilan ou une concentration particulière du risque de contrepartie », n° 47.

« ED 54, Cash flow statements », n° 48.

« FAS 107, Informations sur la juste valeur des instruments financiers », n° 54.

« SAS 69, La signification de la formule de certification dans les rapports d'audit », n° 54.

« Impôts différés – L'utilisation de la nouvelle norme américaine, FAS 109, est-elle possible dans les comptes consolidés », n° 55.

« Publication de la norme 111 annulant les normes FAS 32, FAS 56 et FAS 83 », n° 57.

« Nouvelle norme sur la présentation du compte de résultat (Reporting financial performance) », n° 58.

« Comptabilisation des avantages autres que les retraites accordées aux salariés », n° 58.

« La comptabilisation des titres (obligations et titres assimilés acquis avec un objectif de placement) (Accounting for certain investments in debt and equity securities) », n° 60.

« IAS 2, 8, 9, 11, 16, 18, 19, 21, 22, 23 », n° 61.

« Comptabilisation des titres émis pour rémunérer des salariés ou pour payer des fournisseurs (projet de norme FASB », n° 61.

« Énoncé des principes du projet de norme », n° 62.

« FRS 4, Instruments financiers donnant accès au capital (Capital instruments) », n° 62.

« FAS 121, dépréciation des actifs à long terme, 11/95. Impôts différés, ce que IAS 12 risque à terme de changer dans les règles françaises », janvier 1997.

« Instruments financiers, projet du JWG (Joint Working Group of standards setters), Présentation du projet et position de la France », novembre 2000.

« Une révision uniquement pour le goodwill », mars 2001.

« Actualité des normes US, panorama de l'année 1998, les nouvelles normes applicables et la liste rouge de la SEC », janvier 1999.

« Résultat par action, un exemple d'harmonisation entre l'IASC et le FASB, conséquences pratiques et tableaux comparatifs », mars 1998.

« Comptabilité américaine » août, septembre 2000.

« USA GAAP – infos brèves » janvier, février 2001.

« US GAAP – info brèves », avril 2001.

« Normes IAS- info brèves », janvier-février 2001-10-12 » Actualité des normes IAS, panorama de l'année 1998, normes obligatoires et normes pouvant être appliquées par anticipation », janvier 1999.

« Premier programme de travail officiel de l'IASB » juillet-août 2001.

« IASB – info brèves », juillet-août 2001.

« US GAAP – info brèves », juin 2001.

« IASB, info-brèves » mai 2001.

« Le passage aux normes IAS, un défi pour toute l'entreprise » mai 2001.

« Arrêté des comptes en normes IAS, normes et interprétations obligatoires ou pouvant être appliquées par anticipation aux clôtures 2000 », décembre 2000.

« Les avancées du dernier Board », mai-juin 1998.

« Instruments financiers, nouvelle stratégie de l'IASC en deux volets », novembre 1997.

« Comparaisons directives européennes, normes IAS et US GAAP, inventaires des divergences réalisées par la commission européenne et le FASB – résultats, commentaires officiels et conséquences pratiques », avril 1997.

« Les normes IAS obligatoires en Europe en 2005 ? – Interviews de personnalités – Enquête auprès des sociétés » novembre 2000.

« Recommandation de l'OICV, vers une reconnaissance mondiale des normes IAS » juin 2000.

« Normes IAS- info brèves », avril 2001.

BERNHEIM Y., L'harmonisation comptable internationale, *Revue de droit comptable*, décembre 1997 et l'option pour un référentiel international par les entreprises françaises, Crédit Lyonnais international, novembre 1998.

BONNET-BERNARD S., La normalisation comptable dans 10 pays, *RFC*, octobre 1997.

CRICHTON J., « Cash flow statements. What are the choices ? », *Accountancy,* October 1990.

FIRMIN A.P., « Discussion comments in research in accounting measurement », édité par Robert K. Jacdicke, Y. Ijiri and O. Nielsen, AAA, 1966 ?

IJIRI Y., « Theory of accounting measurement », *Studies in Accounting Research,* 10 Evanston Ill, AAA, 1975 ?

JENSEN M., Reflexions on the state of accounting research and the regulation of accounting, *Stanford Lectures in accounting 1976*, Graduate School of Business, Stanford University.

Journal Officiel des Communautés Européennes du 31 juillet 1977 et du 14 août 1978.

MURHY R., « Warning : ED 54. Could damage your health », *Accountancy,* January 91.

NACIRI A., « Une analyse comparative des systèmes de normalisation français et américain », *Revue Française de Comptabilité,* n° 171, septembre 1986.

NACIRI A., « Le cadre conceptuel américain et ses conséquences sur le modèle comptable général », *Revue Française de Comptabilité,* n° 173, novembre 1986.

SCHEID (JC) La normalisation comptable Française, la première réforme profonde depuis 1946, *RFC*, novembre 1996.

Normes américaines APB Opinion :

n° 5 : « Reporting of leases in financial statements of lessees », AICPA, New York, 1964.

n° 6 : « Status of accounting research bulletins », AICPA, New York, 1965.

n° 7 : « Accounting for leases in financial statements of lessors », AICPA, New York, 1966.

n° 8 : « Accounting for the cost of pension plans », AICPA, New York, 1966.

n° 9 : « Reporting the results of operation », AICPA, New York, 1986.

n° 10 : « OMNIBUS opinion. 1966 », AICPA, New York, 1966.

n° 11 : « Accounting for income taxes », AICPA, New York, 1967.

n° 14 : « Accounting for compatible debt and debt issued with stock puchases warrants », AICPA, New York, 1969.

n° 15 : « Earnings per share », AICPA, New York, 1969.

n° 16 : « Business combinaisons », AICPA, New York, 1970.

n° 17 : « Intangible assets », AICPA, New York, 1970.

n° 18 : « The equity method of accounting for investments in common stocks », AICPA, New York, 1971.

n° 19 : « Reporting changes in financial position », AICPA, New York, 1971.

n° 20 : « Accounting changes », AICPA, New York, 1971.

n° 21 : « Interest on receivables and payables », AICPA, New York, 1971.

n° 22 : « Disclosures of accounting policies », AICPA, New York, 1972.

n° 27 : « Accounting for lease transactions by manufacturer or dealer lessors », AICPA, New York, 1972.

n° 28 : « Interim financial reporting », AICPA, New York, 1973.

n° 29 : « Accounting for non monetary transactions », AICPA, New York, 1973.

n° 30 : « Reporting the results of operation. Reporting the effects of disposal of a segment of a business and extraordinary unusual and infrequently accruing events and transactions », AICPA, New York, 1973.

n° 31 : « Disclosures of lease commitments by lessees », AICPA, New York, 1973.

Normes américaines du FASB :

n° 2 : « Accounting for research and development costs », 1974.

n° 5 : « Accounting for contingencies », 1975.

n° 6 : « Classification of short-term obligation expected to be refinanced », 1975.

n° 12 : « Accounting for certain marketable securities », 1975.

n° 16 : « Prior period adjustment », 1977.

n° 21 : « Suspension of the reporting of earnings per share... by non public enterprise », 1978.

n° 33 : « Financial reporting and changing prices », 1979.

n° 34 : « Capitalization of instruct cost », 1979.

n° 47 : « Disclosures of long term obligations », 1981.

n° 55 : « Determining wether a convertible security is a common stock equivalent », 1982.

n° 56 : « Designation of AICPA Guide... on contractor accounting... as preferable », 1982.

n° 64 : « Extinguishment of debt made to satisfy sinking fund requirements », 1982.

n° 76 : « Extinguishment of debt », 1983.

n° 85 : « Yield test for determining wether a convertible security is a common stock equivalent », 1985.

n° 86 : « Accounting for the costs of computers software to be sold, leased or otherwise marketed, Accounting standards, original pronouncements », 1985.

n° 95 : « Statement of cash flows », 1987.

n° 96 : « Accounting for income taxes », 1987.

n° 104 : « Statement of cash flows », 1989.

n° 107 : « Disclosures about fair value of financial instruments », 1991.

n° 109 : « Accounting for income taxes », 1992.

n° 115 : « Accounting for certain investments in debt and equity securities », 1993.

n° 121 : « Accounting for the impairment of long lived assets to be disposed of », 1995.

n° 128 : « Earnings per share », 1997.

n° 129, « Disclosure of information about capital structure », 1997.

n° 130, « Reporting, comprehensive income », 1997.

n° 132, Employer's disclosures about pensions and other postretirement benefits (an amendment to FASB statements n° 87, 88, and 106), 1998.

n° 141, « Business combinaisons », 2001.

n° 142, « Goodwill and other intangible assets », 2001.

Normes britanniques, voir annexe n° 3.

Normes internationales de l'IASC, voir annexe n° 4.

RAFFOURNIER B., « La théorie positive de la comptabilité : revue de la littérature », *Economies et Sociétés*, série Sciences de Gestion n° 16,11/1990.

Revue Fiduciaire Comptable, Le tableau de financement explicatif de la variation de la trésorerie, n° 143, juin 1989.

SCHEID J.C., « Les premiers résultats publiés des comptabilités tenues au coût actuel aux États-Unis et en Grande-Bretagne », *Revue Française de Comptabilité*, n° 137, juin 1983.

SCHEID J.C., « La normalisation comptable française », *Revue Française de Comptabilité*, n° 283, novembre 1996.

SPROUSSE R.T. and MOONITZ M., « A tentative set of broad accounting principles for business enterprises », *Accounting Research Study n° 3*, AICPA, New York, 1962.

Statement on Auditing Standards n° 1, AICPA, New York, 1973.

Statement on Auditing Standards n° 24, *Review of interim financial information*, AICPA, New York, 1979.

WATTS R. et ZIMMERMAN J., « Positive accounting theory : a ten year perspective », *The Accounting Review*, vol. LXV, 1990.

X, Cash flow statements (issue july 1990). Proposed statement of Standard Accounting Practice, Exposure draft 54, Accountancy, September 1990.

ZEFF S.A., « La normalisation aux États-Unis, une approche publique et privée », *Revue Française de Comptabilité*, n° 265, mars 1995.

LEXIQUE AMÉRICAIN-FRANÇAIS ANGLAIS-FRANÇAIS

A

accelerated cost recovery system : méthode de l'amortissement accéléré
account : compte
accounting changes : changements dans les principes comptables
accounting cycle : cycle comptable
*accounting standard board (ASB)** : conseil des normes comptables
accounting principles board (APB) : conseil des principes comptables
*accounting standards committee (ASC)** : comité des normes comptables
accounts payable : compte fournisseurs
accounts receivable : compte clients
accrual basis principle : principe de la séparation des exercices
accrued benefits cost method : méthode rétrospective (méthode d'évaluation actuarielle)
accrued liabilities : charges à payer
accrued pensions cost : compte charges à payer pour retraite
accumulated depreciation : compte d'amortissement
acquisition price : prix d'acquisition
actuarial loss and gain : perte ou gain actuariel
actuarial valuation : méthode d'évaluation actuarielle
additional disclosures : annexes
adjusted trial balance : balance de vérification après ajustement
adjusting entry : écriture d'ajustement
adjustment : ajustement

additional paid-in-capital : compte prime d'émission, prime de fusion
advertising expenses : compte frais de publicité
allowances : provisions
allowances for depreciation : compte amortissement
allowances for doubtful account : compte provisions pour dépréciation clients
allowances for estimated repairs : compte provisions pour grosses réparations
allowances for uncollectible account : compte provisions pour dépréciation clients
allowances to reduce long term investment in marketable equity securities to market value : compte provisions pour dépréciation des titres de participation et titres immobilisés
american institute of certified public accountants (AICPA) : ordre des experts-comptables américains
amortization : amortissement des immobilisations incorporelles
anticipated payment : paiement anticipé
articles of corporation : statuts de société
assets : actifs

B

balance : solde
balance sheet : bilan
badwill : sous-valeur
bargain purchase option : option d'achat
benefit : avantage (retraite)
book value : valeur nette comptable
bond : obligation
bond interest expense : compte charges financières sur emprunt-obligations
bonds outstanding method : méthode d'amortissement de l'escompte proportionnellement au nombre de titres en circulation
*borrowing** : emprunt

C

call up share capital : capital appelé
callable preferred stock : rachat des actions privilégiées
capital expenditures : charges engagées sur des actifs immobilisés et comptabilisées dans le compte immobilisations
capital lease : crédit-bail immobilier présentant des caractéristiques de biens immobilisés

capital stock : compte capital
carry forward : report en avant
carry back : report en arrière
carrying amount : valeur nette comptable
cash : trésorerie, caisse
cash discount : réduction financière
*cash flow statements** : tableau des flux de trésorerie
cash inflow : encaissement
cash outflow : décaissement
chart of accounts : liste des comptes (par entreprise)
closing entries : écritures de regroupement
*committee accounting procedures (CAP)** : comité des procédures comptables
common stock : action ordinaire
common stock outstanding : action ordinaire en circulation
common stock subscribed : compte capital souscrit (action ordinaire)
*companies act** : loi sur les sociétés
conceptual framework : cadre conceptuel
condemnation : expropriation
condemn (to) : exproprier
conservation principle : principe de prudence
consistency principle : principe de la permanence des méthodes
consolidated financial statements : états financiers consolidés
constant purchasing power accounting : méthode du pouvoir d'achat général
construction in progress : construction en cours
contingencies : dettes éventuelles
contingent rentals : frais de maintenance
contra-account : compte fonctionnant dans le sens opposé du compte de rattachement
copyright : droits d'auteur
corporation : société
corporation tax : impôt sur les bénéfices des sociétés
cost of goods sold : coût des marchandises vendues
*creditors** : fournisseurs
current assets : actifs circulants
current liabilities : dettes à court terme
customers defaults : compte dotations aux provisions pour dépréciation des comptes clients

D

date of measurement : date de décision
date of record : date d'enregistrement

debt equity swap : échange d'obligations contre des actions
declining balance method : méthode de l'amortissement dégressif
deferred income tax credit : crédit d'impôt différé
deferred method : avantage fiscal étalé sur la durée de vie du bien (crédit à l'investissement), méthode du report fixe
deferred revenue : compte avances reçues des clients
defined benefits pension plan : régime de retraite à prestations définies
defined contributions pension plan : régime de retraite à contributions définies
depletion : amortissement des ressources naturelles
deposit : dépôt
depreciation base : base d'amortissement
depreciation expense : compte dotation aux amortissements
depreciation per year : annuité
depreciation to date : compte amortissement
direct labor cost : coût de la main-d'œuvre directe
discontinuing activités : activités abandonnées
discount on bonds payable : escompte sur emprunt
discount on equipment contract payable : intérêt dû sur un contrat d'équipement
dividends in arrear : arriéré de dividendes
dividends payable : dividendes à payer
donated capital : compte don en capital
double declining balance method : amortissement dégressif
double entry : principe de la partie double
doubtful account expense : compte dotation aux provisions pour dépréciation des comptes clients

E

earnings per share : résultat par action
earnings statement : bulletin de salaire
effect of disposal of a segment of a business : résultat sur les activités abandonnées
employee capital accumulation plan : actionnariat des salariés
employee earnings statement : compte du salarié
employee stock ownership plan : plan d'acquisition d'actions
equity method : méthode d'évaluation par équivalence
estimated warranty expense : compte de dotations aux provisions pour garantie donnée aux clients
evaluation of self constructed plant assets : évaluation de production par soi-même
exceptionnal accounts written off current assets : dépréciation exceptionnelle des actifs circulants

expense : charge
extraordinary event : élément exceptionnel

F

face amount : valeur nominale
factory overhead costs : frais généraux
fair value accounting : méthode du coût de remplacement
federal insurance contribution act (FICA) : organisme de sécurité sociale
federal unemployment tax act (FUTA) : loi sur l'assurance chômage
financial accounting fundation (FAF) : fondation de la comptabilité financière
financial accounting standards board (FASB) : organisme de normalisation comptable
financial statements : états financiers
finished goods inventory : stock de produits finis
fiscal year : exercice fiscal
fixed assets : actifs immobilisés
flow-through method : avantage consenti l'année de réalisation de l'investissement (crédit à l'investissement)
freight in : frais de transport sur achat
freight out : frais de transport payés sur les ventes
fully diluted earning per share : résultat dilué par action
funding : fonds
funding agency : établissement financier spécialisé dans la gestion des fonds de retraite

G

gain or loss on disposal of equipment : compte plus ou moins-value sur cession d'éléments d'actifs
generally accepted accounting principles (GAAP) : principes généralement acceptés
gift : subvention publique
going concern assumption : principe de continuité d'exploitation
goods in process : produits en cours
goodwill : survaleur
goodwill : fonds de commerce dans les comptes sociaux et écart d'acquisition dans les comptes consolidés
grant date : date d'offre
gross invoice method : enregistrement de la facture au prix brut
gross margin : marge brute

I

impairment : dépréciation
impairment test : test de dépréciation
implicit interest depreciation method : méthode d'amortissement basée sur l'actualisation des cash-flows
incidental cost : frais accessoires
income statement : compte de résultat (document financier)
income summary : compte de résultat
income tax : impôt sur les bénéfices
income tax expense : compte impôt sur les bénéfices
income tax payable : compte dettes pour impôt sur les bénéfices
income tax refund receivable : différé d'impôt actif
installation cost : frais de mise en état d'utilisation
intangible assets : immobilisations incorporelles
interest expense : compte charges financières
interest payable : compte intérêts dus
interests receivable : intérêts courus
interest revenue : compte produit financier
interim reports : états financiers intérimaires
international accounting standard committee (IASC) : organisme international de normalisation comptable
inventory : stock
investee : société sous contrôle
investment : investissement financier
investments assets : actifs financiers
investment income : compte produits sur participation
investment income ordinary : produits sur des participations émanant d'activités d'exploitation
investment tax credit : crédit d'investissement
investor : investisseur
issuance : émission
issuer : société émettrice

J

journal : journal
journal entry : article du journal

L

land improvements : frais d'aménagement du terrain
leaseholds : baux commerciaux

leased equipment, capital lease : compte d'actifs émanant d'un contrat de crédit-bail
lessee : locataire (opération de crédit-bail)
lessor : bailleur (opération de crédit-bail)
liabilities : dettes
liabilities under capital lease : dettes liées à un contrat de crédit-bail
liability method : méthode du report variable
long term investments in common stocks : immobilisations financières (actions)
long term receivables : immobilisations financières (prêts)

M

machinery and equipment in progress : équipement en cours
matching principle : principe du rattachement des charges aux produits
materiality principle : principe de l'importance relative
maturity : échéance
monetary principle : principe du nominalisme
mortgage notes : titres garantis

N

net asset : actif net
net income : résultat de l'exercice
net invoice method : enregistrement de la facture au prix net
non-compete agreement : clause de non concurrence
non contributory pension plan : plan de retraite constitué uniquement par les versements des employeurs
nominal rate : taux nominal
note payable : effet à payer
note receivable : effet à recevoir

O

office supplies expense : compte charges fournitures de bureau
office supplies inventory : compte stock fournitures de bureau
operating income : résultat d'exploitation
operating lease : compte charges redevances de crédit-bail
operating transaction : operation d'exploitation
operation lease : contrat de location (crédit-bail)
*ordinary shares** : actions ordinaires

other factory expenses : compte autres frais de production
outstanding shares : actions en circulation
owners'equity : capitaux propres

P

paid-in capital : capitaux propres non distribuables
par-value : valeur nominale
parent company : société mère
participating preferred stock : actions privilégiées participantes
patent : brevet
payroll register : journal de paie
payroll taxes expenses : compte charges sur salaires
pension cost expense : compte charge de retraite
pension plans : plans de retraite
periodic inventory method : méthode de l'inventaire intermittent
perpetual inventory method : méthode de l'inventaire permanent
plant assets : immobilisations corporelles
posting from the journal to the ledger : report du journal dans le grand livre
pre-tax accounting income : résultat comptable avant impôt
preferred stock : action privilégiée
premium on bonds payable : prime sur emprunt
prepaid income tax result : impôt différé actif
prepaid pension costs : charges payées d'avance
prepaid rent : loyers payés d'avance
primary diluted earnings per share : résultat dilué par action
primary earnings per share : résultat ajusté par action en circulation
principal payment : remboursement du nominal de l'emprunt
prior service cost : coût des exercices antérieurs
prior period adjustments : pertes et profits sur exercices antérieurs
private corporation : société de capitaux ne faisant pas appel à l'épargne publique
product units method : méthode d'amortissement, annuités proportionnelles aux services rendus
*profit and loss account** : compte de résultat
projected benefit cost method : méthode d'évaluation des prestations de retraite d'après les services rendus et à rendre
prospective financial statement : état prévisionnel
*provisions for bad debts** : compte de provisions pour dépréciation clients douteux
provisions for liabilities : provisions pour risques et charges
public corporation : société de capitaux faisant appel à l'épargne publique
purchase : achat
purchases discounts : réductions sur achats

purchases returns and allowances : retours sur achats et réductions commerciales
purchases transactions : opérations d'achats

R

raw materials inventory : stock de matières premières
redeemable preferred stock : action privilégiée rachetable
redemption of preferred stock : rachat des actions privilégiées
reissuance : réémission
relevance : pertinence
reliability : fiabilité
rent expense : compte charges de loyer
rent revenue : compte de produit de location
residual value guaranted : valeur résiduelle garantie dans un contrat de crédit-bail
retained earnings : réserves
retirement : mise à la retraite
*revaluation reserve** : réserve de réévaluation
revenue : produit
reversing entries : écritures de contrepassation

S

salaries and wages expense : compte charges de personnel
salaries and wages payable : compte rémunérations dues
sales : ventes
sales discounts : réductions financières
sales returns and allowances : compte retours et réductions sur ventes
sales transactions : opérations de ventes
secret reserves : sous-évaluation d'actif
securities and exchange commission (SEC) : commission des opérations boursières
securities available for sales : autres titres de placement
security investments : valeurs mobilières
serial bonds : emprunt-obligations remboursable par annuité
*share premium account** : prime d'émission
short term investments : compte valeurs mobilières de placements
short term prepayments : compte charges payées d'avance
sole proprietorship : entreprise individuelle
*source and application of funds** : tableau de financement
state rate of interest : taux d'intérêt nominal

state unemployment taxes payable : compte de caisse d'assurance chômage
stated capital : compte capital
stated value : valeur de l'action fixée par le conseil d'administration
statement of cash flows : tableau des variations de trésorerie
statement of retained earnings : état des réserves
statement on changes in financial position : tableau de financement
stock : action
*stock** : stock
stock bonus plans : régime de participation des salariés au capital
stock dividends : dividendes en actions
*stock exchange** : bourse
stock option plan : plan d'option de souscription
stock purchases plan : plan d'achats d'actions
stock splits : division des actions
stock warrant : droits de souscription
stockholders'equity : capitaux propres
straight line method : méthode de l'amortissement linéaire
subscription receivable, common : compte actionnaires, capital souscrit
subscriptions revenue : compte de prestations de service (abonnements échus)
subsequent events : événements survenus postérieurement à l'arrêté des comptes
subsidiary : filiale
substance over form : prééminence de la réalité sur l'apparence
sum of the years'digit method : méthode d'amortissement dégressif

T

tangible assets : immobilisations corporelles
taxes and legal fees : taxes et droits
timing differences : différences temporaires
trade discounts : réductions commerciales
trade marks : marques commerciales
trading securities : titres de placement
treasury bonds : rachat des obligations
treasury stock : rachat des actions ordinaires

U

unadjusted trial balance : balance de vérification avant ajustement
unearned subscriptions : compte avances sur commandes (abonnement revue)

unfrequent in occurence : non fréquent
unrealized lost in value of long term investments in marketable equity securities : compte provisions pour dépréciation des immobilisations financières (actions)
unvisual in nature : inhabituel par nature

V

valuation : évaluation
*value added tax** : tax sur la valeur ajoutée
vested rights : droits irrémédiablement acquis

W

wages : salaires
watered stock : surévaluation d'actif
weighted average common stocks outstanding : moyenne pondérée des actions en circulation
working capital : fonds de roulement
worksheet : cadre de travail comptable

Y

yield rate : taux de rendement

INDEX

B

C

D

M

N

O

P

V

TABLE DES MATIÈRES

Réalisé en P.A.O. par STDI - Z.A. Route de Couterne - 53110 Lassay-les-Châteaux
Imprimé en France. - JOUVE, 18, rue Saint-Denis, 75001 PARIS
N° 302430F. - Dépôt légal : Janvier 2002